Logic and Mind

Song Rong

逻辑与心灵

宋　荣／著

科学出版社

北　京

图书在版编目（CIP）数据

逻辑与心灵/宋荣著．—北京：科学出版社，2016
ISBN 978-7-03-049032-2

Ⅰ．①逻…　Ⅱ．①宋…　Ⅲ．①逻辑学—关系—心灵学—研究　Ⅳ．①B81②B846

中国版本图书馆 CIP 数据核字（2016）第 141873 号

责任编辑：郭勇斌　樊　飞 / 责任校对：张凤琴
责任印制：张　伟 / 封面设计：铭轩堂

编辑部电话：010-6403 5853
E-mail：houjunlin@mail.sciencep.com

科学出版社 出版
北京东黄城根北街 16 号
邮政编码：100717
http://www.sciencep.com
北京凌奇印刷有限责任公司 印刷
科学出版社发行　各地新华书店经销
*
2016 年 6 月第　一　版　开本：720 × 1000　1/16
2021 年 7 月第四次印刷　印张：15
字数：300 000

定价：75.00 元
（如有印装质量问题，我社负责调换）

谨以此书献给我的父母和导师

For my parents and advisors

序

宋荣博士的论著《逻辑与心灵》即将出版，可喜可贺！这本文集，所收录的是她15年来所撰写有关逻辑与心灵哲学的一系列学术论文，这在她学术成长的道路上具有里程碑的意味。

宋荣在华中师范大学，是逻辑学教授张大松的硕士，又是心灵哲学教授高新民的博士。因此，很自然地，她在学术思想上活跃于逻辑与心灵哲学的交叉领域。我们可以参照现代科学技术的发展来看问题。控制论创始人维纳认为，在不同科学领域相互交叉的无人区，来自其他科学领域的“移民”，是最可能做出创造性贡献的。维纳本人所取得的，先是生物学（动物学）硕士学位，后是数学与逻辑的博士学位。他所创立的控制论，整合了动物神经控制与机器自动控制共有的规律性。梁实秋先生在《远东英汉大辞典》中，把cybernetics（控制论）意译为神经机械学，就是根据这个道理。维纳所领导的科学共同体，包括数学家、生物学家、神经生理学家、电气工程师、通信工程师、心理学家乃至社会学家，其间进行多科合作。人工智能心理学派的领军人物西蒙也大力提倡“跨学科思维”，主张我们应当自觉地成为“跨学科的旅行者”，应当经常“从一个飞地转移到另一个飞地”。西蒙本人精通维也纳学派的科学哲学，罗素的数理逻辑，学的是管理学专业，结果在管理学的博士论文中发明了“有限理性”和“满意决策”新理论，之后又提出了计算机人工智能的启发式搜索程序，最后得的是诺贝尔经济学奖。可见，跨学科思维的大方向对头，肯定大有发展前途。

说起华中师范大学，如果从逻辑学视角看，那里有什么样的一种研究氛围呢？我觉得，给人印象最深刻的，首先是老一辈的墨经研究专家詹剑锋先生和康德著作翻译家韦卓民先生，他们在学术界都负有盛名，具有持久而强大的影响力。我在高中阶段（1956~1958年）就拜读过詹先生的《墨家的形式逻辑》，它给予我初始的策动力，使我开始喜欢上逻辑，以后走上逻辑和科学哲学的学术道路。1983 年 10 月，我在江天骥教授和张巨青教授的联合推荐下，正式调到武汉大学哲学系工作，从物理教师变为哲学教师。在国内，张巨青教授是“科学逻辑”的倡导者或领军人物（刘文君教授则是他的贤内助，从生活到学术都是那样）。1982 年 8 月，昆明的全国辩证逻辑会议期间，我加入他刚刚创建的“科学逻辑”共同体，那时在科学逻辑梯队第一代成员中我几乎是最小的一个。在 20 世纪 80~90 年代的大部分时间里，由刘文君教授主持华中师范大学逻辑室的工作，因此洋溢着浓浓的科学逻辑的气氛。我知道，刘老师不仅是有丰富教学经验的逻辑教师，打趣说，即使在家政管理上也是严格按逻辑模式运行的，比如春、夏、秋、冬的衣服，被安置在不同的箱子里，按季节变换而有条不紊地运转……

从传承逻辑教学和研究的意义上说，张大松可说是刘文君教授的大弟子，刘老师退休后，接力棒就传到他手里。现在说说张大松教授所带领的华中师范大学的逻辑学团队。由于武汉大学与华中师范大学是近邻，因此我和心理学系张掌然教授经常有机会参与他们逻辑学研究生团队的活动。从整个国内学术界（特别是从科学哲学与逻辑学的交叉领域）看，张大松属于“科学逻辑”学术圈的第二代中的一个佼佼者。在武汉，我认为，他的团队在继承发扬科学逻辑研究传统方面是做得最好的（张建军说即使在全国也是最好的，但我那时是代表湖北省逻辑学会说话）。通过张大松的论著我意识到，他的基本功在于科学逻辑、科学哲学、归纳逻辑的交叉点上，《科学确证的逻辑与方法论》（1999 年）是他的代表作。以此为出发点，他的研究从科学逻辑向法律逻辑、法学方法论方向进行延伸。他所主编的《法律逻辑学教程》（2003 年）在国内就很有影响。在人才培养方面，张大松关注逻辑学的社会功能和实际应用，注重理论联系实际，为学生设计逻辑学硕士论文的可能选题时，充分考虑学生原来的专业背景、特长与逻辑的结合，例如鼓励他的在本科阶段学法律的学生，研究法律逻辑和法学方法论；又如建议在本科阶段学计算机的，则去做计算机方法论或人工智能逻辑的选题，如此等等。他的这种人才设计理念在实践上已经有了成功的先例。我现在描述的是宋荣成长的学术背景。

1998~2001 年，宋荣在张大松悉心指导下，获取硕士学位。严格的逻辑训练和学术研究方法指导，使她终身受益。我对宋荣的第一印象是，她无疑是一个好教师，思路清晰，口才很好，举例通俗形象，善于联系生活实际。有一次逻辑学会议期间，她提到正在注意到儿子的提问方式和思考方式，当时我心想，你这是想学皮亚杰吗？研究起自己儿子的逻辑思考方式来啦。2006 年，我与宋荣一起参加杭州的全国科学逻辑会议，同车的一位优秀的女大学生去杭州一中应聘中学语文教师，她对宋荣的逻辑课赞不绝口，说留下了难以忘怀的印象。2007 年 9 月宋荣开始师从心灵哲学专家高新民教授，攻读博士学位。她事先也征求过我的意见，我说高老师心灵哲学的团队中确实需要有一个熟悉逻辑的人，如果涉及形式化的方面，你就得心应手了。这就像研究道德哲学的团队里，如果有一个精通道义逻辑的人，该有多好。想必导师一定会喜欢的。

2014 年 6 月宋荣有机会去南京大学哲学系做博士后，张建军教授为其博士后合作导师。张建军既是现任全国辩证逻辑专业委员会主任，又是该校逻辑博士点的首席专家。他们的团队生气勃勃，很有特色。在他们的旗帜上写的是“应用逻辑”四个大字，按照我的理解，悖论研究、辩证逻辑研究、科学逻辑、归纳逻辑、认知逻辑（包括“怀疑逻辑”、“希望逻辑”）、博弈论逻辑，以及多种非经典逻辑研究，都可以归属于这个范畴之内。张建军因其悖论研究的独树一帜而闻名于逻辑界，这在很大程度上得益于科学逻辑与辩证逻辑的双重视角。张建军非常强调逻辑学知识实际应用的思想，这也深深地影响了宋荣，也许改变了她一直以来对逻辑学教学的传统理论讲授模式。2016 年 4 月 17 日，华中师范大学“逻辑与科学素养教学实践基地”在武汉市中山公园正式挂牌，这标志着宋荣对逻辑学教学的一大突破，也是积极实践张建军教授的“逻辑的社会功能”思想的直接见证。

2012 年宋荣走出国门，到英国剑桥大学哲学系访学研修一年，那是一段特殊的历史记忆。这使得她在学术思想上开拓了全新的可能空间，有了“天外有天”之感。特别是导师 Tim Crane 教授的亲自指导，使得她感到对心灵哲学领域有了更清晰的理解和更宽阔的视野。在剑桥自由的学术环境中，她对逻辑、对哲学的理解以及态度也发生了质的变化，她对我说，以前把逻辑（比如形式逻辑）只是当作一门课来学、来教，现在感觉大不一样啦。在她思想上，从被动的“学逻辑”、“学哲学”开始转变为主动的“做逻辑”、“做哲学”。我想，宋荣为什么这么说呢？她在剑桥究竟体会到了些什么？作为旁观者，我的感觉是，她在英美分析哲学的策源地，是忽然领悟到了分析哲学的真谛，原来逻辑不仅仅是一种技巧，在思考方式背后还包含着一种精神，不能只是停留在表面看，而是如果到理想状态，应当要达到（好比）“溶化在血液里”的那种程度。逻辑成为一种内在的精神需求。宋荣的这种新的领悟，或许在《逻辑与心灵》的论文集的目录和内容中应当会有所体现。像命题、命题态度、指称、存在、非存在等等这些逻辑哲学、语言哲学中熟知的概念，如果仅仅把逻辑用作一种技巧来讨论，那么就会显得是干巴巴的、枯燥无味的东西。如果浸透到分析哲学的精神之中来分析，特别是联系心灵哲学的意向性、心理内容等来分析，那样才会感到富有新意，并且才能够找到哲学家特有的那种怡然自得和津津有味的感觉。

桂起权

2016年5月8日

目录

非存在与形而上学篇

科学与心灵篇

Contents

Non-being and Metaphysics

Science and Mind

命题与态度篇

当代心灵哲学中的命题态度及其内容

每一个哲学学科和分支学科都有它所拥有的专业术语，命题态度（PA）和态度刻画语言的研究也不例外。命题态度是具有意向性的心理状态。例如，飞上月球的一种意图，就是一种具有意向性的心理状态——希望、相信、情感、期望、愿望是其他种类具有意向性的心理状态。意向性是这些不同种类心理状态的一种属性。而希望、相信、情感、期望、愿望等就体现了行为人对这些心理状态所关于的东西的各种不同态度。在当代，命题态度就是这样的状态，即那些像信念、期望等的状态，它们被理解为对命题所采用的“态度”。

一、什么是命题态度

关于态度本身，它看上去像一个相当空洞的观念。在哲学发展的早期，态度已经被描述为一种能力，这种能力被直接指向世界的某些方面并且负责产生某些特殊的认知经验。这是柏拉图的观点：即能力和因之而发生的（resulting）认知经验。这两部分现在已经成为信念观念的两个独立的部分。

能力观念在当代重新出现为作为倾向的信念观念。倾向观念特别受到有科学主义、行为主义知识背景倾向的哲学家的青睐。认知经验在当代重新出现为作为有意识的经验、或感觉、或情绪、或逼真的（vivid）心理表征等。其中有意识经验受到内省的、心理主义哲学家的青睐。除此之外，一个信念还可以由其他信念、心理态度、推理等来表明。当然，有意识经验观念的问题在于：不能分辨哲学家是在谈论信念本身还是相信的结果，或是信念的证据；不能容纳无意识信念。另一类态度就是功能作用。在这种观念上，一个心理内容是一个信念仅仅如果它在有机体的认知和行为中发挥作用。它体现的是：信念不是倾向而是在某些条件中的练习。它的问题在于：它们无法具体化在什么东西使得心理表征操作上受到限制。[①]

当代分析哲学家使用词项“意向性”来指称许多心理状态基于其表征事物且具有“意义”所具有的属性。从历史上看，许多理论已经尝试来解释这种特征为

① Bogdan R J，*Belief*：*Form*，*Content*，*and Function*，Oxford：Clarendon Press，1986：1-11.

何使心灵的一个状态能够拥有一个意义或者以一种方式相关于其他某物从而使得心理状态是关于此物的。这些意向状态经常用词项“命题态度”来表示。

我们对心理性的日常构念常用像这样的观念来表达：如“信念”、“期望”、“意图”、“希望”、“害怕”、“愿望”、“预期”等。我们用这样的态度来预测和解释行为，并且弄清我们自己和他人生活的意义。这些态度被融入进所有社会的、法律的、政治的和其他机构的网络之中。在信念、期望、意图不出现的地方没有任何东西是一个合同或一个邀请或一次选举或一次死刑判决。没有命题态度的归属，就不会存在任何证明、借口、赞扬、或抱怨另一个人。因为在日常事务无法想象没有态度的任何东西，而问题自然在于：什么是态度的本质？信念和其他态度的概念真正地应用于人类吗？态度的归属为真吗？态度的归属因果地解释行为吗？

一般来说，一个命题态度（PA）就是指 x 是（或将是）如此这般的信念、期望、害怕等，其中 x 是一个原则上以语句形式可表达的一个命题。例如，信念：在莎伦的厨房桌子上有一盆花，这就是一个命题态度。而记忆对这盆花的视觉经验的状态就不是一个命题态度。期望：在莎伦的厨房桌子上有一盆花，这就是一个命题态度，而情感的一个状态，如与看到此盆花的美学愉悦的一个经验就不是。意向状态是所有的且仅仅那些表征事物的心理状态，以一种本质上的语义方式，PA 就是那些人们能够评价作为具有逻辑蕴涵和真之条件的意向状态的范畴。

这里需要指出的是，由于命题态度类型多种多样，我们无法一一论述它们。我们只将一种基本的命题态度类型——信念——作为我们思考的主要对象。当然，对于信念本身，学界的争论也有很多，正如丹尼特所说：“关于信念的谈论在社会科学中无处不在。由于社会科学家通常会自我意识到他们的方法，因此也有很多关于信念的谈论的谈论。由于信念是一种名副其实的奇怪而令人困惑的现象，向世界呈现出许多不同的面目，因此有众多的争议。有时候，信念归属就像是一桩神秘的、冒险的、无法精确估量的事情——特别是在外国的、更特殊的宗教或迷信因素掺杂于其中时，信念就会处于引人注目的中心。不仅这些是麻烦事；而且在我们把信念归属给非人的动物、婴儿、计算机或机器人的时候，或者在我们被迫归属给我们自己社会上的一个明显健康的成年人的信念是矛盾的或甚至是完全错误的时候，也会招致争论和怀疑。”[①]尽管如此，根据标准观点，信念被视为命题态度。大致来说，民间心理学认为，信念是人们的携带信念的心理状态，它们来自于知觉，与适当相关的愿望、愿望相结合可以产生智能行动。

① Dennett，Daniel C，*The Intentional Stance*，Cambridge，MA：The MIT Press，1987：14.

在形式为所有 F 是 G 的信念的一个事例中体现了一种具体的 PA 事例的语义内容问题。所有单身汉是球迷，这样的信念具有这样的形式，而西班牙是一个西欧国家，这样的信念不具有这样的形式。一个信念 - 事例是语义上有内容的因为它具有指称、一个意义或一个真值。内在固有语义观坚持认为，或者概念或者抽象对象是 PA 内容的来源，非内在固有语义观则坚持认为：一个心理语言的符号提供这种内容。Sudan A.Turner 认为，一个成功的意向性理论必须解释：① PA 的真值 - 保持的因果力，②在保持刻画 PA 的语句的真值方面演绎置换性原则的失败，③ PA 的真值 - 可评价性。[①]Fodor 认为，有一个命题态度"就是与一个内部的表征有某种计算的关系"[②]。

二、命题态度的基本结构及其语义学上的主要特点

命题态度的基本结构来源于民间心理学。常识的或民间心理学的术语包括像如下的一些习惯用语，如："约翰相信文学是无生命力的"，"比尔期望那场京剧演出应该被取消"，"苏珊看到那灯是亮的"。这些惯用语体现了一种类似的、重复的形式。第一个指称被产生出来对于一个特定的人；某种态度被刻画给此人；最后一个内容为那个态度而被具体化。这种形式的论断告诉我们谁对哪个命题具有什么态度。通过产生和收到这样的论断我们逐渐理解其他人：他们做什么，他们为什么想要如此这般，什么使得他们希望如此这般，等等。在人—态度—内容结构中改变这三个元素给予我们一种刻画他人心灵（和我们自己心灵）的强有力系统，这种系统是古老的且普遍存在的。把这个系统（人—态度—内容 结构）当作一个（默许的且未被形式化的）理论，我们能说：民间心理学是运用一种人和有内容态度的解释性本体论的理论；具有这些基本的理论资源，它定位有关它的解释性和描述性工作。我们可以说，这个理论是基于内容的理论。[③]同样的，也正如丹尼特所指明的："在命题态度的陈述中有三个自由度（degree of freedom）：人、态度类型、命题；x 相信 p，或 y 相信 p；x 相信 p 或害怕 p 或希望 p；x 相信 p 或 q，如此等等。因此，我们可以说一个人相信很多不同的命题，或一个命题被许多不同的人相信，或者甚至一个命题被不同的人在不同时间'所持有'，或被同一个人在

---

① Sudan A. Turner，*Intentionality of PA and Intrinsic Semantic Concept*，UMI，2004：1-2.

② Jerry Fodor，*The Language of Thought*，Cambridge，MA：Harvard University Press，1975：198.

③ Colin McGinn，*Mental Content*，New York：Basil Blackwell Inc.，1989：120.

不同时间‘所持有’——我过去怀疑 p，但现在我肯定 p。”[①] 事实上从这里我们可以看出，这里的命题是内容的常用表现形式，即命题内容。

一个命题态度的语义内容的哲学观念不同于它的语义特征的哲学观念，而语义特征的哲学观念存在于一个命题态度的意义或表征某物的纯粹（mere）事实之中，并且以一种可以评价为真或假的方式来进行，前面的语义内容的哲学观存在于一个命题态度现实地意味着或表征什么。一个人能够通过考察具体信念例子阿尔巴尼亚是东南欧的一个国家来观察这种不同。这种状态的语义内容仅仅是它所意谓的东西，它所表征的东西，或者它作为一个真值所具有的东西。总之，这个内容能够是可以等同于这种意义的命题或内在观念。在这种哲学语境中，由于词项“内容”并不必然地指称内在的某物，某些人可能考虑 PA- 事例的语义内容是世界中的现实对象，即便是，这些对象也是信念所表征的。最后，从一个严格的逻辑或形式角度来看，该命题态度的语义内容能够仅仅是该信念的真值。

对于一个命题态度 - 事例来说，具有一个语义特征就是恰好对它来说具有或有一个意义的特点，或者具有表征某物的特点，或者具有一个真值的特点。这样一个状态的语义特征，相比较而言，仅仅是它具有意谓某物、表征某物、或者有一个真值这样的属性的事实。例如，信念阿尔巴尼亚是东南欧的一个国家和信念堪萨斯是美国的一个州都具有意谓某物、表征某物、或者有一个真值这样的语义特征，但是它们具有不同的语义内容。前者所涉及的命题或认知内容就是阿尔巴尼亚是东南欧的一个国家，并且表征阿尔巴尼亚和东南欧，后者涉及有关堪萨斯和美国的内容。正如 Steven Boër 所说：“依据它们不同的思想—内容，信念和其他态度将拥有各种类似的（quasi-）—语义特征。在各种模式（信念、期望、意图等）中对应于特定思想就是什么东西可能自然地被称为它们的满足条件，这样的东西——这些条件，根据思想—内容，对于一个给定信念为真，对于一个给定意图被实现等等来说是充分且必要的，然而，一个命题态度的满足条件，不像它的思想—内容，似乎并不充分地个体化它（命题态度）。”[②]

命题态度的语义构成成分（或要素）的哲学观念从一个命题态度的语义特征观念和一个命题态度的语义内容观念中分离出来。例如，考察名称“阿尔巴尼亚”和谓词“是东南欧的一个国家”是语句“阿尔巴尼亚是东南欧的一个国家”的一些语言学成分。类似地，一个 PA- 事例的语义构成成分就是现实地发生的内在现

① Dennett，Daniel C，*The Intentional Stance*，Cambridge，MA：The MIT Press，1987：101.

② Steven Boër，*Thought-Contents*：*On the On the Ontology of Belief and the Semantics of Belief Attribution*，Springer，2007：5.

象，而同时心灵就在此状态之中。这些构成成分使得它如此这般，即心灵具有意义或表征某物或具有一个真值的语义特征。它们也提供这种心理状态具有特定的语义内容，该语义内容具有它的特定意义、它的特定外延以及特定真值等。

然而，命题态度的语义学上的这些特点使得当代心灵哲学中诸多学者思考如下问题：人们真正地具有命题态度或者我们的态度归属是方便的工具吗？像这样的问题是当代学者集中争论的焦点。尽管对这些问题存在许多分歧，但是也有一致的“标准观点”（standard view，SV）：这种标准观点认为，基于特定的态度构念，态度是特定的大脑状态（或由大脑状态构成，或在大脑状态中实现）。标准观点体现：或者态度是大脑状态，或者态度是“合适的虚构”。后者方案有时被与如下主张一起被变得较柔和：即尽管态度的虚构地位，态度的归属不是简单地为假而是某种二阶的真。另一方面，态度的实践实在论（PR）认为：①信念和其他态度的概念真正地应用于人类。②态度的归属经常为真而无须量化（如不在某种二阶意义上）。③态度因果地解释行为。④态度应该由特定的大脑状态所构成。不存在任何形而上学的要求。并且这些观点无须假设：态度在任何意义上是非物质的。“实践实在论”是实践的，因为它坚持认为形而上学理论是可描述日常事物和科学中的成功实践的；它是实在的，因为它肯定部分地构成成功实践的语言的质朴的真。①

三、命题态度的内容

在心灵哲学背景下，命题态度的内容就是指命题内容，它体现命题态度的内容是命题性的，是以命题作为其内容的基本单元的。并且命题是内容的常用表现形式，即命题内容。按对心理现象的新的理解，心理现象不外两大类，一是命题态度，二是包括躯体感觉、知觉、情感体验等在内在的现象性经验。它们都有内容，前者有概念性、命题性内容。后者经验的内容是非概念的，表现为当下生动、直接的体验。对同一内容，人们还可以采取愿望、期盼等不同态度。而同一态度可以关涉不同的内容。这里的态度也可理解为心理的形式。可以说，当代大多数心灵哲学家在探究内容理论及其相关问题时，都直接或间接使用命题内容作为其研究的逻辑起点。

---

① Lynne Rudder Baker，*Explaining Attitudes*：*a Practical Approach to the Mind*，Cambridge：Cambridge University Press，1995：4-22.

首先，命题内容的观念开始于观念：在言语行为中什么被言说了——被表达的命题——这个观念从它被言说的方式的两个不同方面被抽象出来：一是从用来表达它的方式中抽象，二是从它被表达所具有的确切意义（force）中抽象。相同的命题能够由相同或不同语言的不同语句所表达，并且相同命题能够是在一种情境中一个论断的内容、能够是一个假定的内容、一个析取论断的一个组成部分、或在其他情境中的一个要求。而且在具有不同确切意义的言语行为中被表达的内容是如同不同种类心理状态（如信念、期望、意图、希望、害怕）的内容一样的相同种类的东西、正如什么被言说能够与它如何被言说区分开来一样，因此什么被思考能够与心理表征的方式区分开来，能与那种命题被用来具体化的心理状态区分开来。正如你和我可能说相同的东西，即使你用法语说它，我用英语说它，因此你和我可以相信相同的东西，即使心理表征系统是不同的（在这种系统中在我们各自心灵中此信息是被编码的）。并且正如我可以断言我所仅仅假定的东西，因此我可能相信你所质疑的东西。[①]简单地说，命题内容就是命题态度中态度所断定的通常用命题来表达出来的内容。我们相信如果存在命题，它们就理想地被适合于是命题态度的对象。

其次，命题内容的刻画是与命题态度本身不可分的，并且可以形式化地表述出来。我们可以描述特定的信念—状态、期望—状态和意图—状态作为相信、期望和想要如此这般的状态。非限定从句被使用来描述期望和意图不是真正地一种例外，因为期望或想要去做A（或是F）恰好是具有一种自我关涉（self-regarding）的期望或意图：自身去做A（或自身是F）。如此被理解，信念、期望和意图是哲学家经常用来称为“命题态度”的例子——一个主体A的心理状态，一个人能报告（用英语）这些状态根据形如“A Vs that p”的一个语句，其中“V”由适当的态度动词（如“相信”、“希望”、“质疑”、“愿望”等）来替代，并且“p”由一个表达一种思想—内容的语句来替代。这样，涉及相同态度关联的命题态度就是由它们的“思想—内容”所个体化的。当然，根据“命题态度”的语源学，明显地诱惑人的是称这些思想—内容为“命题”，但是这个词项已经携带如此多的哲学包袱以至于最好开始就用一个更中性的表达式。

再者，具有命题内容的命题态度是与那些“直接—对象”（direct-object）态度有所不同的。这些“直接—对象”态度根据所谓的内涵及物动词像“崇拜”

① Robert Stalnaker，*What Might Nonconceptual Content Be?* in York H. Gunther，*Essays on Nonconceptual Content*，Cambridge，MA：The MIT Press，2003：94-106.

（worship）、“寻找”（seek）、“描述”（depict）等，它们不是把“that-”从句而是把各种名词短语作为语法补语。存在三个特征通常被引用来分别地作为一个及物动词“V”的充分条件来取得一个所谓的内涵及物动词的资格：①同一性置换原则出现失败当它被应用于“V”的补语或被应用于在那里出现的其他词项；②在“V”补语中某些量词短语容许有一种特殊的“窄－范围”解读；③通常相关于词项的存在承诺被取消那些词项如此出现或在“V”的补语之中。这样，例如，不管“马克·吐温＝萨姆·克莱门斯（Sam Clemens，美国小说家马克·吐温的真实姓名）”的真值，“汤姆正在期盼（expect）马克·吐温”和“汤姆正在期盼（expect）萨姆·克莱门斯”可能等值上是失败的；“玛丽寻找（seek）一位配偶”可能为真即使不存在任何一个她所寻找的特定配偶；并且“霍默崇拜（worship）宙斯”的真是与宙斯的非存在可以兼容的。①

最后，尽管存在有关命题内容是什么的许多不同理论，但是这些理论都接受如下四个命题内容的一般特征：一是命题内容能够通过使用一种适当的“that-从句”而被具体化。内容能够被陈述使用一个 that-从句，也就被称为命题内容。负荷内容的心理状态是命题态度，因为它们能够被具体化为对命题的态度或关联。例如，尼尔的希望 that 实用主义将再次流行就是尼尔具有的、对命题：实用主义将再次流行 的希望性的一种态度。这种分析形式明显地是对内容的一种哲学描述。第二，命题内容是被构造的。一方面，内容是关联地被构造的。这是由弗雷格有力地陈述的一个论断。心理状态处于对另一内容的逻辑的和理性的关联之中。另一方面，内容是被构造的这个哲学论断基于直观的内容。如果一个人能理解思想：一只特定的青蛙是绿色的，他也必须能理解对这种结果的思想，其中这种结果就是：不同于青蛙的东西是绿色的和其他青蛙具有不同于绿色的颜色。但是理解第一种思想的能力预设了理解这些其他思想的能力因为所有显现构成能力。从思维语言假说的角度来看，一些表征主义充分利用思维和语言之间的对称来试着解释思维的系统性。这种论证体现在如下观念上：即语言的系统性来自于语句的复合构造并且这样，因为思维也是系统的，那么思维系统性的最好解释就是思维的工具——内在心理表征——也拥有一种复合构造，因而命题内容也是被构造的。第三，命题内容是规范的。术语“意义是规范的”是易使人上当的。然而，它不总是清楚它意味着什么，因为语词“规范的”是含糊的。首先它能意味着“规定

---

① Steven Boër，*Thought-Contents：On the On the Ontology of Belief and the Semantics of Belief Attribution*，Springer，2007：8.

的”或“指导行为的”；“规范的”也能意味着“与一个规范或一个标准是相关的”。例如，在巴黎公尺棒（metre bar）是“规范的”，在这种意义上它是一个标准，相关于我们能够说我的厨房桌子是一米宽，这两种意义上的区别将是极其关键的。为了明确区分，我们将把“规定的”或“指导行为的”当作是“规范的”主要含义，因而“意义是规范的”和“意义是相关于规范的”有所不同。①内容的规范性存在于这样的事实中：即语词能够被正确地或不正确地使用，并且论断或信念能够为真或假。一个语词或语句的意义决定在其中它会将是正确地使用它的场合。正确的应用就是意义的构成成分。一个信念的内容规定不得不获得使它为真的那种条件。这种正确的（不正确的）应用由规定它的正确使用的规则或系列规则所决定。②第四，在言语和行为的解释理论中命题内容发挥作用。命题态度心理学是我们弄清、解释和预测他人行为的日常方式。通过展现命题态度的一个复杂系统，它主要通过它的解释性和描述性的工作来发挥作用从而弄清行为和言语③尽管在民间心理学能否被描述为一个理论问题上，近年来已经存在许多哲学争论，但是民间心理学仍具有一种系统的解释性特点，它被用来解释行为并且通过刻画负荷内容的心理状态来这样做。④

总之，当代许多学者对于命题内容问题都展开了卓有成效的研究，并且各自关注的研究角度也有所不同。例如，西格尔认为，在思考命题内容时报告人需要关注具体的表达情境。⑤而皮科克在陈述内容的接受条件理论时指出，存在描述一个给定心理状态的一个给定语句的命题内容的两个维度：第一，存在一个维度携带有关这样事物的信息作为条件，且这些条件可以导致一个思考者接受这样一个条件，并且在思维中它的结果曾经被接受过。第二，存在该内容的真之条件。接受条件决定真之条件。“存在一类内容，它们的真之条件直接由某种它们的接受条件所决定；这类内容之外的内容的真之条件最终由它们与这最初一类之中的内容的关联所决定。”⑥

---

① Anandi Hattiangadi，*Oughts and Thoughts*：*Rule-following and the Normativity of Content*，New York：Oxford University Press Inc.，2007：37.

② McDowell，*Mind and World*，Cambridge，Mass：Harvard University Press，1994：40.

③ Colin McGinn，*Mental Content*，New York：Basil Blackwell Inc，1989：120.

④ Tim Thornton，*Wittgenstein on Language and Thought*：*The Philosophy of Content*，Edinburgh：Edinburgh University Press，1998：7-10.

⑤ Gabriel Segal，*A Slim Book about Narrow Content*，Cambridge：The MIT Press，2000：81.

⑥ Christopher Peacocke，*In thoughts*：*an Essay on Content*，New York：Basil Blackwell Publisher Ltd.，1986：11-12.

在信念内容及其他态度（命题）和组合产生命题内容之间也存在大量的争论。德雷斯基坚持认为命题的内容或者是被拥有、被相信、被接受，或者根本不被拥有被相信、被接受等。[①]相当清楚的是，命题是或为真或为假的实体。因此容易看到，命题的其他语义特质能被理解为是绝对地特质。为了使一个命题为真或为假，它必须应用或不应用于世界。这种观点似乎得出结论使人认为一个概念能够为真或为假，或真正正确地或错误地被应用，在其中它们或者应用于一个指称物或者它们不应用一个指称物。福多认为一个概念应该被理解为正确地应用于（表征）一个指称物当它能被说是有关该指称物时，该概念刻画属性到此指称物，这时它拥有由该概念刻画到它的属性，有关的指称物就为真。[②]福多进一步讨论一个概念应用于一个指称物，这种应用或者是“真实的”或者是“不真实的”。[③]福多指出如下方式：“是灰猫是猫，而不是救护飞机是大象，被归入概念 CAT。对于当前目的，它等值于说，灰猫在 CAT 的内涵之中，即“灰猫是一只猫”为真，并且“是一只猫”是有关灰猫的真的。”[④]这种从福多那里的引用很好地阐明思考命题滑向思考概念。尽管在命题内容上各家观点不同，但是实质上命题内容就是命题态度的内容，它以命题作为它的内容，也就是说，命题内容＝命题态度的内容＝命题，这三者实质上说的是同一个东西。这样，一些共同问题仍然值得我们进一步深思或反思，其中一个基础性问题就是：命题究竟是什么？

---

① Fred I. Dretske，*Knowledge and the Flow of Information*，Cambridge，MA：The MIT Press，1981：57-62.

② Jerry Fodor，*Psychosemantics：The Problem of Meaning in the Philosophy of Mind*. Cambridge：The MIT Press，1987：8.

③ Jerry Fodor，*Psychosemantics：The Problem of Meaning in the Philosophy of Mind*. Cambridge：The MIT Press，1987：101.

④ Jerry Fodor，*Concepts：Where Cognitive Science Went Wrong*. New York：Oxford University Press，1998：24.

命题、态度与心灵

——当代西方心灵哲学中命题态度研究的最新进展*

自20世纪初以来，尽管在心灵哲学中心身问题、心理表征问题以及意识问题已经受到了许多著作的青睐，但相比较而言，在命题态度方面的研究却并未被予以足够重视。直到当代随着行动哲学和道德哲学领域中相关问题被广泛关注，命题态度研究才被提到重要议程上来。

一、命题态度的逻辑渊源及其标准形式

尽管“命题态度”是形成民间心理学的系统核心范畴之一，但首次真正对之进行逻辑层面的分析则来源于罗素。在1921年的《心的分析》中，罗素在谈到期望（desire）和感觉（feeling）时指出，“很自然地是：把期望在其本质上当作指向被想象的、不是现实的某物的一个态度；这个某物被称作该期望的目标或对象，并且这个某物被说成是由该期望所引起的任何行动的目的。我们把这个期望的内容当作是像一个信念内容一样的，而所趋向内容的这个态度是不同的。”[①]在这里，罗素将期望这种态度的内容与信念内容进行了比较，同时他指出两者作为态度是不同的，并且态度是指向对象的。而在讲到信念（belief）的内容时，罗素明确地将用语词表达的信念内容与命题相等同。他说：“一个信念的内容，当被用语词表达时，是和逻辑上被称之为一个‘命题’的东西相同的东西。”[②]

在此基础上，罗素进一步分析了命题的逻辑特征。他说：“一个命题是表达那种能被肯定或否定的一系列语词（或有时是一个单一语词）。在我们的措辞中，不是任何系列的语词都是命题，只有那种具有‘意义’或‘客观指称’的系列语词

---

* 原载于《哲学动态》2014年第11期。

① Bertrand Russell，*The Analysis of Mind*，the Project Gutenberg Etext，London：George Allen and Unwin；New York：The Macmillan Company，1921：60.

② Bertrand Russell，*The Analysis of Mind*，the Project Gutenberg Etext，London：George Allen and Unwin；New York：The Macmillan Company，1921：261.

才是命题。”[①]在此基础上，罗素还将命题进行拓展，说明命题有真假之分，并指出了意象－命题和语词－命题两大类。“我们可以拓展词项‘命题’来涵盖由意象构成的信念的意象－内容。……我们可以把一般的命题等同于现实的和可能的信念的内容，并且我们可以说，命题有真假。在逻辑上我们关注命题不同于信念，因为逻辑对事实上人们相信什么不感兴趣，而只是对决定可能信念真假的条件感兴趣。”[②]接下来，罗素还通过一系列的例子来说明存在对指向相同内容的不同种类的态度以及相同态度可以有不同的内容。

当然，词项“命题态度”还来源于这样的常识事实：我们能思考一个态度的内容作为该态度所指向的命题。它能典型地由 that 作为前缀的一个语句所把握。最有影响的命题态度类型是信念、期望和意图，例如，“温迪相信雪是白的”、“温迪期望明天会下雨”、“他不想受到伤害”。但也还有无数其他的类型，如希望、愿望、遗憾等。命题态度的讨论典型集中关注于信念和期望（有时是意图），主要是因为这些态度在理性行为的解释中所发挥的作用。例如，玛丽去超市由她想买一些食品和她的信念：在超市里她能买食品所解释；比尔打开开关是由他想要照亮房间和他的信念：他能通过打开开关照亮房间所解释，等等。看似合理的是（尽管没有无可争议的地方），我们的常识总是坚持认为：理性行为总能被解释为一个合适的信念与一个合适的想要 / 期望一起的结果。很明显的是，在解释和说明我们自己和他人的行为过程中，我们总是充分运用命题态度范畴。

命题态度刻画采用的标准形式是“X Fs that p”，其中“X”指谓态度的主体，“F”是命题态度的一个动词，“that p”给予这个态度的内容。这里的主体一般指有意识的人，命题态度的动词通常是表达命题态度状态的那些意向动词，命题态度的内容是指以命题的形式来呈现态度的那种内容。例如，在语句“约翰相信雪是白的”中，“约翰”指谓态度的主体，“相信”是命题态度的动词，并且“雪是白的”是给予这个态度的内容。表面上看，采用这种刻画形式很自然地表明，形如“X Fs that p”的一个命题态度刻画为真，仅仅在这样的情况下：即 X 处于类型 F——一个 F- 状态（它具有内容 that p）——的一个命题态度状态中。例如，“约翰相信雪是白的”为真，仅仅在这样的情况中：即约翰处于一个具有雪是白的这样内容的信念状态中。再者，不同的态度能被适用于相同的命题，并且相同的态

① Bertrand Russell，*The Analysis of Mind*，the Project Gutenberg Etext，London：George Allen and Unwin；New York：The Macmillan Company，1921：261.

② Bertrand Russell，*The Analysis of Mind*，the Project Gutenberg Etext，London：George Allen and Unwin；New York：The Macmillan Company，1921：264.

度能被适用于不同的命题。[①]

二、命题态度状态的本质分析

命题态度的讨论一般有两个部分：一部分集中关注于命题态度状态的本质——相信、希望、害怕、但愿、看到、决定等之间的不同；另一部分集中关注于命题态度内容——相信雪是白的、相信雪是灰的等之间的不同。信念和期望一般被认为是两个不同种类态度的基本例子，因为它们具有描述上不同的适合方向。一方面，有旨在适合世界这样的态度（如信念），它们对于真之理论、证据影响等是非常重要的。另一方面，有旨在使得世界适合它们的态度（如期望），它们对于价值、美德等理论是非常重要的。

目前在命题态度状态本质的研究中，有两个对立的思想流派。第一个流派就是，态度最好被当作是二元的或双重的（dyadic）。在这个观点上，相信 that p 包括两个心理元素：一个心理表征 that p，和由该表征所发挥的作用，即信念的特征。由于相信是在信念作用中拥有一个心理表征，所以相信是一个二元的或双重的关系。同样的，期望 that p 包括一个心理表征 that p 和由该表征所发挥的一个相当不同于相信特征的作用。对于其他各种态度也可以同理推知。在很长时间里福多被密切地关联于这种观点。[②]蒯因也明确一个相信者和一个命题之间的一种双重关系（甚至承认一个相信者、一个对象和一个属性之间的一种三重关系）。[③]这种态度的双重方式当前至少引发了两个迫切需要解决的问题。第一，什么是心理表征？尤其是，一个心理表征如何逐渐表征 that p 而不管是否它发挥类似信念的作用或类似期望的作用、或某种其他作用？第二，这样的类似信念的作用真正地是什么？这也就是说，为了认为相信它的命题内容是有价值的，一个人需要哪种用法来形成一个观念？

有关命题态度状态的第二个思想流派坚持认为，最好把态度当作是单一的或一元的（monadic）。相信 that p 不是拥有一个内在表征 that p 的事情，一个人对此拥有一个类似信念的立场；再者，相信 that p 本身是一个人拥有趋向这个世界

---

① 对于命题态度结构的论述详见：宋荣：《当代心灵哲学中的命题态度及其内容》，《哲学动态》，2010 年第 4 期，本文是在此基础上的继续研究。

② Fodor，*Fodor's Guide to Mental Representation*，*Mind*，1985，94：76-100.

③ W. V. Quine，*Quantifiers and Propositional Attitudes*，*The Journal of Philosophy*，Vol. 53，No. 5.（Mar. 1，1956）：177-187.

的一个立场，无需诸如心理表征这样的心理实体。[①] 相信 that p 包括拥有那种相信 that p 的属性的该相信者，并且这是一个一元的或单一的关系。通常持有命题态度一元观点的哲学家也会坚持认为，相信 that p 或期望 that p 就是 拥有行为或行为倾向的某个适当集合，其中这些行为或行为倾向保证了该态度的归属。[②]

在命题态度状态的类型方面，目前也有两种不同的视角。一种是功能主义视角。如果信念、期望、意图及其类似物，它们是主体的状态，也就是通过命题态度动词来刻画的那种状态，那么它们是什么种类的状态呢？一个看似合理的观点认为，它们是功能状态——由它们的功能作用所定义、决定或具体化的状态。根据功能主义理论，命题态度状态完全是由它们对另一个状态、知觉输入和行为输出的因果关系所决定的。这里主要有两种思考功能状态的方式：作为作用状态或作为实现者状态。实现者状态是处于功能作用中的一阶状态，它们是发挥作用的特定状态。作用状态是二阶状态：处于某种发挥某种功能作用的一阶状态中的状态。例如，在信念情况中，有一个一阶实现者状态（这个状态现实地提供信念作用——这个状态以不同于信念的方式在知觉输入和行为反映之间起中介作用）；并且还有二阶状态（这个状态处于实现信念作用的某个状态或其他状态）。但一些哲学家认为，神经状态之间的关联仅仅是因果的，而命题态度的状态之间的关联是理性的（并且用来理性化行为）。一个信念使得另一个信念是理性信念；一个人相信和期望的东西可以使得一个行为更理性，等等。然而，理性的原因会更好地被拥有这些随意发生的态度所使用吗？这仍有待于进一步探讨。

另一种是逻辑构造视角。这种视角认为信念和期望是最基本的两种命题态度，其他命题态度是在这两种命题态度之上所构成的。例如，大多数认识论者赞同，为了知道 that p，一个人必须相信 that p，同样的，当他的信念不是如它可能是确信的一样时，怀疑 that p 似乎只是相信 that p 的事情。因为通常已经被认为的是，所有命题态度是最终由最小的、基本的命题态度集合所构成的；并且还原命题态度到它们的基本成分，这种尝试已经坚持认为，有两个基本的态度是需要的。所有命题态度或者产生一个关于东西如何处于世界中的论断，或者产生有关这个世界的一种需求，并且这种区分表明了在基本态度中的一个对应的区分。在这种观点上，信念是产生一个论断的那种基本态度，并且因此被用来构建言说东西可能或不可能保持（知道、质疑、怀疑、确信等）的其他心理状态。期望是产生一

---

① Dennett，*Real Patterns*，*Journal of Philosophy*，1991，91（1）：27-51.

② Timothy Schroeder，*Propositional Attitudes*，*Philosophy Compass*，2006，1（1）：65-73.

种需求的那种基本命题态度，并且被用来构建强调东西是或不是某种方式（但愿、想要、愿意、宁愿等）的其他心理状态，并且一些其他态度由这两种构成。但是，最近20年的研究工作表明这种还原策略太具挑战性（ambitious）。毫无疑问正确地是，一些态度是其他更基本态度的纯粹构造，但是基本命题态度的数量似乎比预期的还要多些。许多哲学家继续把相信和期望当作基本的态度，但是现在也包括把想象、打算[①]、感知和尝试（trying）[②]也当作同样是基本的态度，并且也试图将情感（emotion）还原到信念和期望。[③]而Ernest Sosa从典型的命题态度信念出发，指出从言信念是某个命题为真的信念，从物信念是关于一个特定东西（它具有某个属性）的信念，从而拓展到其他命题态度也有这两种类型。[④]

三、命题态度内容的逻辑本质

命题态度的内容是命题。那么，什么是命题呢？从中世纪到19世纪，一个命题被理解为①一并考虑其意义或内容的一个陈述句；或者在特定语境中被理解为这样的一个语句或其他语句。在20世纪初期，“命题”逐渐在两个重叠意义上被使用：②一个（可能）语句的内涵或意义；以及③能由一个语句的一个特定表达方式所断定或表达的那种完全确定的情形或内容；在③这种含义上的一个命题是那种能被作为一个信念的一个对象的东西。含义②经常被明确说明，遵循卡尔纳普，作为一组“索引”（或从索引到真值的一个函项），在其中一个索引就是一个可能世界、一个状态描述、使用的一个语境、或类似东西。一些哲学家已经使用命题态度来解释关于意义的事实。他们坚持认为，语句的意义以某种方式来源于相关信念和意图的内容。严格地说，通过一个语句S我所意指的东西是由（例如）我通过说S所表达的信念的内容所把握的。[⑤]这充分表明命题态度内容问题已经成为语言哲学、心灵哲学和逻辑哲学的一个核心交叉研究区域。

---

① Bratman，*Intentions，Plans，and Practical Reason*. Cambridge，MA：Harvard University Press，1987：15-20.

② Mele，*He Wants to Try*，*Analysis*，1990，50（3）：251-253.

③ Griffiths，*What Emotions Really Are*：*The Problem of Psychological Categories*. Chicago：University of Chicago Press，1997：1-42.

④ Ernest Sosa，*Propositional Attitudes de Dictu and de Re*，*The Journal of Philosophy*，Vol. 67，No. 21，Sixty-Seventh Annual Meeting of the American Philosophical Association Eastern Division.（Nov. 5，1970）：883-896.

⑤ http：//www. rep. routledge. com/article/GLOSSITEM443.

命题态度内容的逻辑本质追问实质上也就是对命题本质的追问。当前命题的本质问题是被强烈争论的，并且不同的命题构念会产生相当不同的解读结果。第一种解读是：在命题的一种可能世界观上，由一个语句所表达的命题是可能世界的集合，在这种可能世界中，这个语句为真。在这个观点上，所有必然真都表达相同的命题（所有世界的集合）；命题是可能世界的汇集，并且命题是从可能世界到真值的函项。①在这样的可能世界观上，内容的宽窄解读也得到了进一步的明确："内容，无论宽窄，是我们用来挑选出某些心理状态的抽象对象。……洛尔的观念是：一个信念的窄内容应该等同于他称之为的这个信念的实现条件，而不是真之条件。像普通的真之条件一样，实现条件决定一组可能世界：相关于信念的实现条件的那些世界。"②

第二种解读是：在命题的一种罗素式观点上，由一个语句所表达的命题是包括该语句成分的外延的那些对象和属性的一个构造。在这个观点上，不是所有必然真表达相同命题，但是昏星是一颗行星这个命题和晨星是一颗行星这个命题是同一的。第三种解读是：在命题的一种弗雷格式观点上，由一个语句所表达的命题是由一个语句成分所表达的含义的一个构造，在这里含义是优质实体，它反映各种表达式的认识的和认知的意义重要性。在这个观点上，不是所有必然真表达相同命题，并且昏星是一颗行星这个命题和晨星是一颗行星这个命题是不同的。查尔莫斯认为：真最通常意义上被理解为真命题，在这里命题是我们断言和相信的东西，并且他还主张命题的弗雷格式观点是最有前途的。③第四种解读是：在命题的一种取消式观点上，根本没有任何命题。仅仅只有语句和语言表达式，并且它们可能有思考行为和相信状态。但是语句并不表达命题，思考和相信并不包括对命题的关系。这种命题观往往同命题态度的取消式理论相联系在一起。

很明显，有很多有关命题本质的讨论方案，但重要的关键点在于，一个好的命题内容理论一般应该具有如下的特征：①它应该自然主义地是值得推崇的，也就是说，它与自然科学的见解是可相容的；②它应该把握命题内容的规范维度；③它应该允许命题态度内容（逻辑等值对同一性不是充分的）的一个优质区分；④它不应该把命题态度的占有与特定语言联系得太紧（例如，它应该允许相同的态度能被不分享一种语言的生物所拥有——并且，态度真正地能由根本不说任何

---

① Robert Stalnaker，*Inquiry*. Cambridge，MA：The MIT Press，1984：2.

② Robert Stalnaker，*Narrow content*，in *Propositional attitudes：the role of content in logic，language and mind*，C. Anthony Anderson and Joseph Owens edited，CSLI，1990：133.

③ David Chalmers，*Constructing the World*，Oxford：Oxford University Press，2012：42-43.

语言的生物所占有）；⑤它应该使之清晰的是，占有这种命题内容的状态能在（理性的）行为的产生过程中发挥作用。[①]

四、主要的命题态度理论主张

目前关于特定的命题态度，我们至少能采用三种不同的理论主张。第一种能被称为行为倾向主义。它坚持认为，一个态度是由某些非－有意识的（non-conscious）倾向所构成的，如典型的行为倾向，或许由某些非－有意识的计算倾向（如果一个人认为心理过程有时包括计算的话）所论证。第二种理论主张能被称为有意识的倾向主义。它坚持认为，一个态度是由某些对意识显现状态的倾向所构成的。第三种理论主张能被称为自然种类主义。它坚持认为，一个态度是无论什么自然种类发挥的所有作用，既是行为的又是现象的，并且我们把这种作用相关于这个态度。

行为倾向主义是当代最主要的命题态度理论方案。如果一个人很乐于态度的一种一元说明，那么成为一个行为倾向主义者的最容易方式就是成为有关态度的一个解释主义者。这种理论的一个相当标准的版本坚持认为，一个个体所拥有的信念和期望是他或她的行为的最佳解释会归属的那些信念和期望。Robert Stalnaker 已经提供了有关命题态度的一种不同的一元说明，他坚持认为信念和期望应该是更加直接地相互被定义的。在他的观点上，如果一个人的信念为真，并且相信 that p 是被倾向于以会成功的方式有所行动，那么期望 that p 就是以会使 that p 如此的一种方式有所行动。[②] 如果一个人不乐于采用态度的这种一元说明，那么像 Stalnaker 的观念一样的某物就容易被转变成行为倾向主义的一个二元形式。一个人仅仅坚持认为，期望 that p 就是包含一个心理表征 that p，它使得一个人倾向于为了产生 that p 而有所行动，所有其他的都是相同的，相信 that p 也会类似与此。但是一个人不需要支持这个精致方案：一个人可能采用一种不同的方向，并且坚持认为，相信和期望是拥有对某些口头（非心理的）表征的某些规范关系。

Peter Hanks 和 Scott Soames 最近已经发展了类似的命题态度观点。他们认为，在这种观点上，这些命题态度至少部分地由倾向于执行心理行为所组成。他们两人都认为，相信一个命题至少部分地是倾向于执行初始的命题行动（*primitive* propositional act）：一个行动的执行是任何其他命题行动的执行的一部分；并且执

---

① http：//www. rep. routledge. com/article/GLOSSITEM443.

② Robert Stalnaker，*Inquiry*. Cambridge，MA：The MIT Press，1984：59-77.

行这个初始的命题行动是执行像思考某物、述谓、否定、连结、分离等一样的亚命题行动；而且由于是这样行动的类型，这些初始命题行动解释什么东西会把被构造命题的构成成分一起联结成一个表征的整体。

然而，他们两人在理论细节上有所不同。Soames 把初始命题行为当作是无效力的接受（entertaining），并且认为这些接受由思考行为和述谓行为所组成，他把这些接受当作非承诺的属性归属（ascription）。[①] 他把判断的非初始命题行为等同于接受 + 肯定，把相信等同于倾向于判断，并且把命题等同于接受 - 类型。例如，在 Soames 的观点上，接受命题：伯纳德是英国人 就是执行下面的亚命题行动：思考伯纳德、思考是一个英国人这个属性、并且述谓或非承诺地归属是一个英国人这个属性到伯纳德。相比较而言，Hanks 把初始命题行动当作是有效力的判断并且认为这些判断由推理行为和述谓行为所组成，他把这些当作承诺的属性归属。[②] 他把相信等同于倾向于判断并且把命题等同于判断 - 类型。但 Indrek Reiland 认为，Soames 的“无效力”方案较之 Hanks 的“有效力”方案具有更多优点，并且 Hanks 所声称的解决方案是不起作用的。[③]

第二种理论主张（即有意识的倾向主义）在心灵哲学中很少有积极的倡导者，但是他们最近却已显示出更积极的方面了。例如，在信念的主体上，Eric Schwitzgebel 已经辩护了这样的观点：相信就是被倾向于个例现象状态（对自己说话、描绘东西、有意识地回忆等），如同被倾向于进行适当的行为一样[④]。在期望的主体上，Galen Strawson 用《心理实在性》的一章来辩护态度的一种有意识倾向理论，并且坚持认为，正是对愉快和不愉快的倾向（部分地）构成了期望[⑤]。

第三种理论主张自然种类主义也有许多追随者。Griffiths 和 Prinz 分别辩护有关通常被称为情感的一些[⑥] 或所有的[⑦] 东西的自然种类主义。在 Morillo[⑧] 和

---

① Scott Soames，*Propositions*，in *The Routledge Companion to the Philosophy of Language*，edited by D. G. Fara and G. Russell. London：Routledge，2012：209-220.

② Peter Hanks，*Structured Propositions as Types*，*Mind*，120（2011）：13-14.

③ Indrek Reiland，*Propositional Attitudes and Mental Acts*，*Thought*，1（2013）：239-245，Wiley Periodicals，Inc and the Northern Institute of Philosophy，2013.

④ Eric Schwitzgebel，*A Phenomenal*，*Dispositional Account of Belief*，*Nous*，2002，36（2）：249-275.

⑤ Galen Strawson，*Mental Reality*. Cambridge，MA：The MIT Press，1994：251-289.

⑥ Griffiths，*What Emotions Really Are*：*The Problem of Psychological Categories*. Chicago：University of Chicago Press，1997：167-247.

⑦ Prinz，*Gut Reactions*：*A Perceptual Theory of the Emotions*. New York：Oxford University Press，2004：79-102.

⑧ Morillo，*The Reward Event and Motivation*□*Journal of Philosophy*，1990，87（4）：169-186.

Schroeder 的书中也被找到还有一些有关期望的自然种类理论，他们俩都把大脑的“奖赏系统”（rewarding systerm）等同于大脑对期望实现的核心，但他们分别给予期望的本质以不同的解释，主要是基于对这种“奖赏系统”的不同的理解①。

值得注意的是，尽管存在有关命题态度的取消式理论，一些哲学家（例如，蒯因、丘其兰德、斯蒂克）他们否认有任何信念、期望、意图或类似东西，并且已提出应该从我们的本体论中“取消”命题态度②。但是，到目前为止，许多哲学家仍然感兴趣于命题态度。尤其是，有一个完整的哲学分支——行动哲学（被定位于心灵哲学和道德哲学之间），它已经发展了一种行动理论，并且认为态度（如意图和尝试）是行动的最核心部分。而从事伦理学研究的哲学家也基于自己的研究目的已经发展了特定态度的理论③。目前伦理学学者所做的有关命题态度的那些令人感兴趣的工作应该对 Tim Scanlon，Fred Schueler 和 Michael Smith 给予特别的关注。Scanlon 的工作表明，期望是根源于愉快的理由和感觉的④。相比较而言，Smith 坚持认为，期望是单独地根源于动机的⑤；Schueler 则主要表明，期望不是动机的唯一来源，因为道德推理（reasoning）也能是正在激发的，而且这种对期望的兴趣来自于对道德动机本质的兴趣⑥。

---

① Schroeder，*Three Faces of Desire*，New York：Oxford University Press，2004：38-70.

② Paul M. Churchland，*Eliminative Materialism and the Propositional Attitudes*，*the Journal of Philosophy*，Vol. 78，No. 2.（1981）：67-90.

③ Timothy Schroeder，*Propositional Attitudes*，*Philosophy Compass*，2006，（1）：65-73.

④ Tim Scanlon，*What We Owe to Each Other*. Cambridge，MA：Harvard University Press，1998：17-77.

⑤ Michael Smith，*The Humean Theory of Motivation*，*Mind*，1987，96（1）：36-61.

⑥ Fred Schueler，*Desire*：*Its Role in Practical Reason and the Explanation of Action*. Cambridge，MA：The MIT Press，1995：13-45.

信念、内容与命题

——论罗素的信念内容观*

在西方哲学史上，柏拉图曾将信念理解为一种获取意见的认识能力或心灵状态，亚里士多德则把命题界定为有真假的语句。此后，尽管出现了诸多命题理论和信念理论，但首次将命题与信念联系起来进行逻辑论述的是哲学家罗素。他从信念的角度考察命题，对命题界定赋予新视角；在坚持常识心理学信念观的基础上，将命题在信念内容中的角色给予了充分肯定。

一、罗素的信念三要素

罗素意义上的信念包含三个要素：实在物（objective）、所相信的东西和相信（believing）。罗素认为，实在物是信念之外与信念相关联的东西，是信念所指向的对象。首先，罗素将实在物定义为信念之外判定信念真假的特殊事实："一个信念的真或假依赖于该信念之外与其自身之外的事实的关系。我称这个事实是信念的'实在物'。"[①]显然，这种实在物的本质是一种事实。罗素把使信念为真或为假的东西称为"事实"，而把使一个给定的信念为真或为假的特殊事实称为其"实在物"。实在物作为与信念相关的特殊事实，拥有事实应有的一般属性。

其二，实在物的价值在于对信念真假的判定。在罗素看来，信念的真假在于它与其自身之外的事实之间是否"符合"，并由信念朝着或离开其实在物的方向决定：当信念与其自身之外的某种事实相符合时，也就是说信念指向其实在物时，信念就为真；反之，当不存在这种符合时，信念就指离了其实在物，信念为假。例如，对于今天是星期二这个事实，当你相信这天是星期二时，你的信念就指向了这个事实，是真信念；而当你相信今天不是星期二时，你的信念就指离了这一事实，成为假信念。

其三，实在物的角色是信念所指向的外部世界中的对象。一个完整的信念必

---

* 与张若思合作，原载于《福建论坛》2015 年第 3 期。

① Bertrand Russell, *On Propositions: What They Are and How They Mean*, *Proceedings of the Aristotelian Society*, Supplementary Volumes, Vol. 2, *Problems of Science and Philosophy*, 1919: 36.

然通过与外部的客观世界的某种关系才能被感知和评价，实在物架构起信念与外部世界的桥梁。在罗素那里，不管信念如何构成，所信的东西和相信行为一定由发生在相信者身上的当前事件组成，而信念的实在物可能不仅仅是当前事件，它可以是很久之前的一个事实。如设想我相信“哥伦布横穿大西洋”，我的信念的实在物是很久以前发生的一件事，我并未见过它。当我相信它发生过的时候，这个事件本身并不在我心里，我所信的东西是现存于我心中的与这个事件相关的某种事物。也就是说，实在物是外部世界中的东西，它作为信念的对象而存在；而所信的东西是现在处于我思想中的东西。那么，我们所相信的东西是什么呢？

罗素认为，我们所相信的东西即信念的内容[①]。他指出，信念的内容极其复杂，但无论我们所相信的是什么，它总是以词或意象的形式呈现。信念的内容不仅以词或意象为成分，并且包含各成分之间明确的关系。罗素的信念内容因其所包含的成分的不同被分为四类：只由词组成；只由意象组成；由词和意象混合组成；由词或意象或二者之一加上一种或多种感觉组成。在信念的内容中，必须至少包含词或意象成分中的一种，而感觉成分则是不必然的：首先，最原初的信念的内容是全部由意象组成的，例如在纯粹的记忆－信念中只有意象出现。其次，当信念内容全部由词组成时，这是一个被缩短的过程，因为词的产生依赖意象：最初经由与意象的关系，词使我们与时空中遥远的事物发生联系[②]。再者，由词和意象共同组成的信念内容较普遍，特别是在记忆－信念而非纯粹的记忆－信念中。例如你听到一种声音并说“电车”时，你可能形成电车的视觉意象并同时说“电车”。另外，一个信念不能单独由感觉组成。因为信念的存在必然依赖其实在物并要求信念的内容有意义，而单独的感觉不能形成意义。

信念内容的特征主要体现在两个方面：第一，内容之间的可转换性。在罗素那里，无论信念内容是由词或由意象组成，不同类型的信念内容之间是可以相互转换的。因为词直接或间接依赖于意象，从而词－内容完全可以转换成相应的意象－内容；尽管意象－内容并不能在任何情况下都可通过词来表达，但意象－内容的意义完全可以通过词来表达——“用词提取出一种意象－内容中一切有意义的东西是很有可能的”[③]，此时，一种意象－内容就过渡到一种词－内容。第二，内

① Bertrand Russell，*The Analysis of Mind*，the Project Gutenberg E-text，London：George Allen and Unwin；New York：The Macmillan Company，1921：255.

② Bertrand Russell，*The Analysis of Mind*，the Project Gutenberg E-text，London：George Allen and Unwin；New York：The Macmillan Company，1921：219.

③ Bertrand Russell，*The Analysis of Mind*，the Project Gutenberg E-text，London：George Allen and Unwin；New York：The Macmillan Company，1921：261.

容对实在物的依赖性。在罗素理论中，实在物作为信念的对象，是外部世界的东西，它的出现在某种程度上是为了判断我们所相信的东西的真假；信念的内容作为我们所信的东西，是处于我们思想中的东西，无论它由词组成还是由意象组成，它总是关于实在物的，并且内容对实在物的依赖通过“亲知”来连接。在这里，信念的真假必然关涉到实在物，而实在物又与信念的内容紧密结合，因此从这一意义上说，信念的真假依赖于信念内容的真假。另外，罗素还指出，相信与所信的东西是有区别的。例如，我可以相信哥伦布横穿大西洋，二加二等于四，今天是星期二等，在这些例子中，所信的东西是可以不同的，但明显的，它们都含有“相信”。那么，什么是相信呢？

在罗素那里，相信（believing）首先是一种感受或复合的感觉。他坚持认为信念情形中的相信行为不能予以否弃，因为“相信是一种实际经验到的感受，而非像行为那样是某种假定的东西”[①]。当我们说相信某物或某事时，我们总有某种情感和状态伴随着这种“相信”，如对该物或该事件的过去存在的记忆，对其未来状态的期待或预测以及不涉及时态的单纯同意，所有这些不同的情感都是集合在“信念”这一词之下的不同的信念感：“至少有三种信念，即记忆、期待以及单纯同意。这三种信念中的每一种都由附属在所信的内容上的某种感受或复合的感觉所构成的。”[②] 其次，相信是伴随信念内容的不同信念感的集合，“相信似乎是一个一般词项，它包括不同类型的显现（occurrence）”[③]。再者，“相信”是一种积极感，可被放在与“怀疑”或“不相信”同一认识层次上，并在一些复杂的信念形式中有着必然的存在价值。这样，在考察信念内容和相信的基础上，罗素进一步指出，信念不仅仅是内容和信念感地简单共存，而可能是“信念感以其异常的力量，将自身或多或少偶然地与我们在适当的时刻碰巧想到的某种内容联系在一起”[④]，显然，这种异常的力量来自于信念主体，也就是说，作为信念主体的人将相信与信念的内容关联起来，从而形成一个完整的信念。

值得引起重视的是，罗素还在分析信念感的基础上，明确使用了“命题态度”

---

① Bertrand Russell，*The Analysis of Mind*，the Project Gutenberg E-text，London：George Allen and Unwin；New York：The Macmillan Company，1921：252-253.

② Bertrand Russell，*The Analysis of Mind*，the Project Gutenberg E-text，London：George Allen and Unwin；New York：The Macmillan Company，1921：271.

③ Bertrand Russell，*On Propositions*：*What They Are and How They Mean*，*Proceedings of the Aristotelian Society*，Supplementary Volumes，Vol. 2，*Problems of Science and Philosophy*，1919：29.

④ Bertrand Russell，*The Analysis of Mind*，the Project Gutenberg E-text，London：George Allen and Unwin；New York：The Macmillan Company，1921：274.

范畴，指出像信念、记忆、期待、期望等作为具体的命题态度，是不同于命题态度内容的。他指出，“一个非人工构造的语词形式通常不仅表达命题的内容，而且还表达所谓的‘命题态度’——记忆、期待、期望等。这些态度并不构成命题的成分，即不构成当我们相信的时候所相信的内容的一部分，或者当我们期望的时候所期望的内容的一部分。”[①] 在这里，需要说明的是，此处的“命题态度”是在“对命题的态度”的意义上来使用的，即对我们所相信或所期望的内容的态度，它实质上是一种命题态度状态，是构成命题态度微观结构的重要组成部分。

二、命题与信念内容的关联

对于命题的本质，罗素在其一生中有太多不同观点。尽管如此，当今对被构造命题描述的首创者仍被公认为是罗素。在逻辑层面上，罗素使用语词“词项”作为命题的构成成分并且认为命题是一个统一整体。在语言层面上，罗素认为命题可以是陈述语气中的语句、断定某个事物（而非询问、命令、愿望）的语句，也可能是由“that”一词作先导的语句，并且只有“那种具有‘意义’或‘客观指称’的系列语词才是命题”[②]。在信念层面上，罗素认为命题是所相信的东西。他指出：“一个命题可以定义为：当我们正确地相信或错误地相信时，我们所相信的东西”。[③] 而要从这一定义中挖掘出对命题是什么的说明，必须先确定“信念是什么、我们能够相信的那类事物是什么、构成一个信念中的真假的是什么”[④]。这也就是说，探寻信念、信念真假以及所相信的东西是探究“命题是什么”的必要前提。由于第一部分已详尽论及这些，在这里我们关注罗素对命题与信念内容相关联的情况。

在信念语境中，罗素把信念内容等同于命题。在上一节中罗素已经明确指出，“我们所相信的东西即信念的内容”。在这里罗素直接把命题界定为“我们所相信的东西”，他说：“一个信念的内容，当被用语词表达时，是和逻辑上被称之为一

---

① Bertrand Russell, *On Propositions: What They Are and How They Mean*, *Proceedings of the Aristotelian Society*, Supplementary Volumes, Vol. 2, *Problems of Science and Philosophy*, 1919: 29-30.

② Bertrand Russell, *The Analysis of Mind*, the Project Gutenberg E-text, London: George Allen and Unwin; New York: The Macmillan Company, 1921: 261.

③ Bertrand Russell, *On Propositions: What They Are and How They Mean*, *Proceedings of the Aristotelian Society*, Supplementary Volumes, Vol. 2, *Problems of Science and Philosophy*, 1919: 1.

④ Bertrand Russell, *On Propositions: What They Are and How They Mean*, *Proceedings of the Aristotelian Society*, Supplementary Volumes, Vol. 2, *Problems of Science and Philosophy*, 1919: 1.

个‘命题’的东西相同的东西。”[①] 为了更好地分析信念内容，罗素指出人们所相信的东西必定总是我们通过命题所表达的那类东西[②]。一方面，罗素将命题分为基本的两类：语词－命题和意象－命题。语词－命题即以词表达的命题，等同于逻辑学中的“命题”，也就是“表达真假的符号”；意象－命题则是以意象构成的命题，以回忆一个其窗户在门的左边的房间而言，当我们相信这一回忆的场景时，命题就由左边的窗户的意象与右边的门的意象共同组成，类似这样的一类命题就是意象－命题。意象－命题比语词命题更基本，因为前者可先于语言而出现；一个语词－命题可“意指”一个意象－命题，因为词都是直接或间接地与意象相联系的，并且反过来，意象命题可通过词来表达。

另一方面，罗素把我们所相信的东西的成分也与命题的成分相关联。在罗素那里，不管我们所相信的是什么，它或者由词组成，或者由意象组成，或者由二者融合而成。也就是说，我们所相信的东西以词或意象为成分，而且我们所相信的东西更基本的是由意象组成，因为当我们说我们相信什么时，一般总会引起关于我们所相信的事物的意象。当我们相信的东西有词的成分时，它也是直接或间接与意象相联系的，因为当我们所相信的东西仅仅由词组成而不直接引入意象时，它实际上也是一个被缩短的过程。从而，在“我们所相信的东西等于命题”这一意义上，我们所相信的东西的成分也就是命题的成分。

在分析命题的特征上，罗素认为命题的真假在于与实在物的关系。“一个命题，当指向其实在物时就是真的，而当指离其实在物时就是假的。”[③] 也就是说，无论是意象－命题还是语词－命题，它总是伴随一个使其为真或假的事实而出现。并且一般地，一个命题首先通过与实在物的“类似”而被认识，进而被判定真假。特别地，意象－命题与实在物的类似主要体现在结构上，并以一种“符合”来被判定。

罗素还认为，命题的特征还表现为其自身的肯定性和可感性。一方面，我们不能形成任何关于否定事实的意象：“我们能够想象窗户在门的左边或右边，但对于‘窗户不在门的左边’这种单纯否定性的东西，我们不能形成任何意象”[④]，尽

---

① Bertrand Russell，*The Analysis of Mind*，the Project Gutenberg E-text，London：George Allen and Unwin；New York：The Macmillan Company，1921：261.

② Bertrand Russell，*On Propositions*：*What They Are and How They Mean*，*Proceedings of the Aristotelian Society*，Supplementary Volumes，Vol. 2，*Problems of Science and Philosophy*，1919：28.

③ Bertrand Russell，*The Analysis of Mind*，the Project Gutenberg E-text，London：George Allen and Unwin；New York：The Macmillan Company，1921：297.

④ Bertrand Russell，*The Analysis of Mind*，the Project Gutenberg E-text，London：George Allen and Unwin；New York：The Macmillan Company，1921：300.

管我们可以不信由“窗户在门的左边”所表达的意象-命题。也就是说，意象-命题必须是肯定的，它们可以被人相信或怀疑，但“不容许有与肯定的及否定的事实相对应的任何内容方面的二重性。”[①] 另一方面，我们意在用于交流的词或短语必须是可感觉的，而可感觉的东西总是肯定的。例如，A 爱 B 这个肯定事实通过“爱”这个词出现在“A”和“B”两个词之间而被符号化，但“我们不能通过‘A’和‘B’之间没有‘爱’这个词来表示A不爱B这个断定……”[②]，而是通过把“不爱”这个词放在“A”和“B”之间来使 A 不爱 B 这个否定事实符号化。在这里，作为我们信念的内容的语词-命题本身总是肯定的，尽管它可以断言肯定的和否定的事实。也就是说，语词-命题总是肯定的，但它可以为肯定的实在物或否定的实在物所证实。总之，不管是语词-命题还是意象-命题，它们总是肯定的和可感受的。

另外，罗素认为，我们可以把命题一般地等同于现实的信念内容和可能的信念内容。在逻辑中我们关注命题，而且我们可以说命题为真或假。逻辑不感兴趣实际上人们相信什么，而感兴趣于决定可能信念的真假的那些条件。除了当现实的信念被讨论之外，无论何时可能的是，它一般是有关命题的一种简化（simplication）。[③]

三、罗素信念内容观的当代启示

罗素的信念内容观在 19 世纪末 20 世纪初哲学发展过程中具有独特而重要的地位。说它独特是因为罗素巧妙地将当时语言哲学中的意义问题、逻辑哲学中的命题问题、常识心理学中信念问题进行了融合，并首次通过“命题态度”范畴将信念内容、命题、意义相统一；说它重要，是因为罗素的信念理论以逻辑分析为基础，将信念问题引入微观结构研究领域，促成了信念等一系列相关命题态度研究的蓬勃发展。笔者认为，罗素的信念内容观的当代启示主要体现在以下两个方面：

第一，信念是一种基本的命题态度。毋庸置疑，罗素的信念观提供了形如 x 相信 / 断言 / 知道 that p 的态度归属的一种语义分析，并且信念成为一种基本的命

---

① Bertrand Russell，*The Analysis of Mind*，the Project Gutenberg E-text，London：George Allen and Unwin；New York：The Macmillan Company，1921：301.

② Bertrand Russell，*On Propositions：What They Are and How They Mean*，*Proceedings of the Aristotelian Society*，Supplementary Volumes，Vol. 2，*Problems of Science and Philosophy*，1919：39.

③ Bertrand Russell，*The Analysis of Mind*，the Project Gutenberg E-text，London：George Allen and Unwin；New York：The Macmillan Company，1921：262.

题态度。在当代，命题态度是指通过运用诸如相信、期望这样的态度动词所表达的一类心理状态。命题态度刻画采用的标准形式是“x Fs that p”，其中“x”指谓态度的主体，一般是具有理性思维能力的人，包括说话人个体和社会主体；“F”是指表示命题态度状态的动词，在语句中充当谓语成分，如认为、希望、相信、害怕、猜测、考虑、厌恶等；“that p”给予这个态度的内容，一般以命题的形式呈现，通常称为命题内容。[①]当代对命题态度的研究主要集中在两个方面——命题态度状态和命题态度内容。显然，在罗素的信念理论中，“相信”是一种命题态度动词，而命题在罗素那里被定义为信念的内容。从这一意义上说，信念无疑是一种命题态度：相信是一种命题态度状态；信念内容是一种命题态度内容。

目前通常已经被认同的是，所有命题态度是最终由最小的、基本的命题态度集合所构成的；并且还原命题态度到它们的基本成分。这也就是说，有两个基本的态度是被需要的。所有命题态度或者产生一个关于东西如何处于世界中的论断，或者产生有关这个世界的一种需求，并且这种区分表明了在基本态度中的一种对应的区分。在这种观点上，信念是产生一个论断的那种基本态度，并且因此被用来构建言说东西可能或不可能保持（知道、质疑、怀疑、确信等）的其他心理状态。期望是产生一种需求的那种基本命题态度，并且被用来构建强调东西是或不是某种方式（但愿、想要、愿意、宁愿等）的其他心理状态，并且一些其他态度由这两种构成。许多哲学家继续把相信和期望当作基本的态度，同时也包括把想象、打算、感知和尝试（trying）当作同样是基本的态度，并且也试图将情感（emotion）还原到信念和期望。[②]

第二，命题成为当代诸多领域的研究焦点。罗素的原著文本表明，他不仅把命题当作真值承担者，而且还指出了命题是命题态度内容（如信念内容）的承担者。这样，他对命题在语言、逻辑和心灵中所发挥的角色作用研究就拓宽了当代命题研究的视角。在当代，命题不仅是形而上学研究的热门话题，更成为许多学科的交汇点、聚焦点。一方面，语言哲学、心灵哲学、认知哲学、解释学、认识论、逻辑学等哲学分支发挥各自优势从特定的视角、独特的概念框架对它进行透析。并且由于逻辑哲学家和认知科学家的推动和有效的工作，又有对命题问题的综合的、整合性的研究。

另一方面，当代命题研究关注的问题有了新变化。在命题本质问题上，大多

---

① 宋荣：《当代心灵哲学中的命题态度及其内容》，《哲学动态》，2010 年第 4 期，第 98-103 页。

② Griffiths，*What Emotions Really Are*：*The Problem of Psychological Categories*，Chicago：University of Chicago Press，1997：1-42.

数当代学者倾向于把命题当作是语句的意义、心理状态的内容承担者、真值的初始承担者①，并且提出了事实命题观、认知命题观以及属性命题观等，从而使得命题成为语言、思想和心灵联系在一起的共同因素。在命题内容问题上，大多数学者认为，一个好的命题内容理论一般应该具有如下的特征：它应该自然主义地是值得推崇的，它与自然科学的见解是可相容的；它应该把握命题内容的规范维度；它应该允许命题态度内容的一个优质区分；它应该使得占有这种命题内容的状态能在理性行为的产生过程中发挥作用。②

而在语言哲学中对语义学和语用学之间关系的理解方面，近期的研究进展已经重点强调命题。③大多数学者坚持认为，命题是相对于语境所采用的语句的意义，并且是在一个语境中理解一个语句过程中所把握的东西。不同的语句可以表达相同的命题（相对于语境），因而“理解一个语句（相关于一个语境）就是把握它所表达的那个命题的事情”。这样，命题用作相关于语境的语句的语义内容，从而被包括（figure in）在语义理论中。④同时已经被广泛关注的是，在描述语境 / 交流记录中命题也发挥着非常重要的作用。

在心灵哲学方面，当代心理内容研究带来了命题研究的新视角。分析传统下的心理内容研究纲领侧重于理性思维内容的研究，坚持自然主义的研究进路，力图确定心理内容在自然中的位置。研究者在关注意向性内部结构的基础上，围绕如何用自然科学术语、非意向机制来说明意向内容，其实质仍是说明自然化的命题（naturalized propositions），从而形成诸多描述方案。⑤而现象学传统中的心理内容研究倾向于采取非自然主义甚或反自然主义的进路。现象学者以经验及其内容作为研究出发点。他们认为，在拥有经验的过程中，内容是经验上被给予主体的一切，它是主体在拥有经验时所体验到的一切，并由此而形成经验的命题主义与非命题主义之争。

---

① Jeffrey King，*New Thinking About Propositions*，Oxford：Oxford University Press，2014：1.

② http：//www. rep. routledge. com/article/GLOSSITEM443.

③ Scott Soames，*What is Meaning*，Princeton：Princeton University Press，2010：4.

④ Jeffrey King，*New Thinking About Propositions*，Oxford：Oxford University Press，2014：8.

⑤ 宋荣：《思维内容的心灵哲学探究》，北京：中国社会科学出版社，2012 年，第 250-294 页。

指称与意向性篇

论指称的当代心灵哲学意蕴*

自从穆勒在《逻辑体系》中论述有关名称的思想以来，指称问题就逐渐成为了语言哲学的核心研究领域之一，并与意义问题、真理问题、悖论问题等一起形成逻辑哲学的研究重心。而随着当代心理内容问题、意向对象问题、非存在问题等日益受到学界的广泛关注，指称问题也突显出其特有的心灵哲学意蕴。

一、指称范畴的现代哲学渊源探析

在现代哲学史上，弗雷格的“Bedeutung”范畴来源于他对内容问题和同一性问题的持久关注。一方面，康德对内容和外延的区分①直接导致弗雷格运用其内容观到语言层面。在《概念文字》（BS）的§3中，弗雷格通过一个例子来解释这种内容观，“在普拉蒂亚希腊人战胜波斯人”和“在普拉蒂亚波斯人被希腊人战胜”具有相同的概念内容（也就是弗雷格意义上的可判断内容）。在他后来的著作中，词项“Inhalt”、“Bedeutung”和“Sinn”都是可相互交换使用的。②直到1891年5月24日在写给胡塞尔的一封信中，弗雷格才非常清晰地对含义和指称作出了区分。他在信中以图表的方式，表明专名的指称即对象，概念语词的指称即归并入该概念之下的对象。③另一方面，弗雷格对概念内容的BS描述导致他拒斥语句主语和谓语之间的传统区分。在1892年之前的很长一段时期内，由于诸如语句“a=a”和“a=b”是否具有相同内容这样的问题，所引发的有关同一性陈述和对象观念的困难就一直纠缠在弗雷格心中。正因如此，在1892年《论含义与指称》的开头，弗雷格就首先讨论等同性（equality）问题，从而开启了含义-指称区分的正式篇章；也正因如此，弗雷格的“内容”观念也正式分为（splite into）“含义”和“指称”两个观念。

在弗雷格开启分析哲学传统中指称研究的同时，胡塞尔也在现象学传统中关注语言表达式和意义。胡塞尔运用“客观指称”（objective reference）一词将指称

---

① I. Kant, *Lectures on Logic*, translated by J. Michael Young, Cambridge: Cambridge University Press, 1992: 593.

② Michael Beaney, *The Frege Reader*, Oxford: Blackwell Publishers Inc., 1997: 15.

③ Michael Beaney, *The Frege Reader*, Oxford: Blackwell Publishers Inc., 1997: 149.

诉诸心理行动，指出理解意义与客观指称之间的关系需要关注那些含义－给予行动（sense-giving act）。[①] 在谈到有关表达式的现象学问题和意向问题时，胡塞尔首先明确指出区分每一个表达式的两个方面：①这个表达式物理地被看待；②心理状态的某个序列被关联于这个表达式，并使得它是有关某个东西的表达式。每个表达式不仅言说某个东西，而且言说有关某个东西的东西（say it of something），依据给予它含义的那些心理行动，这两者都仅属于这个表达式。

再者，胡塞尔指出在名称中客观指称的不同情况。在通名情况中，或者两个名称能在意义上有所不同，但能命名相同的对象；或者两个表达式能具有相同的意义，但具有不同的对象指称。专名的情况则不同，如“苏格拉底”，无论在哪里这个语词具有一个意义，它也命名一个对象。胡塞尔还指出，仅仅通过研究表达式和它们的意义－意图（meaning-intentions）在知识中发挥功能的方式，那种意义与客观指称之间关系的现象学能被阐明。并且这些必须保证含义－给予行动具有两个不同的方面：一是给予它们意义，二是给予它们对对象的确定指向。[②] 甚至在胡塞尔的意向性理论中，他还提出：“对于一个给定的思考者来说，通过一段时期，在他心中拥有同一对象，这如何可能？”在此基础上，他在指称行动方面还运用他称之为动态方法的东西：“有关指称的心理行动（mental acts of referring）被看作某些贯穿时间（trans-temporal）的认知结构——动态意向结构——的瞬间成分（momentary components），在其中同一对象或事态被意欲（intended）贯穿一段时间（在此期间，该思考者对这个对象或事态的认知视角是经常在变化的）。”[③]

罗素的“denoting”（指谓）一词被明确给予到摹状词。罗素指出，一个“指谓短语”仅仅依据其形式来进行指谓，并且区分三种指谓情况：①一个短语可以正在指谓，并且还没指谓任何东西；如“当今的法国国王”；②一个短语可以指谓一个确定的对象；如“当今的英格兰国王”指谓某个人（a certain man）；③一个短语可以不明确地指谓；如“一个人”并不指谓许多人，而指谓一个不明确的人。[④]在罗素的观点上，一个限定摹状词可以指谓一个实体。后来，罗素在两种不同类型的指示（designation）上给予了一个更根本的语义区分，并且还论证到，一

---

① E. Husserl，(1901)，*Logical Investigations*（*Volume I*)，translated by J. N. Findlay，edited by Dermot Moran，London：Routledge，2001：188-198.

② E. Husserl，(1901)，*Logical Investigations*（*Volume I*)，translated by J. N. Findlay，edited by Dermot Moran，London：Routledge，2001：188-198.

③ Christian Beyer，*A Neo-Husserlian Theory of Speaker's Reference*，*Erkenntnis* Vol. 54，No. 3，2001：277-297.

④ B. Russell，*On Denoting*，*Mind*，1905，14：479-493.

个人仅仅能指称那个感觉材料和他所亲知的共相（universals），从而把严格的亲知观念作为指称的一个必要条件。相比较而言，斯特劳森（P. F. Strawson）意义上的“referring”适用于单称陈述场合。他指出，我们通常使用某些种类的表达式来提及（mentioning）或指称某个个体的人或单个对象或特定事件等，并作出关于它们的陈述。他称使用表达式的这种方式为“唯一地指称用法”（uniquely referring use）。在这里，他的这种用法是使用方式（way of using）意义上的“用法”，而不是使用规则（rules for using）意义上的“用法”。他还指出有四种类型的常用表达式可采用这种指称用法。①在此基础上，斯特劳森认为，罗素混淆了在一个特定语境中表达式和它们的用法，从而混淆了意义和指称；而实际上，提及、指称和真或假是语句或表达式的用法的功能。

从术语学角度来看，弗雷格的“Bedeutung”一词已经被不同地翻译为“指称”（reference）、“指谓”（denotation）、“意义”（meaning）、“意义重要性”（significance）、“显示”（indication）和“指称”（nominatum）；并且在他后来的著作中，“语义值”（semantic value）、“语义作用”（semantic role），以及“真值潜在东西”（truth-value potential）也被用来解释弗雷格心中所是的东西。2010 年版的《弗雷格剑桥指南》中明确指出，德文“Sinn”曾经被翻译为“meaning”（意义），现在通常被翻译为“sense”（含义）；德文“Bedeutung”在 1891 年之前曾经被翻译为“meaning”、“nominatum”和“denotation”，但在 1891 年之后翻译为“reference”，这也是目前已被广泛认同的译法。而动词“bedeuten”则被翻译为“refer to”、“denote”、“stand for”等。②

值得注意的是，“denoting”和“referring”的区分应该引起关注。唐纳兰在调整罗素和斯特劳森之间的争论过程中，对“denoting”和“referring”之间作出了明确区分。他认为，罗素的指谓定义可运用到限定摹状词的任一用法上。一个限定摹状词无论是否指称地被使用或归属地使用，它都可以拥有一个指谓。因而“指称不是相同于指谓”。③这也就是说，一个限定摹状词指谓它所适合的无论哪个对象，并且如果它适合无（nothing），即如果它并不适合恰好一个对象，那它无法指谓。而指称是另一回事。一个摹状词不能指称一个对象，除非它现实

---

① P. F. Strawson，*On Referring*，*Mind*，New Series，Vol. 59，No. 235，1950：320-344.

② Michael Potter，Tom Ricketts，*The Cambridge Companion to Frege*，Cambridge：Cambridge University Press，2010：xv.

③ Keith Donnellan，*Essays on reference*，*language*，*and mind*，edited by Joseph Almog，Paolo Leonardi，Oxford：Oxford University Press，2012：3-4.

地（actually）被用来指称这个对象。但当一个摹状词在指称上被使用时，仍将会有一个被指称的对象，即使这个摹状词并不指谓任何东西。[①] 而比利（Michael Beaney）倾向于谈论专名或限定摹状词作为指称某个东西（referring to something）（如谈论“柏拉图的学生和亚历山大的老师”作为指称亚里士多德），而谈论模式字母、词项变元或抽象符号作为指谓或代表某个东西（denoting or standing for something）（如在会话论域中谈论“a”、“b”、“c”等作为指谓或代表对象）。[②] 这表明的是，“referring to”这个观念是在使用语言过程中我们所做的某个东西，而“denoting”或“standing for”则是一个语言表达式通过其自身所做的某个东西。笔者认为，中文“指称”一词的表达应该涵盖两个方面，即表示指称行动的“to refer to 或 referring”，以及表示指称物或被指称对象的“referent”。

二、基于意图的指称

如果说弗雷格及其追随者将指称归于语言层面的话，那么胡塞尔则将指称归于心理行动层面，并且与唐纳兰、克里普克的直接指称观有内在的一致性。在一份 1908 年的研究手稿里，胡塞尔指出在一些情况中摹状词被使用来“发挥很像专名一样的功能作用，”并且“无论在哪里，那个名字上的主体－表征（subject-representation）不仅具有命名而且具有‘断言的’功能。”[③] 在这里，胡塞尔观察到这样的摹状词纯粹具有“命名”功能，因而是被指称地使用。值得注意的是，胡塞尔发展了自穆勒以来的这种直接指称理论，预见性地区分了限定摹状词的指称用法和归属用法。这在 1966 年被唐纳兰再次发现并在 1977 年代被克里普克进一步分析。

唐纳兰在谈论限定摹状词的归属用法和指称用法过程中明确表明言说者的意图功能。他认为，言说者在一个断言中归属地使用一个限定摹状词，从而陈述关于无论谁或什么东西是如此这般的某个东西。而另一方面，言说者在一个断言中指称地使用一个限定摹状词，并使用该摹状词使得他的听者挑选出他正在谈论关于谁或什么东西，从而陈述关于这个人或东西的某个东西。在这种指称用法中，这个限定摹状词纯粹是作为一个工具，而在这种归属用法中，是这个如此这般的

---

① Olav Asheim，*Reference and Intentionality*，Larvik：Solum Forlag A/S，1992：52-53.

② Michael Beaney，*The Frege Reader*，Oxford：Blackwell Publishers Inc.，1997：41.

③ Christian Beyer，*A Neo-Husserlian Theory of Speaker's Reference*，*Erkenntnis*，Vol. 54，No. 3，2001：277-297.

东西这个属性是重要的。[①]但无论一个限定摹状词被指称地使用或归属地使用，这都是在一个特定情况中该言说者意图的一个功能。唐纳兰针对问题“什么东西决定指称物，如果有一个这样的东西，它是有关限定摹状词和专名的吗？”他论证到，在这两种单称词项的广泛使用情况中，并不是一组摹状词决定这个指称物，而是在使用这个词项过程中由言说者的意图所决定的，并且言说者的意图提供最终的答案。[②]

克里普克认为，言说者指称和语义指称与言说者的意图也密切关联。在一个给定的个人习惯中，一个指示词（不具有索引词）的语义指称物由该言说者的一个一般意图所给予来指称某个对象。言说者指称物是在一个给定场合中由一个具体意图所给予来指称的某个对象。如果该言说者相信，他想要谈论关于的那个对象满足是一个语义指称物的条件，那么他相信在他的一般意图和他的具体意图之间没有任何冲突。克里普克的假设是，唐纳兰的指称－归属区分在意图方面应该被概括化，因为在一个给定的场合中，该言说者可以相信他的具体意图与他的一般意图相一致。[③]笔者认为，尽管语言哲学家花大量的时间来思考语义指称，但根据意图上的规则性，更基本的指称观念应该是言说者指称，并且语义指称派生于言说者指称。因为语义指称体现的是语言表达式与对象之间的一种关系，而言说者指称体现的是言说者与该言说者所指的那个对象之间的一种意向关系。

那么，什么是意图呢？“意图”经常被给予一种准技术上的使用，常用英文单词“intention”来表示它的名词形式，用“to intend”或“intending”来表示它的动词或动名词形式。在哲学史上，“意图”范畴来源于亚里士多德的“选择”（choice）观念。亚里士多德指出，严格意义上的行动要求“熟思”（deliberation）和“选择”（choice）。他认为，熟思是一种特殊类型的思维，在其中一个人的心灵寻找和评价趋向目标的可能路径。当最佳路径被确认时，熟思就终止了，这个人就会有一个意图来遵循这条路径，这样的意图被称为“选择”。[④]而当代学者戴维斯（Wayne Davis）认为，“根据一个长久的传统，意图能被分析成认知成分和动机成分”，并且一个意图通常被描述为驱使行动的一个心理状态、一个“指向目标

---

① Keith Donnellan, *Essays on reference, language, and mind*, edited by Joseph Almog & Paolo Leonardi, Oxford: Oxford University Press, 2012: 7.

② Keith Donnellan, *Essays on reference, language, and mind*, edited by Joseph Almog & Paolo Leonardi, Oxford: Oxford University Press, 2012: xix.

③ Kripke S, *Speaker's Reference and Semantic Reference*, *Midwest Studies in Philosophy*, 1977, 2: 255-276.

④ T. W. Bynum, *Aristotle's Theory of Human Action*, UMI, 1986, ch. 1.

的、类似行动的状态”、一个“具有计划成分的执行状态”等。①

从当代心灵哲学角度来看，意图作为一种心理状态必然具有布伦塔诺意义上的意向性特征。意图是被密切地关联于主体、功能上可具体化的意向状态。一般来说，意图必须设定行动的目标或计划；并涉及趋向该行动的、因果地发起和信息上的更新过程；而当这个计划变得错误的时候，它对决定错误和正确或损失控制提供一个标准，也对目标的成功提供标准；并且在输出行为（身体上的运动）的反事实依赖性中发挥一种因果作用。像许多其他心理状态（如相信、期望）一样，意图具有一种表征维度和一种态度维度。一个意图的表征内容可以被理解为一个计划（plan）。趋向计划的意欲（intending）态度可以被作为一种执行态度。在标准构念上，意图以依赖其表征内容的方式来指导行动。

一方面，笔者认为，作为意向行动类型之一的指称行动应该具有明确的意图。以指示指称研究为例。当代有关指示指称的三种观点分别是语境观、意向观和准意向观。②第一种语境观认为，言说者意图与指示物的决定没有任何关系，指示物完全由该语境的某些公共可接触的特征所决定。该观点的最主要代表版本是维斯坦（Howard Wettstein）所提供的。他把如何搭建指示表达式的意义和指称之间桥梁问题的解决方案，与他的语言图式相一致。③第二种意向观认为，言说者意图在指示指称中是“标准的”。这种观点的核心是，一个指示表达式的指示物（demonstratum）完全由该言说者的意图来指示一个特定对象或个体。这个实体有时还被描述为该言说者“心中所拥有”的那种实体。根据这种观点，如果该言说者打算阐述和言说有关 x 的某个东西，那么 x 就是那个指示物，即使 y 是由某些公共的可接触的“线索”所显示的那个对象。卡普兰、唐纳兰和伯特勒特（Rod Bertolet）都明显坚持这样的观点。并且卡普兰最近采用意向观来说明“知觉指示词”（perceptual demondtrative）。卡普兰总结说：“现在我倾向于把这种指向意图当作标准的，至少在知觉指示词情况中，并且把这个指示词当作这个内在意图的一个纯粹外化（mere externalization）。”④根据第三种准意向观，意图只是在决定指示指称过程中发挥有限的作用，因为有情况表明，为了解释指示词指称诉诸意图是必然的，而另一些情况中解释这样的指称却不是充分的。

---

① Wayne Davis，*A Causal Theory of Intending*，*American Philosophical Quarterly*，1984，(21)：44.

② M. Reimer，*Three Views of Demonstrative Reference*，*Synthese*，Vol. 93，No. 3，1992：373-402.

③ Howard Wettstein，*How to Bridge the Gap Between Meaning and Reference*，*Synthese*，1984，(58)：64-73.

④ David Kaplan，*Afterthoughts*，in *Themes From Kaplan*，J. Almog，J. Perry，H. Wettstein (eds.)，Oxford：Oxford University Press，1989：582.

这样，基于维特根斯坦思想的哲学家把“什么东西被言说”（what is said）视作该言说者通常被解释作为已经说过的东西。而基于格赖斯思想的哲学家将“什么东西被言说”视作该言说者意欲（intend to say）说（或交流）的东西。笔者认为，随着这两种语言图式的发展，这种维特根斯坦式学者会发展一种语境观，而格赖斯式学者会发展一种意向观。因为格赖斯对意义的分析提出了对言说者指称理论的一种自然适应。正因如此，我们可以说，言说者指称是该言说者意图的一个功能。正如伯特勒特所说：“基于言说者的意图，一个言说者指称理论是站得住脚的，并且值得进一步探究。”①

另一方面，笔者认为，言说者的意图识别（recognition）在我们如何理解语言过程中是非常重要的。因为，理解语言意义的许多方面依赖于言说者的意图。②我们一般可以四种方式来谈论这样的意图。第一，存在有关意图的表达式，如当一个言说者说，“在环境 C 中我将（会）做 A”。表达这种意图的例子如“我明天将要去外地并且我保证今天下午整理好你要的那些文件”。第二，存在有关意图的归属，如当一个言说者说“在 C 中，某个人具有有关做 A 的那个意图。”言说者表达这种意图的例子如“玛丽想要与路易斯结婚”。第三，存在有关意图的描述，即某个行动被执行是因为具有这样的意图，如当一个言说者说，“他说 X 的意图是做 Y”。如“史密斯说这的意图是使约翰尴尬”、“比尔关门的意图是阻止外面的噪音”。第四，存在有关具有意图的行动，如当一个言说者说，“某人意向地做 X”。如“莎莉意向地朝约翰射击”、“玛丽有意错过她的约会”。这种“意图”概念（以及它的相近词“intend”、“intentionally”）涵盖了广泛的物理行动和心理事件。

正是对意图的重视，具有分析传统的哲学家在对言说者指称和语义指称进行区分的同时，还进一步指出心理指称与语言指称之间的关系。例如，塞恩斯伯里（M.Sainsbury）通过考察前语言时期的儿童中所获得的、有关心理指称存在的一些经验证据，来说明思想先于语言，进而心理指称先于语言指称。他认为，心理指称在结构上类似于语言指称，其相应的指称表达称为个体概念。这些个体概念不是弗雷格式含义；也不是从可能世界到实体的函项，而是个体心理学的要素。即使它们无法拥有一个指称物，它们也能是真实思想的要素。③

那么，我们所面对的问题是：言说者和听者正在谈论关于哪些对象？或者基

---

① Rod Bertolet，*Speaker Reference*，*Philosophical Studies*，Vol. 52，No. 2，1987：199-226.

② Raymond W. Gibbs，*Intentions in the Experience of Meaning*，Cambridge：Cambridge University Press，2004：22-23.

③ R. M. Sainsbury，*Reference without Referents*，Oxford：Oxford University Press，2005：216.

于意图的指称会有什么样的指称物?

三、指称物的心灵维度

笔者认为，基于意图的指称不仅体现出指称的语义关系和意向关系，而且表明这种意向关系是初始的，语义关系是派生的。一方面，体现意向关系的指称显示出关系的一般特征。一般来说，关系的存在离不开两个以上的东西的存在，例如 X 与 Y 之间要有关系，必要的条件是 X 和 Y 都存在。另一方面，意向关系作为一种关系，也必须有能意指的主体和被意指的对象。里德（T. Reid）指出这种意向关系的三个要素：一是心灵，二是心灵的运作，即用动词表述的行动，三是对象。[①]笔者认为，指称作为一种体现意向关系的行动，必然包括指称主体、指称行动本身和指称物。鉴于前面对基于意图的指称已经进行了论述，在这里主要阐述指称主体和指称物。

指称主体通常被用来泛指所有的具有内在（心理）状态的自主体（agent）。当代对于自主体的理解一般包括具有内在状态的智能体。这样一来，自主体就可以包括两大类：一类是我们通常所说的自我或个人（selves or persons）。尽管当代有关自我概念的分类有所不同（如 G. 斯特劳森总结了 21 种自我概念[②]），但其共同点一致认为，我们通常把我们自己或个人当作是充满意志的自主体（enwilled agents）范式。自我或个人既“拥有”心灵又“拥有”身体。自我“拥有”心灵，是因为它们本质上是（有关思想、经验等）心理状态的主体；自我“拥有”身体，是因为个人及其身体都在它们自身方面是不同种类的实体。身体是被有机化的物质对象，能经历它们物质部分的生长和变化，受制于某些有关形式和功能的某些基本特征的保留。这样，个人或自我才能思考、感觉和意向地行动。另一类自主体是指人工智能主体。人工智能体尤其是机器人的出现引发了人类对其主体问题的形而上学思考。尽管目前学界对于人工智能主体是否具有“心灵”，仍具有广泛争论，但毋庸置疑的是：它们具有“智能”。[③]人工智能主体通过其内在状态能对外部世界持续自主地进行表征或互动，同时感知环境中的动态条件，或执行行动

---

① T. Reid，*Inquiry and Essays*，R. Beanblossom and K. Lehrer（eds），Indianpolis：Hackett，1983，(1785)：14.

② G. Strawson，*The Self and the SESMET*，in *Models of the Self*，S. Gallagher and J. Shear（eds.），Thorverton：Imprint Academic，1999：483-518.

③ 宋荣：《当代西方心灵哲学视域中心理内容的表征维度》，《江汉论坛》，2015 年第 5 期。

影响环境条件，或进行推理、求解问题和作出决策等。笔者认为，第一类自主体（即自我或个人）是原初主体，人工智能主体是派生主体，因为后者是根据前者被模拟或设计出来的主体。这两类主体都可以作为指称主体来执行指称行动。并且笔者坚持主体视角或第一人称视角，而不采用第三人称视角，因为第一人称视角在当代心灵哲学的意向性研究中是必要的。

指称物就是被指称的对象。从词源上来看，语词“对象”来源于拉丁文 *objectum*，由前缀 ob（反对 / 在……之前）和动词 jacere（即扔、投）的过去分词所构成。它意指某物被扔出的观念或反对某物，这在英语名词“objection”和动词“object”中更清楚地幸存下来。例如，一个思维对象是“在思维面前被扔出”的某物，一个经验对象就是“在经验面前被扔出”的某物，等等。“被扔出”（thrown）较生动形象地让我们获得了对这个词的一般观念。“对象”的自然语言用法是多样的。例如，对象是“由感觉可以感知的某个东西、尤其是通过视觉或触觉”，或者“可以被呈现到心灵的任何东西：思想的对象”。前者用法似乎更密切对应于熟悉的日常身体观念、或物质对象观念；从一种传统的逻辑 - 形而上学角度看，后者明显是更一般、更根本的用法。图根哈特（E.Tugendhat）认为，“这个语词是一个艺术词项。哲学中通过‘对象’，什么东西被意味具有它的基础……有一类语言表达式，它们被用来代表对象；在这里，我们能仅仅说：代表某个东西。这些是这样的表达式，在所谓的单称述谓陈述中它们能作为这个语句的主语，并且在逻辑中它们也能被称为单称词项。”

我们的常识心理学词汇可能提供给我们确定心理状态或事件的对象的一种简单方式。例如，爱的对象就是什么东西被爱，看的对象就是什么东西被看到，期望的对象就是什么东西被期许，害怕的对象就是什么东西被害怕，等等。“当 Y 实存时，X 有关 Y 的思考构成 X 和 Y 之间的一种关系，但当 Y 不实存时，X 有关 Y 的思考并不构成 X 和 Y 之间的一种关系；但是，无论 Y 是否实存，X 有关 Y 的思考是相同种类的东西”。这表明，我们心理生活总是包括有关世界中的东西在心灵中的呈现。这些东西能够是心理的或物质的、具体的或抽象的，并且是实存的或非实存的。

笔者认为，被指称的对象（即指称物）有两大类，一类是实存对象，另一类是非实存对象。实存对象是在现实世界中具有时空方位的对象，如当我说“这张桌子”时，这个表达式所指称的就是时空中当下呈现给我的这张桌子；非实存对象包括像数字一样的抽象对象（即迈农意义上的亚实存对象）和像独角兽一样的非存在对象（迈农意义上的“beyond being”对象）。这两大类对象在当代心灵哲学语境中，都被包括在意向对象之中。当代心灵哲学意义上的意向对象被描述为思维对象或心理状态被指向在其上的什么东西（what a mental state is directed on）。其中的意向心理状态包括希望、期望、愿望、害怕；感觉经验和知觉；意图、决定、行动；像爱、恨、消化等一样的情感；加上身体感受和情绪，所有这些状态具有对象。这种意向对象是在我们思考关于的世界中的那些东西；或者是那些我们采用、或自称、或表征在这个世界中的那些东西；或者是我们在思维中纯粹表征的那些东西。并且这样的意向对象展示了所有的被指称对象。

笔者认为，作为意向关系的指称之两端：指称主体与被指称对象，它们更好地体现了指称的意向本质。第一，指称是主体通过语言来指称对象，这种被指称的对象是名称或表达式的承担者（bearer）。尽管在语言哲学或逻辑哲学中经常阐述的是某个短语或表达式来指称对象，但其实质是，指称主体通过某个短语或表达式来指称对象，没有无主体的指称行动，也没有无关系者项的指称关系。第二，指称的本质是意向的。无论是意图作为一种意向状态或罗素意义上的命题态度，还是指称作为一种意向行动，都体现了意向初始性原则。第三，当代指称的心灵哲学研究视角体现了对弗雷格含义－指称研究的再次回归，也体现了当代心理内容问题、意向性问题研究的新趋向。

对当代西方心灵哲学中“非实存对象”的新思考*

非存在问题经常被认为是最古老且最具吸引力的哲学问题之一，也是不可回避的问题之一。如何表达和解决非存在问题，至今依然是如此地不清晰却又如此持久地令人着迷。目前尽管有非存在问题的许多表述，但它的诸多解决方案仍没有重视对“存在”（being）和“实存”（existence）作出一种假定的本体论区分。不过，非存在研究的核心范畴已经从“非存在”（non-being）、“非实存”（non-existence）拓展到了“非实存对象”（non-existent object）、“意向对象”（intentional object）之上。同时，由于当代心灵哲学和虚构哲学的发展，有关单称否定存在命题、非实存东西的真之说明等问题使得非存在问题的最困难方面日渐突出。

一、传统否定存在命题的当代逻辑解读

语词“对象”来自于拉丁文 *objectum*，来自于前缀 ob（反对 / 在……之前）和动词 jacere（即扔、投）的过去分词。某物被扔出的观念或反对某物，这在英语名词“objection”和动词“object”中更清楚地幸存下来了。例如，一个思维对象是“在思维面前被扔出”的某物，一个经验对象就是“在经验面前被扔出”的某物，等等。“被扔出”（thrown）较生动形象地让我们获得了对这个词的一般观念。

我们的常识心理学词汇可能提供给我们确定心理状态或事件的对象的一种简单方式。例如，爱的对象就是什么东西被爱，视觉的对象就是什么东西被看到，期望的对象就是什么东西被期许，害怕的对象就是什么东西被害怕，等等。“当 Y 实存时，X 有关 Y 的思考构成 X 和 Y 之间的一种关系，但当 Y 不实存时，X 有关 Y 的思考并不构成 X 和 Y 之间的一种关系；但是，无论 Y 是否实存，X 有关 Y 的思考是相同种类的东西”。[①]这表明，我们心理生活总是包括有关世界中的东西对心灵的呈现。这些东西能够是心理的或物质的、具体的或抽象的，并且是实存的或非实存的。由于我们能思考关于并不实存的东西，因此一些对象不实存。例如，我们能谈论或思考关于飞马、圆的方。

当前广泛被坚持认为的是：否定论证论断、陈述或命题，都是处于面临说明

---

① A. N. Prior，*Objects of Thought*，Oxford：Clarendon Press，1971：130.

实存东西和非实存东西的最困难问题当中的。而这种疑难问题的解决总是直接相关于非存在问题的。例如，萨尔蒙写道："那些哲学问题最长期的问题就是由包括无指称名称的语句所引起的那些问题。而这些问题中的主要问题是有关真单称否定存在句的问题。"[①]

著名的摩尔 / 罗素假定给予我们对否定存在句的哲学理解。摩尔这样谈到否定存在句问题："在说没有任何如一个圆的方一样的东西的过程中，我似乎隐含的是这样的一个东西。似乎仿佛必须有这样一个东西，纯粹为了它可以具有不存在（not-being）这样的属性。因此，似乎是说到某个东西，我们能提及它绝对不是的无论什么东西，会是与我们自身相不一致的：仿佛我们能一并提及的必须是、必须具有某种存在。"[②] 摩尔的论证与罗素 1903 年的观点如出一辙：非实存对象"所有都具有存在（being），因为如果它们不是一种实体，我们不可能产生任何有关它们的命题"。[③] 摩尔把这看作是产生了一个矛盾，因为他并未正确地区分否认圆的方和否认它的存在。后来罗素在《论指谓》一文中指出这个问题是"否认任何东西的存在（being）必定总是自我矛盾的"。由此形成了众所周知的摩尔 / 罗素假定：为了谈论关于 x，为了产生关于 x 的某个命题，那么 x 必须具有某种存在。我们谈论关于的东西"必须仍然具有某种 being……仅仅因为我们能够思考和谈论关于它们"。[④] 但是，当代非存在问题研究并不假定我们所谈论关于的所有东西都具有某种存在（being）。

为了拒斥这个摩尔 / 罗素假定，我们举例描述一个无指称的词项或表达式，如"这个圆的方"（the round square），它如何能够是可理解的，以及我们如何能产生关于它的命题。从自然语言表达的直观意义上来看，这个特定短语的可理解性很容易被阐述，因为它来自于形容词"圆的"和名词"方"的可理解性、定冠词"这个"（the），以及允许考虑这整个名词短语结构的句法原则的可理解性。当然，没有任何东西现实地能是一个圆的方，这个事实也是可理解的。因为，独立于这个圆的方的实存或存在，"这个圆的方"是可理解的。但需要注意的是，对它的可理解并不等于说它是实存的。

从逻辑上看，我们可以构造这样的否定命题"这个圆的方不具有任何存在

---

① Nathan Salmon，*Nonexistence*，*Noûs*，1998，32：277.

② G. E. Moore，*Some Main Problems of Philosophy*，London：Allen and Unwin，1953：289.

③ Bertrand Russell，*The Principles of Mathematics*，Cambridge：Cambridge University Press，1903：427.

④ G. E. Moore，*Some Main Problems of Philosophy*，London：Allen and Unwin，1953：289.

（being）"或者"这个圆的方不实存"，我们能把这些语句当作表达相同的命题。由语句"这个圆的方不实存"所表达的命题包括否定。从表面上看，"这个圆的方不实存"是"这个圆的方实存"的否定，并且等值于"并非这个圆的方实存"。在这里，内在否定和外在否定（"a不是F"和"并非a是F"）之间的区分并不运用于单称主谓存在命题。现在"这个圆的方实存"表达一个假性，仅仅因为这个圆的方不实存。假定一个假性的否定是一个真，由此得出的就是"这个圆的方不实存"为真。这并不要求限定摹状词语义学的任何特定观点，也不要求"实存"是否是一个一阶谓词。[①]如果我们认为"实存"是一个一阶谓词，那么讨论中的否定存在命题具有简单形式"¬E（a）"，即"E（a）"的否定，其中"a"是那个单独词项、"E"是那个一阶存在谓词。

更具体地来说，这个命题就会具有形式"¬（∃x）(∀y)(Rx∧Sx≡x=y)"，即"(∃x)(∀y)(Rx∧Sx≡x=y)"的那种宽辖域的外在否定，其中"Rx"和"Sx"分别是"x是圆的"和"x是方的"的缩写。仅仅在这样的情况下这个命题为真：没有任何一个对象使得它并且仅仅只有它具有是圆的和方的这种属性。这样，有人可能会采用与埃文斯的观点[②]相结合的解读：摹状词以罗素的方式被对待，但"实存"是一个一阶谓词。这样，使用"E"表示"实存"并且"L"表示这个限定摹状词形成的算子，"¬E（Lx）(Rx∧Sx)"就会是"E（Lx）(Rx∧Sx)"的否定。但关键点在于：为了理解否定存在句，并不要求有争议的罗素-弗雷格观点，也不要求罗素的摹状词理论。直观的简单提法只需要：否定存在命题是存在命题的否定，并且当后者为假时前者为真。这样，一个存在命题a实存述谓了a的实存，一个形式a不实存的否定存在命题述谓了a的非实存。那么，有关非实存东西的论断如何为真呢？

二、有关非实存对象论断的真之方案

对于有关非实存东西的述谓或论断，我们可以断定其真假。那么，什么是真和假呢？哲学史上亚里士多德的真假定义颇具代表性："说到什么东西是它不是的那样，或说到什么东西不是它所是的那样，这为假，而说到什么东西是它所是的

---

① 实存的标准观认为，动词"实存"不是一个"一阶"谓词。当前的非存在问题研究中趋向于强调"实存"是一个一阶谓词。例如，索姆斯认为"在把'实存'当作一个谓词当中，没有任何逻辑的或哲学的问题"。（Scott Soames，*Philosophy of Language*，Princeton：Princeton University Press，2010：31）

② Gareth Evans，*The Varieties of Reference*，Oxford：Oxford University Press，1982：346-348.

那样，并且说到什么东西不是它所不是的那样，这为真。”[①]在当代，不同的哲学家对之有着不同的解读，但有一点可以肯定的是：如果任何东西——一个论断、一个断定、一个语句、一个命题、一个思想——为真，它必须说这个东西如何真正地使之是其所是。[②]

当前主要有两种关于非实存东西论断的真之方案：逻辑方案和形而上学方案。在逻辑方案上，20 世纪非存在问题讨论一直以蒯因式逻辑方案为主流。[③]蒯因对谓词的精炼描述为：“谓词把一个普遍词项和一个单独词项联结来形成一个为真的语句，相应地当这个普遍词项是有关这个单独词项所指称的那个对象而为真时”[④]。具体对于单独指称情况来说，谓词和真的这种简单且吸引人的构念表明，如果这个单独词项并不指称，那么这个谓词就不能为真。这样，在有关文献中就持久关注于否定存在句，因为一个像“飞马（Pegasus）不实存”这样的否定存在句很明显为真。然而，如果名称“飞马”并不指称，它如何能为真呢？对此，经典逻辑假定：为了对它们出现其中的语句产生一定有意义的贡献，名称必须指称。

但是，如果我们的目的是理解我们言说的那种现实的语言（包含名称的一种语言）和这种语言所表达的思想，那么我们不能在这当中遵循蒯因式逻辑方案。因为“如果我们的语言根本上有一个逻辑，它必须具有一个自由逻辑，因为我们的语言包含并不指称的词项”。[⑤]由此，当代哲学已经趋向于通过考察关于非实存东西的语句的逻辑结构来处理非存在问题。关于如何能使一个有关非实存对象的论断为真这样的问题就被转换成这样的问题：即什么是包含无指称词项的语句的正确的真之条件。

当代有关非实存东西论断的真之逻辑方案以否定的自由逻辑方案（简称 NFL 方案）为主。塞恩斯伯里等人通过运用否定的自由逻辑，指出没有任何简单的述谓或论断为真。他们认为，自由逻辑拒斥真和谓词的简单构念；但在包含空名称的语句之真值如何被决定方面，肯定的自由逻辑和否定的自由逻辑又有所不同。肯定的自由逻辑认为，包含空名称的一些语句为真（例如，“飞马 = 飞马”），而由被弗雷格所启发的视角则坚持认为这样的语句既不为真也不为假。否定的自由逻辑坚持认为，包含空名称的所有简单述谓为假。塞恩斯伯里针对罗素通过摹状表

---

① Aristotle，*Matephysics*，1011b25，in Jonathan Barnes ed.，*The Complete Works of Aristotle*，Princeton：Princeton University Press，1994.

② Tim Crane，*The Objects of Thought*，Oxford：Oxford University Press，2013：19.

③ 宋荣，高新民：《不可回避的非存在问题》，《科学技术哲学研究》，2009 年第 5 期，第 50-55 页。

④ W. V. Quine，*Word and Object*，Cambridge，MA：The MIT Press，1960：96.

⑤ Tim Crane，*The Objects of Thought*，Oxford：Oxford University Press，2013：57.

达知识的思想和通过亲知表达知识的思想之间区分的不充分性，在对无指称的指称物的本质论证中指出：NFL 给可理解的空名留下了空间。“表面上，思考关于是一种关系，并且‘x 思考关于 y’蕴涵 y 实存。明显的结论就是，……严格地说，没有思考关于不实存某物的任何状态。”①再者，一个简单谓词甚至被定义为“通过嵌入 n 个指称表达式进入一个 n 元谓词而被构造的谓词”。②因此，“福尔摩斯是一个侦探”为假，正如“飞马是一匹有翅膀的马”为假一样。“飞马不实存”体现为真，因为它被当作等值于“飞马实存”的宽范围的否，一个直接的假。

毋庸置疑，否定自由逻辑方案是传统弗雷格式指称理论和米尔式指称理论之间的“中间道路——名称没有摹状内容，但它们完全是可理解的，甚至当它们是空的时候”。③它阐明了一个非摹状的指称表达如何能因缺少一个指称物而是可理解的。

在形而上学方案上，迈农的非存在观点无疑是现当代非存在问题研究的直接来源。他认为，有关非实存对象的述谓为真，并且一个对象的 being-so 独立于它的 being。但是，迈农的这个独立原则并未告诉我们哪些对象具有哪些属性；仅仅只是表明，非实存对象能在某种意义上具有属性。那么，哪些非实存对象具有哪些属性呢？这个问题的答案在迈农的追随者、非存在论者劳特利那里被称之为“描述假定”（CP）：“一个对象具有那些被用来描述它的描述属性。”④当代非存在论者谈论关于非实存东西时，往往称之为“对象”或“思维对象”（普里斯特的用语）或“事项”（劳特利的用语）。他们无争议的观点是：以我们能谈论关于实存东西的相同方式，我们能谈论关于不实存的东西。他们之间有争议的是：非实存对象是否具有它们被描述所具有的所有属性。

在非存在论形而上学方案背后的一个指导性观念就是劳特利的“意义重要性论题”（significance thesis）：“语句的主语是关于……单称事项的，这种语句的意义重要性是独立于它们所关于的事项的实存或可能性的。”⑤劳特利和普里斯特认为：一些东西不实存，并且包含表示非实存东西词项的语句的意义（或真）并不依赖于它们具有任何类型的存在。劳特利还认为：我们应该拒斥他称之为的“本

① R. M. Sainsbury，*Reference without Referents*，Oxford：Oxford University Press，2005：237-238.

② R. M. Sainsbury，*Reference without Referents*，Oxford：Oxford University Press，2005：66.

③ Tim Crane' remarks on the back cover.

④ Richard Routley，*Exploring Meinong's Jungle and Beyond*，Canberra：Research School of the Social Sciences，Australian National University，1980：3.

⑤ Richard Routley，*Exploring Meinong's Jungle and Beyond*，Canberra：Research School of the Social Sciences，Australian National University，1980：41.

体论假定”：“关于什么不实存的任何（真实的）陈述都不为真。”[①] 但是，意义重要性是一回事，真是另一回事。

相比较于依赖核内属性和非核内属性之间（帕森斯的观点）、或者具有属性的不同方式之间（泽尔塔的观点）的那些方案，[②] 普里斯特的方案更具有许多优点。普里斯特允许某些属性是“实存－蕴涵的”，并且一些属性不是“实存－蕴涵的”。例如，在他的观点上，是圆的不是实存－蕴涵的，但是是一便士是实存－蕴涵的[③]。再者，一个非实存对象是不可能的并且不能够居住在现实世界（real world）中，因为现实的实存是存在（being）的唯一方式，并且现实地具有实存属性的仅有对象是那些居住在现实世界中的对象。但由于普里斯特允许有不可能世界，这样的非实存对象能被描述在某个不可能世界（impossible world）中来具有那些属性。这样，在一般意义上，有一些有关非实存对象的简单述谓为真，也有一些简单述谓为假，因为我们往往能根据关于正实存东西的真来解释为什么这些有关于非实存对象的论断为真。

三、非实存对象的心灵维度

当代非存在问题的心灵哲学兴趣来自于对思维或心理表征给予一般说明的需要。而没有一个关于非实存东西的思维的描述，我们就缺少对成为一个思维对象这意指什么的说明；而没有对思维对象的说明，我们就缺少对意向性的说明。这样，对象问题就成为了心灵哲学视域下探讨非存在问题的核心之所在。

意向性是心灵哲学领域中的一个核心研究主题，布伦塔诺称之为“心灵对其对象的指向性”。一般来说，意向性有三个基本特征，这些特征应用于所有的（或几乎所有的）意向状态和片段（episodes），通常它们也被当作是心灵的三元素。第一个特征是，每一个意向状态或片段具有一个对象——关于或被指向在其上的某物，即意向对象。第二个特征是，每一个意向状态或片段具有一个内容——它表征关于或被指向其上的东西的方式，即意向内容。第三个特征是，每一个意向状态包括一个意向模式（或被称为“方式”，或被称为“态度”）。它意指这样的心理学类型：即经由意向内容，通过之心灵被指向其对象上，不管它是信念、记忆、

① Richard Routley, *Exploring Meinong's Jungle and Beyond*, Canberra: Research School of the Social Sciences, Australian National University, 1980: 22.

② 宋荣，高新民：《不可回避的非存在问题》，《科学技术哲学研究》，2009 年第 5 期，第 50-55 页。

③ Graham Priest, *Towards Non-Being*, Oxford: Oxford University Press, 2005: 64.

希望、害怕等，所有这些东西都被称为意向模式。

在心灵中，思维是由它的意向性所刻画的。关于非实存东西的思维是意向性的一个普遍存在的、特有的、不可取消的特点。思维对象是我们思考所关于的东西。传统的"思维对象"有两个含义。第一个含义是我们所思考的东西——当我们思考某物是如此时。当我们相信或判断，我们所相信或判断的东西有时被称为我们思维的对象；通常这些东西被称为"命题"。第二个含义是我们思考关于的东西：在普赖尔称之为"一个更自然含义"中思维的对象。[①]这样，一个意向对象被描述为一个思维对象或一个心理状态被指向在其上的什么东西（what a mental state is directed on）。意向心理状态像希望、期望、愿望、害怕；感觉经验和知觉；意图、决定、行为；像爱、恨、消化等一样的情感；加上身体感觉和情绪，所有这些状态具有对象。这种意向对象是在我们思考关于的世界中的那些东西；或者是那些我们采用、或自称、或表征在这个世界中的那些东西；或者是我们在思维中纯粹表征的那些东西。事实上，在一个思想的情况中，它的对象就是这个思想所关于的东西。当这个东西实存时，它就是这个被思考关于的真实东西（属性、特定物、事态等）。当它不实存时，它不是一个不同类型的实体、或伪实体或非实存实体，甚至它根本不是任何类型的实体。但由于思想能是关于这些非实存东西的，所以思想能拥有非实存的意向对象。

那么，在心灵中如何描述这样的意向对象呢？一般而言，我们总是通过表征来刻画它们。表征总是包括表征东西的方式，并且表征有三个主要特征：即方面、精确性和不出现。[②]具体来说，①方面。这里的语词"方面"是约翰·塞尔意义上的。一个表征的对象能以许多方式被呈现或被表征，并且表征能够具有相同的对象，但在方面中会有所不同。当一个表征在某个特定方面下表征某个东西时，它不可避免地排除其他方面。相同的非实存对象能以许多方式被表征；并且不同对象能在相同的方面下被表征。②精确性。一些表征以某种方式呈现它们的对象，这样一些表征能够是精确的；一些表征能够是不精确的。例如：我能幻想关于一瓶便宜的香槟，但是这不精确地表征东西如何是此香槟 - 方式。③不出现。一些意向状态不具有正实存的（或真实的）对象。但是不可否认的是，一些表征能表征不实存的东西。例如，一幅画或一个语词能表征一个故事中的非实存的人物。

一个表征可以缺少这些表征特征中的某一个，甚至有些表征具有所有这些特

---

① A. N. Prior，*Objects of Thought*□Oxford：Clarendon Press，1971：1-2.

② Tim Crane，*The Objects of Thought*，Oxford：Oxford University Press，2013：97.

征。没有任何东西能是一个表征，除非它展现这些特征中的至少一个。再者，这些特征中的每一特征合并为一种表征方式。在一个方面下的表征就是以某种方式表征某个东西，例如一个花瓶的一个视觉表征就是来自于它的一边，它的另一边不是视觉上被表征的。当一个表征是（或多或少地）精确的时候，正是因为它表征它的对象的方式（或多或少地）是它所是的那个方式。更重要的是，表征不实存的某个东西可以表征它为具有它不能具有的属性，那就是说，它可以以它不能是其所是的一种方式来表征它。例如，飞马的一张图片表征，它表征飞马作为具有翅膀的一匹马；但正如我们所知道的，实际上飞马不能是一匹马。

这种非实存对象的表征方案有很多具体的例子（如福尔摩斯、飞马、圣诞老人等），它们来自于神话、虚构故事和科学史，这些地方往往是非实存对象被表征的地方。当然，借助心理主义解释假定，我们的心理状态能真实地表征具体的非实存对象：例如一个人能真实地幻想某个具体的小绿人，或某把具体的匕首。这种假定是根据表征本身的特征来解释这种具体性（specificity）的，并且它保持着这样的表象：即我们能够以完全具体的方式思考关于非实存的东西，并且这不是一个错觉。因而，这样的解释既旨在保持关于我们有关世界的表征的某种明显的、常识的真，也旨在让我们无需从事任何过多的形而上学幻想而思考之。

可见，对非实存对象的表征是我们思考有关这个世界的一个普遍特征，并且我们不会充分地理解思维的表征力，除非我们已经理解了对这些非实存对象的表征。笔者认为，非存在的一般问题来自于这样的事实：存在有关非实存对象的真（truth），但这个真是依赖于存在（being），依赖于实在（reality），依赖于这些对象是如何真正的是其所是，或者依赖于什么东西实存（exist）。这也就是说，我们可以依赖于存在论断的真值来说明或谈论非存在论断的真值。这样，当我们接受有一些关于非实存意向对象的真正的真时，这些真就必须依据关于实存对象的真来还原地被解释。

意向、内容与心灵

——当代西方心灵哲学中意向性研究的最新进展*

我们不能充分理解心灵，除非我们能充分理解意向性。通常，意向性的纯粹关系观认为，意向性总是体现对某个正实存的思维对象的一种真实（real）关系。当我们思考所关于的特定对象（如一匹汗血马）实存时，结果会怎么样呢？这种纯粹关系观能给出两个答案。第一个答案认为，我们成功地思考关于一匹特定的汗血马，因而关于正实存东西的那个思想是不同于关于非实存东西的思想的（目前被称之为“折中观点”）。第二个答案认为，我们真正地思考关于这匹特定的汗血马的属性。在这种情况中，关于一个正实存东西的思想与关于一个非正实存的东西的思想是相同种类的思想（目前被称之为“极端观点”）。

但是，这两种观点并不足以体现意向性的本质。因为我们的心理生活包括有关世界中的所有东西在心灵中的呈现（presentation）。这些东西能够是心理的或物质的、具体的或抽象的，同时是实存的和非实存的。正是因为我们能够谈论或思考这样一类非实存的东西，所以我们需要重新回到布伦塔诺论题。

一、布伦塔诺论题的当代解读

布伦塔诺在现当代哲学中复活了意向性这个术语，并用它来刻画心理东西的本质。他将意向性作为心理的标志（mark），用来区分心理现象和物理现象。布伦塔诺认为，每一种心理现象的特征，就是中世纪经院哲学家称之为有关一个对象的意向的（或心理的）内存在，以及我们可能称之为对内容的指称、对一个对象（在这里它不被理解为意指一个东西）的指向、或者内在的对象性的那种东西。每种心理现象都包含把自身之内的某东西作为对象，尽管它们并不以相同的方式来如此做。“这种意向内存在是心理现象独有的特征。任何物理现象都没有表现出类似的特征。因此，我们能这样给心理现象下定义：即心理现象是在自身中意向地

---

* 原载于《哲学研究》2014 年第 12 期。

包含对象的那些现象。”[①] 在这里，布伦塔诺的“对象的意向内存在”、“内在的对象性”并不是被解释作为某个东西在意识中所拥有的存在模式，而是用来不那么精确地描述：主体拥有某物（一个东西或真实的实体）作为一个对象，并且是心理上把握它、指向它的。布伦塔诺还将词项“内容”与“对象”作为同义词使用，但后来他逐渐更偏爱后者。

为什么意向性在哲学上如此地令人感兴趣？原因之一就是，它提供一种我们回答下面问题的方式：我们用什么来统一有关心理东西的概念？在我们称之为“心理的”过程中，正是什么东西为我们辩护其合理性的那种心理状态所共有？布伦塔诺给予的回答是：意向性。他认为，心理现象是意向的，这被称之为“布伦塔诺论题”。

在当代，布伦塔诺论题通常被划分为两个论断的合取：①所有（all）的心理现象是意向的；②仅仅（only）心理现象是意向的。有时候布伦塔诺论题还被给予到这样的观点：即没有任何物理的东西是意向的，然而这个观点不同于布伦塔诺论题。因为，当我们在考虑所有心理状态是意向的时候，并不需要考虑①是否任何其他东西是意向的，或者②是否任何物理的东西是意向的。

当代心灵哲学共同体在布伦塔诺论题上有一点是一致的：即意向性是心理现象（如知觉的、概念的、思想或思维和有目的行为的心理现象，以及心理状态、事件和过程的心理现象）的关于性或指向性，并且这种心灵的意向主义倾向在当代心灵哲学中仍占主导地位。[②]在布伦塔诺论题基础上，意向性问题的当代核心是：①如何解释意向性在自然或物理世界中的位置；②如何解释关于非实存东西的思想？第一个问题与物理主义相关，第二个问题与非存在问题相关。前者表现为意向性的自然化运动（详后），后者表现为对象理论的多视角研究。

那么，布伦塔诺意义上的意向对象又该如何理解呢？纵观布伦塔诺的意向性思想，在意向内存在性的理解中，如果为了让 A 作为一个对象存在“在 B 中”或者与 B 相关，则 A 和 B 都必须存在。但是当布伦塔诺说这些态度“意向地包含一个对象在它们之中”时，他正指称的事实是：这些态度能真的被说成是具有“对象”，即使这些对象事实上不存在。[③] 在此基础上，布伦塔诺在谈到心理指称时进

---

① F. Brentano，*Psychology from an Empirical Standpoint*，Introduction by P. Simons，trans. A. C.，1874/1995：68.

② T. Crane，*Intentionalism*，in *The Oxford Handbook to the Philosophy of Mind*，Brian McLaughlin，etc.（eds.），Oxford：Oxford University Press，2009：474-493.

③ R. Chisholm，*Perceiving*：*A Philosophical Study*，Ithaca：Cornell University Press，1957：168.

一步明确了意向关系的本质。他认为，每一个心理活动的特征就是对作为一个对象的某物的指称，并且每一个心理活动似乎是关系性的某物；如果某人思考关于某物，正在思考的这个人必须存在，但是他的思考的对象根本不需要存在。鉴于此，这种心理关系被他称为“准关系”(quasi-relational)。并且他指出，所有心理指称都指称东西(things)，但在许多情况中我们指称的东西并不存在。[①]显然，布伦塔诺似乎正以当代分析哲学家所用的方式在表达意向性问题。因为我们知道，关于某物的思考显然是这个思考者和被思考关于的东西之间的一种关系。但是，关系通常蕴涵关系者项的存在，然而我们却能思考关于不存在的东西。

尽管布伦塔诺特别关注我们能如何表征心灵之外并不实存东西(例如独角兽)的问题，但他的最初观念是，如果一个人思考有关一个独角兽，那么一个人的思想就具有一个实存的意向对象。然而这个对象并不是外在实在的一个具体居住者，而是一个暂时的实体，仅仅存在于心灵之中。因此，每一个思想具有一个对象，恰恰是有关非存在实体的思想对象是心理对象。[②]可见，布伦塔诺引入“意向对象”术语是为了解决我们如何能思考有关非实存对象的问题。因为布伦塔诺坚持认为思想和经验的对象总是这样的意向实体。例如，如果一个人正在思考有关法国，他的思想的直接对象就是一个意向对象而不是一个城市。

后来，布伦塔诺的学生展开了对心理行为、对象与内容关系的深入挖掘。特瓦尔托夫斯基认为，我们必须在一个呈现的行为、内容和对象之间作出区别。他首次从逻辑方面、实在性属性方面、等值呈现的存在方面来说明内容与对象的不同[③]，并指出了同一呈现的内容和对象之间的关系[④]。迈农深受布伦塔诺和特瓦尔托夫斯基的影响，在接受后者的内容和对象相区分观点的同时还在对象理论上走得更远。他得出结论：意向对象必须拥有一种特殊类型的存在(即亚存在)。[⑤]当然，在布伦塔诺意向内存在学说的最具影响的讨论中，胡塞尔论证到：思维对象总是先验的，当一个思想关注一个非存在对象时，我们应该说根本就没有任何一个主体所关联的对象，仅仅具有某个意向“质料”(或当今被认为是意向内容)的思想

---

① F. Brentano，*Psychology from an Empirical Standpoint*，Introduction by P. Simons，trans. A. C.，1874/1995：291-292.

② G. Segal，*Intentionality*，in Frank Jackson and Michael Smith (eds.)，*The Oxford Handbook of Contemporary Philosophy*，Oxford：Oxford University Press，2005：283-309.

③ K. Twardowski，*On the Content and Object of Presentation*，Martinus Nijhoff-The Hague，1977：27-29.

④ K. Twardowski，*On the Content and Object of Presentation*，Martinus Nijhoff-The Hague，1977：76-77.

⑤ A. Meinong，*On the theory of object*，in R. Chisholm，(ed.)，*Realism and the Background of Phenomenology*，New York：the Free Press，1960：76-117.

的一个行为。[①] 这也就引发了当代学者对非实存对象问题的持久关注。

当代对非实存对象问题的心灵哲学兴趣来自于对思维或心理表征给予一般说明的需要。因为没有一个关于非实存对象的思维层面上的描述，我们就缺少对成为一个思维对象这意指什么的说明；而没有对思维对象的说明，我们就缺少对意向性的说明。我们知道，关于非实存对象的思维是意向性的一个普遍存在的、特有的、不可取消的特点。思维对象是我们思考所关于的东西，是普赖尔称之为“一个更自然含义”中思维的对象。[②]

这样，一个意向对象被描述为一个思维对象或一个心理状态被指向在其上的什么东西（what a mental state is directed on）。意向心理状态包括希望、期望、愿望、害怕；感觉经验和知觉；意图、决定、行为；像爱、恨、消化等等一样的情感；加上身体感受和情绪，所有这些状态具有对象。这种意向对象是在我们思考关于的世界中的那些东西；或者是那些我们采用、或自称、或表征在这个世界中的那些东西；或者是我们在思维中纯粹表征的那些东西。事实上，在一个思想的情况中，它的对象就是这个思想所关于的东西。当这个东西实存时，它就是这个被思考关于的真实东西（属性、特定物、事态等）。当它不实存时，它不是一个不同类型的实体、或伪实体或非实存实体，甚至它根本不是任何类型的实体。但由于思想能是关于这些非实存东西的，所以思想能拥有非实存的意向对象。

当前主要有两种关于非实存对象论断的真之方案：逻辑方案和形而上学方案。在逻辑方案上，以否定的自由逻辑方案（简称 NFL 方案）为主。塞恩斯伯里等人通过运用否定的自由逻辑，指出没有任何简单的述谓或论断为真，并且包含空名称的所有简单述谓为假。[③] 在形而上学方案上，当代非存在论者以谈论关于实存对象的相同方式来谈论关于非实存对象。迈农的追随者、非存在论者劳特利提出了“描述假定”原则；帕森斯提出了核内属性和非核内属性观点；泽尔塔提出了抽象对象理论；普里斯特的多世界方案则允许某些属性是“实存－蕴涵的”，并且一些属性不是“实存－蕴涵的”。[④] 由于普里斯特允许有不可能世界（impossible world），这样的非实存对象能被描述在某个不可能世界中来具有那些属性，因而有关它们的论断为真。

---

① E. Husserl，(1901)，*Logical Investigations*，translated by J. N. Findlay，edited by Dermot Moran，London：Routledge，2001：194-200.

② A. N. Prior，*Objects of Thought*：Oxford：Clarendon Press，1971：1-2.

③ R. M. Sainsbury，*Reference without Referents*，Oxford：Oxford University Press，2005：237-238.

④ 宋荣，高新民：《不可回避的非存在问题》，《科学技术哲学研究》，2009 年第 5 期，第 50-55 页。

二、意向内容（或心理内容）的纵深挖掘

随着对非实存对象问题的深入研究，以及意向对象与内容被严格区分开来，意向内容（或心理内容）逐渐进入当代心灵哲学视野，并且成为一个蔚为壮观的研究领域。意向内容研究中一个明显的当代趋向是更广泛地对语词“内容”的使用：所有心理内容是意向内容。①正因如此，在心灵哲学中，心理状态所具有的内容被称为心理内容，而由于所有心理状态是意向的，所以心理内容通常也称为意向内容、思维内容，有时还被简称为内容，这几个术语在内涵上是一致的。它是心理状态所具有的独特方面，也是当代研究意向性问题的核心之所在。

内容观念起初来源于人们对自身心灵之谜的探索，它是人类思考自身心灵世界的一个常识性问题。自从人类开始思考心灵观念以来，常识就告诉我们：当我们心里在想什么的时候，到底是什么东西被我们所想呢？这个问题引发了我们对心理内容的好奇心。这时候我们总是会直观地认为，好像有类似于实物一样的东西装在心里供我们思考。这种常识的、朴素的实物式内容观一直自觉或不自觉地伴随着每个人，并且延续至今。在哲学史上，亚里士多德首次对质料范畴的哲学思考构成内容问题的思想渊源；中世纪时期经院哲学家对意向术语的认知分析和创造性使用构成其语词渊源；布伦塔诺独特的意向性理论以及其弟子的相关理论构成其理论渊源。②

当代内容问题研究主要有两个来源。其一是语言哲学中的意义问题。19 世纪末 20 世纪初，语言的哲学研究重心转移到语义学领域，并且从起初对语言中的语词含义研究拓展到语句意义研究。与此同时，为了寻求对语句意义的更深刻理解，逻辑学家们明确指出：语句所表达的意义即内容，并以命题的形式呈现出来。并且随着罗素等人在对心灵的分析中直接将诸如信念、愿望等心理状态的常识理解带入到逻辑语义学领域，意义问题就成为了语言哲学、逻辑哲学和心灵哲学共同关注内容问题的聚焦点。来源之二是认知科学中的表征问题。20 世纪 70 年代中后期，认知科学研究开始关注人类的认知活动，并通过计算机隐喻来理解人类的心理表征所作出的那些心理操作。这就带来了有关心理表征的核心问题：在一个认知系统中正是什么使得某个心理状态成为一个表征？这就引发了认知科学背景下的内容问题思考。认知科学希望通过诉诸表征和指示信号的信息加工来对心灵

---

① M. Montague，*Recent Work on Intentionality*，*Analysis Reviews*，Vol. 70，2010：765-782.

② 宋荣：《思维内容的心灵哲学探究》，北京：中国社会科学出版社，2012 年：第 58-68 页。

的内部世界进行深入探索，并且当代哲学家已经尝试来对认知活动予以一种“最新的”和“实际”的说明，这种说明与处理心灵的相关科学的发现结果是协调一致的。这导致的一个极其重要的结果就是，当代理论已经集中关注信息引起的内容观念和信息加工。[①]而为了理解心理语言如何表征，我们不得不理解语言词条如何从其使用者的心理状态中获得它们的表征力，并用认知科学术语来解释我们的语言表达。这样就导致了心理表征的内容研究在计算主义和联结主义两大径路上深入到了心灵的本质特征上。

当代心理内容的研究纲领主要包括以下基础性问题：①主体问题；②本质问题；③特征问题；④表征以及错误表征问题；⑤真之条件问题；⑥因果性问题；⑦自然化问题；⑧经验内容问题。对这些问题的当代研究主要有三大研究传统：分析传统、现象学传统和马克思主义传统。分析传统下的心理内容研究坚持自然主义的进路，力图确定心理内容在自然中的位置。研究者在关注意向性内部结构的基础上，聚焦意向对象和意向内容。他们围绕如何用自然科学术语、非意向机制来说明心理内容，同时还形成各种语义学理论方案和逻辑方案，以及基于认知科学的诸多描述方案。[②]

现象学传统中的心理内容研究倾向于采取非自然主义甚或反自然主义的进路。现象学者悬置有关心理内容的相关问题或判断，以经验及其内容作为研究出发点。他们认为，在拥有经验的过程中，内容是经验上被给予主体的一切，它是主体在拥有经验时所体验到的一切；并且这样的经验内容呈现为非概念内容或概念内容。由此衍生出了以给予（the given）概念为核心的现象意识内容研究方案和以感觉材料理论和知觉析取主义理论为主的知觉内容研究方案。而由透明性论题引发的表征主义研究方案和认知现象学视角的属性研究方案则将经验内容的属性特征放在认知科学和现象学背景下展开跨域研究。

马克思主义传统的心理内容研究具有不同的视角。当代西方学者已经开始重视从马克思主义哲学的立场来研究心理内容问题。他们或者引入并运用马克思主义实践观，指出心理内容的出现或存在根源于实践；或者分析思想的内容随环境变化而变化的特点；或者在内容结构问题研究上体现出明显的辩证法思想，甚至还从内容外在主义立场对马克思主义的心理内容理论进行了评析。这些都为马克思主义哲学与西方心灵哲学在心理内容问题上进行对话和交流提供了广阔的平台。[③]

---

① W. Lyons，*Approaches to Intentionality*，reprinted in 2002，Oxford：Oxford University Press，1995：3-4.

② 宋荣：《思维内容的心灵哲学探究》，北京：中国社会科学出版社，2012 年：第 250-294 页。

③ 宋荣：《思维内容的心灵哲学探究》，北京：中国社会科学出版社，2012 年：第 26-57 页。

三、当代意向性研究的主要方案

近年来，意向性研究的自然化方案一直主导着有关意向性的哲学理论化。这种方案主要关注如何以非意向机制来说明意向性的自然化，并且其中的意向实在论假定已经表明，要么自然化意向性，通过把意向状态还原到行为、神经生理学、物理学，从而坚持还原论立场；要么论证：这样的还原是不可能的，并且相应的意向词汇是空洞的谈论，应该从我们的科学理论中被取消。前者表现为当代流行的物理主义与意向性的存在相和谐一致，通过用非意向的术语（如信息、表征、固有功能等）来解释意向性问题，从而形成表征论进路、目的论进路、工具主义进路、信息加工进路、功能主义进路以及发展心理学与神经生理学进路。[①]后者从对立面出发，说明我们应该假定一种意向心理实体的不可还原的范畴：还原的物理主义必定为假。[②] 蒯因则认为，如果我们假定还原物理主义，我们能采用意向性的不可还原性来阐述“意向习语的无根据性和一门意图科学的空洞性”。[③]

目前这种自然化方案也面临诸多质疑。一方面是对已有具体理论的质疑，如福多的思维语言假说仍被广泛争论，并且这种思维语言还处于较深层次的哲学麻烦当中：在过去的几年里大量的分歧（cracks）已经出现在它的概念基础中，它的意义理论与它的计算理论相冲突；而且它的概念理论“太脆弱而不能令人满意”。[④]而目的论理论也面临着三大反对意见：确定性反对意见、客观性反对意见和理性能力反对意见。[⑤]另一方面是对有关整个自然化纲领的一般质疑。尽管许多自然主义哲学家仍忠实于某种心理状态的表征主义方式，但在表征和信息携带方面，这种表征传统在过去 40 多年里仍是在尝试还原意向性。“但我们应该质疑所有这，并且有明显的事实无法蕴涵意向性能被还原到因果关系和其他某种东西上”。[⑥]

正是在这种对传统主流方案质疑过程中，意向性研究的其他方案被予以拓展。第一种拓展方案是当前的语言－逻辑分析方案。它力图通过考察主体的一些具体语言报告来刻画心理现象的语言或逻辑属性，从而关注意向性。一些哲学家尝试通过相关语义策略来研究报告意向性的语句，从而明确（或甚至避开）相关的本

---

① W. Lyons，*Approaches to Intentionality*，reprinted in 2002，Oxford：Oxford University Press，1995，Part1-2.

② R. Chisholm，*Perceiving：A Philosophical Study*，Ithaca：Cornell University Press，1957，ch. 11.

③ W. V. Quine，*Word and Object*，Cambridge，MA：The MIT Press，1960：221.

④ S. Schneider，*The Language of Thought：a New Philosophical Direction*，MA：The MIT Press，2011：x.

⑤ C. Price，*Functions in Mind：a theory of intentional content*，Oxford：Oxford University Press，2001：5.

⑥ M. Johnston，*Saving God*，Princeton and Oxford：Princeton University Press，2009：136-144.

体论和认识论困难。但由于在许多涉及心理动词的语句中，普遍的共指称语言表达式的置换和存在概括并不被认为为真，如莱布尼茨规则（从 Fa 和 a=b 推出 Fb）和存在概括规则（从 Fa 推出（∃x）Fx）就无法应用到所有报告意向性的语句中。莱布尼茨规则的失败是因为：一个意向关系的获得依赖于关系者项被刻画的方式；存在概括规则在内涵情境中的失败是因为：意向状态能关于并不存在的东西。而这两个规则无法持有的情境是众所周知作为“非存在的”情境。这就由此引发了两个重要范畴的严格区分：内涵性范畴和意向性范畴。

鉴于这样的分析传统，许多哲学家开始对意向性进行微观考察，从而形成其第二种微观结构分析方案。这种方案的主要代表人物有塞尔、克瑞恩和斯特劳森等人。他们都认为，在他们的研究中包括第一人称视角是必要的，并且论证意向性结构被详细刻画的重要性。在塞尔的意向性结构分析的基础上，克瑞恩进一步明确指出意向性的一般结构为：主体—意向模式—意向内容。[①] 在这里，意向模式就是主体处于对他的意向状态内容中的关系，是如信念、期望一样的命题态度。[②] 意向内容则是指它表征关于或被指向其上的东西的方式，即体现对象是如何被表征的，而这种关于或被指向其上的东西就是意向对象。斯特劳森则以严谨的逻辑思路表明我们所拥有的东西就是一个经验 E、一个逼真的（living）内容 C、一个体现其内容的主体 S，从而对经验、经验主体和经验内容三者之间的关系（E=S=C）进行微观的逻辑分析[③]。这种研究方案将意向性问题引入到深层次的形而上学思考和与现象学传统的融合当中。

目前日益引起学界重视的是意向性的现象学描述方案。在传统的认知学科框架下，正是意向性研究让分析传统和现象学传统再次相互靠拢，这主要得益于三个方面的发展：第一个方面是对现象意识的一种幸存的研究兴趣；第二个方面发生在对现象学作为一个哲学 - 科学方案的重新考虑使得有关认知具身方案的出现；第三个方面是：相关联于实验科学的认知的现象学方案已经在神经科学中所取得的进展。现象学者主要感兴趣于意向性作为意识的一个决定性特征，而且他们具体关注于从第一人称视角（即从主体的观点）来描述意向性，都力图在对意向性进行描述分析的过程中来寻找澄清心灵和世界之间的关系[④]。当代现象学中的主导

---

① T. Crane，*Elements of Mind*，Oxford：Oxford University Press，2001：31.

② T. Crane，*The Objects of Thought*，Oxford：Oxford University Press，2013：4.

③ G. Strawson，*What Is the Relation Between an Experience*，*the Subject of the Experience*，*and the Content of the Experience*，*Philosophical Issue*，13，*Philosophy of Mind*，2003：279-315.

④ T. Crane，*The Objects of Thought*，Oxford：Oxford University Press，2013：89-90.

倾向是，如果我们忽视意向性，就不可能理解主体性和经验的本质[①]。

在当前的现象意向性研究方面，其关键论题是：表征主义是正确的，并且经验和意向性之间的关系非常紧密。这在对窄内容存在的论证上表现尤为明显。一方面，一些学者强调强外在主义者理论（所有意向内容是外在内容）在有关意向性方面根本上是被弄错的，因为现象意向性是独立于外在因素的。因此心理意向性的整个现象不能根据主体和他的环境之间的外在关系来被解释的。另一方面，一些学者强调现象意向性是一种较根本的意向性，并且是宽内容或宽的真之条件的一个先决条件。由于经验的现象特征本身是窄的，我们可以得到对窄内容存在的如下论证：①有令人信服的意向内容，它在构成上单独依赖于现象学。②现象学在构成上仅仅依赖于窄因素。由此可以得出，③有一个令人信服的意向内容，它在构成上仅仅依赖于窄因素[②]。这表明当代心理内容的宽窄之争从分析哲学传统已经拓展到了现象学传统当中。

另外，值得注意的是，现象意向性近期研究中出现的一些新想法也引发了认知现象学视角的意向性研究。认知现象学是一种范式上与有意识思想相关的一种现象学，也是与有意识知觉和情感相关的一种现象学。哲学家们已经论证到，对于命题态度类型和意向内容来说，存在不同的认知现象学。也有一些学者已经明确指出意向状态具有现象特征。随着认知现象学的拓展，有意识思想及其认知现象学属性作用研究将会逐渐引起学界的广泛关注。

---

① S. Gallagher，D. Zahavi，*The Phenomenological Mind：Introduction to Philosophy of Mind and Cognitive Science*，Routledge：Taylor and Francis Group：110-111.

② T. Horgan，and J. Tienson，*The intentionality of phenomenology and the phenomenology of intentionality*，in *Philosophy of Mind：Classical and Contemporary Readings*，ed. D. Chalmers，Oxford：Oxford University Press，2002：522-527

心理内容篇

心理内容：构造心灵的基石

——西方心灵哲学中的心理内容范畴分析*

在心灵哲学中，心理状态所具有的内容被称为心理内容。由于所有心理状态是意向的，心理内容也通常被称为意向内容、思维内容，有时还被简称为内容，这几个术语在内涵上是一致的。在当代心理内容的研究纲领中，心理内容的范畴分析是解决相关问题的必要前提。

一、心理内容范畴的传统理解

心理内容观念起初来源于人们对自身心灵之谜的探索。古人在向外探讨自然世界的本原问题时，同时也开始向内探究自身心灵世界的本质问题，也就是人自身的宇宙之谜。民间心理学显示：当我们心里在想什么的时候，到底是什么东西被我们所想呢？我们总是会直观地认为，好像有类似于实物一样的东西装在心里供我们思考。这种朴素的实物式内容观一直伴随着每个人，并且延续至今。

在哲学上，古希腊学者亚里士多德首次在质料范畴基础上指出人的心灵能指向所思考或认识的对象。亚里士多德运用他的形式和质料理论来解释心理状态的内容。在他看来，每一个对象是由形式和质料所构成的，并且相同的形式能够在不同的质料类型中被体现出来。这体现了亚里士多德的内容观：一个心理状态是关于一个对象的，它是通过具有相同的形式作为这个对象的（尽管形式存在于心灵的“质料”中）。在这个意义上，亚里士多德认为：心灵“是”它所思考的对象；且这些对象（作为形式）是在心灵中“联系在一起的”。他还指出：以相同于它的对象所是的方式，心灵本身是可思考的。因为在不包括任何质料的对象的情况中，什么东西思考和什么东西被思考是同一的；而在包括质料的那些对象的情况中，思维对象的每一对象仅仅是潜在地出现的。[①]亚里士多德首次在哲学层面上将质料范畴运用到心灵所指向的对象当中，尽管有些相关范畴被混用或误读，但这却种下了心理内容哲学研究的思想种子。

---

* 原载于《科学技术哲学研究》2015 年第 1 期。

① P. Ludlow，*Philosophy of Mind*，MA：The MIT Press，2006：483-485.

到了中世纪，人类心灵的这种指向对象的能力被予以明确。经院哲学家们首次创造性地使用了一些意向性术语，对于意向、概念、映象、理性等的描述说明了心灵所特有的一种把握世界的能力。奥古斯丁把“意向”（*intentio*）作为他的认知分析对象。在他看来，灵魂可以让它的意向力对准物体对象。托马斯·阿奎那则认为，该词有意动层面和认知层面（意向、指称）两重含义。[①]通过意向性把握这种内在对象，心灵便能认识外在对象，心灵便拥有了内在对象作为内容，这进一步明确了内容与对象在心灵哲学意义上的关系。

在近代，笛卡儿认为心理内容是心理状态的形式。他解释道：我们能够用两种不同的方式来看待一个心理状态：要么质料地看待，要么形式地看待。一个心理状态仅仅是心灵中的一个过程，质料地考虑所有的心理状态都是等同的。但当根据一个心理状态的内容来考虑这个心理状态的时候，该状态就被“形式地”看待了。笛卡儿认为，这个心理内容就是该心理状态的形式。例如，当思考太阳的时候，该思想的形式就仅仅是存在于这个心理过程中的太阳本身。存在于我的心理状态中的这个太阳与存在于天空中的太阳是相同的太阳，尽管在我的心灵中太阳“客观地”（objectively）存在，并且在天空中以一种不同的方式（“形式地”）存在。[②]笛卡儿坚持认为，在作出心理判断的过程中，我们将心灵与对象本身联系在一起，从而形成心理状态所具有的内容。

休谟遵循洛克的模式提供了心理状态的“原子论的”经验主义理论。在洛克那里，一些心理状态（如记忆或意象）都是先前表征的复制，它们总是可以追溯到由感知觉或内在自我觉知所提供的原初物。但休谟简化了洛克的感知觉图式，并且他的整个心灵理论（以及心理状态可以拥有无论什么东西），都无需指称外在于心灵的东西，这使得它被后来的学者（如普特南和福多）称为“唯我论的”内容理论的主要来源[③]。莱布尼茨重视对心灵所指向的对象个体描述。他认为，每一个个体有一组本质的质，以至于思考具有这些质的某人会成功地从所有其他给予中挑选出这个个体。这种“描述”理论后来由罗素的摹状词理论所替代[④]，这也为后来内容与对象相区分的理论研究提供了必要的思想渊源。

康德在先验唯理论思想和直观理论中体现出其心理内容观。在康德看来，经验对象是同一于感觉表征的内容，并且在我们的认知能力中也类型－同一于被具

---

① 宋荣：《思维内容的心灵哲学探究》，北京：中国社会科学出版社，2012 年：第 58-79 页。

② P. Ludlow，*Philosophy of Mind*，MA：The MIT Press，2006：487-488.

③ P. Ludlow，*Philosophy of Mind*，MA：The MIT Press，2006：504-507.

④ P. Ludlow，*Philosophy of Mind*，MA：The MIT Press，2006：499-503.

体化的先天形式或结构。康德的先验唯理论认为：①所有认知的表征内容由“综合化”或有关人类心灵的先天认知能力产生性的行为在其基本形式或结构中所决定的；②人类认知的所有合适对象仅仅只是感觉表象或现象，而不是自在之物[①]。在直观理论上，康德重视对直观和概念的区分、可感性和理解在认知上的区分。一方面，康德认为没有内容的思想是空洞的，没有概念的直观是盲目的。这表明，为了作出客观有效的判断，直观和概念必须总是相互关联的。另一方面，可感性能力和理解能力的区分有助于彻底探讨“心灵的根本来源”。这个可感性是心灵的知觉的、想象的、情感的能力，它产生直观作为输出，给予外在“情感”作为输入。这个理解是心灵的逻辑能力和推论能力，它产生概念作为输出，给予直观作为输入。这样，直观和概念一起构成所有我们认知的元素。对于康德来说，为了形成判断，在产生直观能力和产生概念能力之上或之外，没有任何其他能产生内容的能力[②]。这也就是当前诸多学者所认可的：康德的直观理论是内容的概念主义和非概念主义之争的被隐藏了的历史起源。

可见，在心理内容范畴的传统理解中，大多学者或者将心理内容与对象或内在对象混同，认为当一个心理状态指向对象时，该状态就拥有了心理内容，或因民间心理学情结直观地接受实物式的内容观。这种传统理解成为现当代心理内容范畴分析的思想渊源和理论基础。

二、布伦塔诺及其弟子的现代内容观

布伦塔诺在现当代哲学中复活了意向性这个术语，并用它来刻画心理东西的本质。布伦塔诺认为，所有心理现象是意向的，意向性是心理的标志。这个论题表明：①所有的心理现象是意向的；②仅仅心理现象是意向的。布伦塔诺写到：“每一种心理现象的特征，就是中世纪经院哲学家称之为有关一个对象的意向的（或心理的）内存在，以及我们可能称之为对内容的指称、对一个对象（在这里它不被理解为意指一个东西）的指向、或者内在的对象性的那种东西，尽管这些术语并不是完全清楚明白的。……这种意向内存在是心理现象独有的特征。”[③]在这里，布伦塔诺使用“内容”是与“对象”同义的，他后来逐渐更偏爱词项“对象”，甚

① R. Hanna *Kant，Science，and Human Nature*，Oxford：Clarendon Press，2006：42.
② R. Hanna *Kant，Science，and Human Nature*，Oxford：Clarendon Press，2006：86.
③ F. Brentano，*Psychology from an Empirical Standpoint*，London：Routledge，1874/1995：68.

至直接将“内容 = 对象”[①]。他将内容与对象都用来可指心理过程中所出现的意向的、内存在的某物。这种所谓的“对象的内存在”、“内在的对象性”是用来不那么精确地描述：主体拥有某物作为一个对象，并且是心理上把握或指向它的。这种对象是指内在对象，是人们接近、把握外在对象的前提条件。很显然，布伦塔诺坚持的仍是洛克以来的观念论或表征论路线。

一般来说，人类直接面对的东西是经验，而经验与外在对象的关系必须要有中介要素，才能使经验关涉其对象。布伦塔诺的弟子特瓦尔托夫斯基和迈农等人把这个中介要素称作“内容”（Inhalt，content）。特瓦尔托夫斯基论断到，我们必须在一个呈现的行为（act）、内容和对象之间作出区别。特瓦尔托夫斯基所说的呈现（presentation）是一种拥有两个部分的心理行为：一是（行为）种类，它决定这个行为是一个呈现而不是一个判断或一个期望；二是所谓的内容，这个内容决定该呈现在心灵面前带来什么样的特定对象，它是“有关”某个对象的，它不是该呈现的整个行为[②]。并且“一个呈现的内容总是被构想为瞄准通过该内容被构想的那个对象的那个行为的内容。”[③]在此基础上，特瓦尔托夫斯基首次从逻辑方面、实在性属性方面、等值呈现的存在方面来说明内容与对象的不同[④]。并且指出了一个呈现的内容的实质构成成分可以根据是否具有相互可分离性部分的标准来划分[⑤]。特瓦尔托夫斯基在布伦塔诺的内容对象混同观基础上，正式将这两个范畴予以了明确区分。迈农深受布伦塔诺和特瓦尔托夫斯基的影响，在接受特瓦尔托夫斯基的内容和对象观点的同时还在对象问题上走得更远，形成了其独特的对象理论。

在布伦塔诺意向内存在学说最具影响的讨论中，胡塞尔明确将内容、意义和命题相关联。胡塞尔在考察意识内容时说：“我们把‘意义’（sinn）理解作内容，关于意义我们说，意识在意义内或通过意义相关于某种作为‘意识的’对象的对象物。”并且他进一步明确：“每一意向对象都有一个‘内容’，即它的‘意义’，并通过意义相关于‘它的’对象。”[⑥]而在谈到意向对象与内容的关系时，胡塞尔指出：意义不是意向对象全部组成中的一个具体的本质，而是一种内在于意向对象之中的抽象形式，并且“看来似乎更合适的是仅将‘意义’一词定义作‘质料’，

---

① F. Brentano，*Psychology from an Empirical Standpoint*，London：Routledge，1874/1995：77.

② K. Twardowski，*On the Content and Object of Presentation*，Martinus Nijhoff-The Hague，1977：viii.

③ K. Twardowski，*On the Content and Object of Presentation*，Martinus Nijhoff-The Hague，1977：60.

④ K. Twardowski，*On the Content and Object of Presentation*，Martinus Nijhoff-The Hague，1977：27-29.

⑤ K. Twardowski，*On the Content and Object of Presentation*，Martinus Nijhoff-The Hague，1977：76-77.

⑥ 胡塞尔：《纯粹现象学通论》，北京：商务印书馆，1992 年，第 361-362 页。

然后将意义和设定的特性统一体表示为‘命题’”①。这样，传统的质料范畴与语言哲学中的意义范畴、逻辑哲学中的命题范畴就被统一了。胡塞尔甚至论证到，当一个思想关注一个非存在对象时，我们应该说根本就没有任何一个主体所关联的对象，仅仅有具有某个意向“质料”（或当今被认为是意向内容）的思想的一个行为②。

正是在这样的背景下，对象研究和内容研究被正式拓展为当代心灵哲学中有关意向性问题的两个独立研究领域。可见，布伦塔诺的内容观是将内容与对象相等同，他的弟子则在其意向性理论基础上进行了深入挖掘，将内容与对象进行了严格区分，并且还将哲学上的质料范畴、意义范畴、命题范畴与内容范畴进行了首次关联，为后来的心理内容研究奠定了基础。

三、当代心理内容范畴的主要代表观点

当代心理内容范畴分析离不开摩尔和石里克的启示性贡献。摩尔在谈到任何感受或观念中意识与对象的关系时，明确坚持其中的对象就是一个感受或观念的“内容”。因为在每一种意识情况中我们能区分：①存在这样的感觉或经验；②什么东西被感觉或经验到。而这种感受或观念形成一个整体，在其中必须区分“内容”和“存在”。后来当摩尔讨论“蓝色被认为是‘蓝色的感觉’的内容的一部分时”，他比较一个有关蓝色的感觉和一个蓝色的胡须，并认为“这个蓝色对此意识的关系是被构想来的确相同于这个蓝色对眼睛或头发的关系：在所有这些情况中，它是一个东西的质。”③所以，摩尔的这种经验内容观在当代心灵哲学共同体中被认为是有关经验内容的“质的”观点的主要源头。维也纳学派的代表人物石里克为了阐述其否定内容观，明确指出：“形式和内容之间的不同，严格地说，是能够被表达的东西和不能被表达的东西之间的不同。”④他不仅谈论有关心灵，而且应用内容和形式之间的区别到像颜色的经验一样的东西中。石里克论证到，尽管一个人能够表达有关东西的颜色的一些真，但“内容本身（如树叶的绿色）……不能由

① 胡塞尔：《纯粹现象学通论》，北京：商务印书馆，1992 年，第 369-370 页。

② E. Husserl，*Logical Investigations*，London：Routledge，2001：194-200.

③ G. E. Moore，*The Refutation of Idealism*，*Mind*，N. S. Vol. xii，printed in *Philosophical Studies*，London：Lund Humphries，1922：20-25.

④ M. Schlick，*Moritz Schlick*：*Philosophical Papers*，vol. II：1925-1936，Dordrecht：Reidel，1979：291.

任何一个表达式所把握,……不存在有关内容的任何命题。”[①]可见，石里克因强调形式的重要性而否认内容的存在，这也为后来的蒯因、丘其兰德等人坚持内容的取消式观点埋下了伏笔。[②]

在心理内容自然主义研究阵营中，罗素的命题内容观逐渐成为主流的观念。罗素将命题等同于命题态度内容，认为具有命题内容的一个意向状态就是一个命题态度。罗素首次对民间心理学的命题态度（如信念）及其内容进行了逻辑层面的分析。他认为，“一个信念的内容，当被用语词表达时，是和逻辑上被称之为一个‘命题’的东西相同的东西。”在此基础上，罗素指出：“一个命题是表达那种能被肯定或否定的一系列语词（或有时是一个单一语词）。……只有那种具有‘意义’或‘客观指称’的系列语词才是命题。”[③]罗素将意义、内容、命题三个范畴进行了合理的逻辑联结，从而将民间心理学的命题态度及其内容与语言哲学、逻辑哲学相关联，开启了命题内容研究的当代视野。

在这样的哲学背景下，分析哲学传统中的心理内容范畴分析主要有以下代表性观点：当代最具影响力的宽内容观来源于普特南等人对意义问题的探讨，强调宽内容是依赖于该主体的环境特征的一种心理内容。普特南把语义学上的意义当作心理内容。他通过著名的孪生地球思想实验挑战了个体主义的、唯我论的意义观，并且“意义不在头脑之中”[④]。柏奇提供了“反个体主义的”外在主义观点的许多论证，并肯定心理内容的社会因素方面[⑤]。在窄内容观上，内容被认为是不依赖于主体外在环境的。一些学者或者从命题态度中的 that 从句出发阐述关于内容的相同性论证[⑥]；或者针对外在主义的相关论证，使用“认知内容”来意指真之条件或指称的内容，从而促成标准的心理解释[⑦]；或者把窄内容等同为概念作用，以一种编程方式展现一个特定状态的概念作用就是它对其他状态的因果关系。[⑧]而在内

① M. Schlick，*Moritz Schlick*：*Philosophical Papers*，vol. II：1925-1936，Dordrecht：Reidel，1979：303-306.

② 宋荣：《思维内容的心灵哲学探究》，北京：中国社会科学出版社，2012 年，第 210-231 页。

③ B. Russell，*The Analysis of Mind*，London：George Allen and Unwin；New York：The Macmillan Company，1921：261.

④ D. Chalmers，*Philosophy of Mind*：*Classical and Contemporary Readings*：Oxford：Oxford University Press，2002：581-596.

⑤ D. Chalmers，*Philosophy of Mind*：*Classical and Contemporary Readings*：Oxford：Oxford University Press，2002：597-607.

⑥ P. Ludlow，*Philosophy of Mind*，MA：The MIT Press，2006：623-634.

⑦ G. Segal，*A Slim Book about Narrow Content*，MA：The MIT Press，2000：3-4.

⑧ N. Block，*Advertisement for a Semantics for Psychology*，*Midwest Studies in Philosophy*，1986，(10)：615-678.

容的宽窄之争过程中，查尔莫斯发展了两个维度的内容，从而形成他的二维内容观。他把一个思想的内容分解为两个成分：它的认识（epistemic）内容和虚拟语气（subjunctive）内容[①]。在他看来，认识内容是由一个认知系统的内在状态所决定的一种窄内容，并且支配思想之间的理性关系，强调认识内容是认知和行动的动态核心。他所说的虚拟语气内容是一种类似外在类型的宽内容。查尔莫斯的这种二维内容观在当代内容的宽窄之争中试图找到一条中间道路，从而在学界颇具影响力。

在当代意向性的自然化运动过程中，相比较于上述具有语言哲学背景的心灵哲学家把心理内容与语言学意义相等同的主流观点而言，具有科学哲学背景的一些心灵哲学家所主张的表征内容观也有了转变。例如，作为其主要代表人物之一的卡明斯，他开始曾明确指出心理内容是认知系统中使得认知状态所拥有语义属性的东西。他运用表征内容范畴来指谓认知活动中的内容。[②]但后来随着认知科学的当代发展，他将意义与内容作出了严格区分。他认为，意义指在范式上是语言学表达式或行动的属性，即一个人的说话方式或语句所意指的东西，以及一个人通过之所意指的东西；而被称之为内容的东西指谓心理表征和指示信号（indicator signals）的属性。他进而指出在认知科学的基础上，我们所需要的是表征和指示，并且内容不是一个使用的功能。[③]而克瑞恩在意向性一般结构（主体—意向模式—意向内容）基础上，定义一个表征内容为：一个表征对象被表征的方式，并且在这种表征维度上的意向内容有不同种类。[④]这种表征内容观在当代心理内容研究领域中已经引起了广泛关注。

现象学传统中的心理内容研究倾向于采取非自然主义甚或反自然主义的进路，现象学者的心理内容范畴分析主要集中在经验的概念内容和非概念内容两方面。一方面，有些学者明确主张经验具有概念内容。如麦克道尔反传统地认为知觉经验的内容是概念的，并且这种概念内容是未被约束的。而赛迪维则认为，在亚人层次（而不是人的经验层次）上，一个概念的拥有能通过运用倾向、标准条件和事物是其所是的方式之间的关系来被解释，并且他还认为人们的知觉经验的描述被限制到概念范围之内。

---

① D. Chalmers，*Philosophy of Mind*：*Classical and Contemporary Readings*，Oxford：Oxford University Press，2002：608-633.

② R. Cummins，*Meaning and Mental Representation*，MA：The MIT Press，1991：11-12.

③ R. Cummins，*The World in the Head*，New York：Oxford University Press Inc，2010：174-175.

④ T. Crane，*The Objects of Thought*，Oxford：Oxford University Press，2013：101-102.

另一方面，非概念内容范畴已经成为当代心理内容范畴中不可忽视的重要方面。一般来说，非概念内容是：①认识论的，这是为了显示我们经验包含经验思维的证明；②现象学的，这是为了说明知觉经验的现象学特征；③解释性心理学的，这是为了说明信息加工认知系统的状态（如视觉系统）。并且非概念内容一般被用来说明经验的基础方面。埃文斯的知觉转换观、皮科克的底本和原型命题观、福多的图标表征观、赫克的两种形式观、库辛斯的非概念属性构成观、苏珊娜·西格尔的知觉内容观，以及蒂姆·克瑞恩的非概念内容与内容拥有的区分观都阐明了他们在经验的非概念内容范畴上的分析特点（详见另一拙文）。[①] 这些都值得引起学界进一步关注。

① 宋荣：《当代西方心灵哲学中的非概念内容范畴分析》，《自然辩证法研究》，2010 年第 4 期，第 6-11 页。

心理内容：心灵王国中的一朵奇葩*

我们通常处在某种心理状态之中。当我们相信时总有什么东西被我们所相信；当我们期望时总有什么东西被我们所期望；当我们想象时总有什么东西被我们所想象。例如，我们相信我们的生活会更美好；我们期望空气中的雾霾会消失；我们想象自己成为一只蝙蝠会是什么样子。在这里，“我们的生活会更美好”、“空气中的雾霾会消失”、“自己成为一只蝙蝠会是什么样子”是“相信”、“期望”、“想象”这些心理状态所包含的内容。研究这样的心理状态所具有的内容或者心灵关涉对象的方式的学问，就是当代心灵哲学中前沿的心理内容理论。

一、心理内容问题研究的历史演进

心理内容问题最初起源于人们对自身心灵之谜的探索。古人在向外探索自然世界的本原时也向内探究自身心灵世界的本质问题。其中一个很自然的问题是：当我们心里在想什么的时候，到底是什么东西被我们所想呢？前人通常直观地认为，似乎有类似于实物一样的东西装在心里供我们思考。这种素朴的实物式内容观一直延续至今。

在哲学上，古希腊的亚里士多德首次指出人的心灵能指向其所思考或认识的对象。到了中世纪，人类心灵的这种指向外在之物的能力被予以明确。经院哲学家们认为，知觉、记忆、思维的每一种活动都涉及心灵的“意向”这一基本要素，创造性地将意向与常识的实物式内容观结合起来，形成传统的意向性观点：心灵通过某种方式对其对象的指向性或关于性。这种意向性体现了心灵所特有的把握世界的能力。

19 世纪末 20 世纪初，语言哲学的研究重心转移到语义学领域，从起初对语词含义的研究拓展到语句意义的研究。当我们理解语句时，一旦在我们心里把握到该语句所表达的意义，我们就把握了该语句的内容。为了寻求对语句意义的更深刻理解，逻辑学家们明确指出：语句所表达的意义即内容，并以命题的形式呈现出来。这就使得意义问题逐渐拓展到逻辑学中的命题研究。随着罗素等人在对

---

* 原载于《光明日报》2014 年 8 月 27 日理论版第 16 版。

心灵的分析中将对信念、期望等心理状态的常识理解引入逻辑领域，意义问题成为语言哲学、逻辑哲学和心灵哲学共同关注的焦点。

20 世纪 70 年代中后期，认知科学研究愈发关注人类的认知活动，并通过计算机隐喻来理解人类心理表征所进行的心理操作。有关心理表征的一个核心问题是：在一个认知系统中，是什么使得某个心理状态成为一个表征？这就引发了在认知科学框架下对心理内容问题的研究。认知科学试图通过诉诸表征的信息加工来深入探索心灵的内部世界，用认知科学术语来解释我们的语言表达；而为了理解语言如何表征，我们必须弄清语词如何从其使用者的心理状态中获得其表征力。于是，表征内容研究成为了当代心理内容研究的一个重要组成部分。

二、心理内容问题研究的当代前沿

心理内容问题已成为当代西方心灵哲学中一个蔚为壮观的研究领域，其研究纲领主要包括以下基础性问题：①主体问题；②本质问题；③特征问题；④表征以及错误表征问题；⑤真之条件问题；⑥因果性问题；⑦自然化问题；⑧经验内容问题。对这些问题的当代研究主要有三大研究传统：分析传统、现象学传统和马克思主义传统。

分析传统下的心理内容研究坚持自然主义的进路，力图确定心理内容在自然中的位置。研究者在关注意向性内部结构（主体—意向模式—意向内容）的基础上，严格区分对象与内容，聚焦意向对象和意向内容。他们围绕如何用自然科学术语、非意向机制来说明心理内容，形成了三种主流的内容自然化方案：用信息来描述内容，通过对信息的本质分析、错误表征的案例分析来刻画内容，从而形成信息论描述方案；通过生物进化中历史选择的固有功能或目的来描述内容，从而形成目的论描述方案；在思维语言假说基础上形成有关内容的心灵表征理论方案。

他们还坚持心理内容的语言－逻辑分析研究，力图通过考察主体的具体语言报告来刻画心理现象的语言属性或逻辑属性。这种研究强调内涵性观念和意向性观念的区分，形成了心理内容的内涵逻辑研究方案。除此之外，认知科学背景下的心灵计算理论方案、功能主义描述方案，工具主义描述方案，语言哲学视角的各种语义学理论方案，解释主义描述方案也有许多拥趸。

现象学传统中的心理内容研究倾向于采取非自然主义甚或反自然主义的进路。现象学者悬置有关心理内容的相关问题或判断，以经验及其内容作为研究出发点。

他们认为，在拥有经验的过程中，内容是经验上被给予主体的一切，它是主体在拥有经验时所体验到的一切；并且这样的经验内容呈现为非概念内容或概念内容。由此衍生出了以给予（the given）概念为核心的现象意识内容研究方案和以感觉材料理论和知觉析取主义理论为主的知觉内容研究方案。前者通过破解给予的神秘性，使得给予以某种方式与现象意识内容关联；后者运用知觉理论来谈论有关经验的表征内容或意向内容，从而获得心灵与世界在经验中相互关联的一种描述。而由透明性论题引发的表征主义研究方案和与有意识思想相关的认知现象学属性研究方案则将经验内容的属性特征放在认知科学和现象学背景下展开跨域研究。

马克思主义传统的心理内容研究具有不同的视角。有的研究从马克思主义实践观出发，论证心理内容的产生或出现根源于实践；有的研究从语境论出发，着重分析和研究心理内容随环境变化而变化的特点；还有一些研究以辩证法为指导对心理内容的结构问题展开深入挖掘。这些研究为马克思主义哲学与西方心灵哲学在心理内容问题上的对话与交流提供了广阔的平台。

心理内容：探索心灵世界的新纬度*

心理内容（mental content）研究具有悠久的历史渊源：古希腊时期柏拉图对意向性概念的"射箭"隐喻和亚里士多德首次对质料范畴的哲学思考构成其思想渊源；中世纪时期经院哲学家对意向术语的认知分析和创造性使用构成其语词渊源；近代哲学家笛卡儿对思维和感知觉的描述、康德的先验分析思想和直观理论、黑格尔的思维形式与思维内容同一的辩证逻辑思想构成其认识论渊源；布伦塔诺独特的意向性理论以及其弟子的相关理论构成其理论渊源。随着当代自然科学之间的跨学科研究以及纵深发展，当代心理内容研究呈现出多学科、多视角的多元化研究局面。

一、当代心理内容研究的主要基础性问题

心理内容研究是当代意向性研究的一个特殊面向。从心理语义学、哲学解释学切入的论者认为，意向性就是心理符号的意义即心理语义性问题。站在认知科学、人工智能和计算机科学立场上的论者认为，意向性问题主要是表征问题。而持认识论和逻辑学视角的论者则把意向性问题归结为心理内容问题（或简称为内容问题），因为意向性就是心理有特定的意向状态，而有这些状态就是有特定的态度和相应的内容，因此他们着重研究心理内容的基础、条件、转换过程和加工方式等。

当代心理内容研究是传统意向性研究的继续与深化。一方面，当代诸多心灵哲学家在研究起点上大多以命题态度问题为出发点，并以命题态度的传统研究作为自己的理论基础，从而展开对内容基础性问题的研究。这主要是缘于对民间心理学的坚持，也是相关研究的必要前提。在当代心理内容研究纲领中主要包括以下基础性问题：①主体问题；②本质问题；③表征问题以及错误表征问题；④真之条件问题；⑤因果性问题；⑥自然化问题；等等。

内容主体问题是传统意向性研究的重点，目前主要有二元论、还原论、功能主义、解释主义、取消主义等理论。内容本质问题，即内容究竟是什么？内容是

---

* 原载于《江汉论坛》2012年第4期。

否存在？如何存在？对这些问题的不同回答形成了不同的观点，当代主要有外在主义或宽内容、内在主义或窄内容、内容二元论、内容本质主义等主张。表征问题主要包括表征概念问题，心灵表征理论、表征与表征为的关系问题、表征的形而上学问题等。表征问题是认知科学中最关键的基础性问题之一。表征概念问题在我们模拟和解释认知机制中是必不可少的。①心灵表征理论者如福多、菲尔德、卡明斯等人通常接受心理表征内容的自然主义描述，但是这些自然主义描述方案对错误表征问题（也就是析取问题）仍然争论不一，这使得“析取问题已经引起了一个研究领域”②。这些悬而未决的问题由此引发了认知动力学的相关问题。当代强表征主义观点认为，对于一个知觉经验来说具有某种现象特征，就恰好是对它来说具有某种表征内容，但强表征主义遇到了两个问题，即双重面相问题和副本问题③。内容的真之条件问题也就是内容的真假或真值赋值问题，主要针对的是各种命题态度或意向状态的真之条件或可满足条件等问题，并且往往与逻辑论证密切相关联。关于内容的自然化问题主要解决：内容在自然界的秩序中有无地位？能否用自然主义术语、物理主义原则来说明内容？由此而形成了不同的内容自然主义描述方案，主要有德雷斯基的信息论描述方案、米利肯的目的论描述方案、福多的思维语言描述方案。

另一方面，除了以上有关内容的基础性问题的一般研究以外，当代学者还对内容的特征问题（如规范性、透明性、因果相关性等）展开了广泛而深入的探讨。

在规范性问题上，在当代心灵哲学和语言哲学中，意义和心理内容具有一个规范维度，这个规范维度是思想和意义的一个必要条件。正是这些规范条件阻止将语义学的内容和心理的内容还原到自然主义属性或因果属性④。重要的是，心理内容和态度的规范本质主义成为当代内容规范性问题研究的主流。规范本质主义是有关具有命题内容的、或简单命题态度的意向状态的一个理论，并且该理论认为，能被以规范术语理解的这种状态有两个维度，即态度成分和内容成分⑤。内容的规范性能以两种不同方式来理解，即作为有关语言学意义的一个论题、或作为有关心理内容的一个论题。Wedgwood 认为，根据规范原则，心理内容和态度以它们各自的本质而被理解。Zangwill 则进一步强调有关命题态度规范本质主义中

① H. Lyre，*Special Corner：Representational Content and Cognitive Abilities*，*Cogn. Process*，2009：51-52.

② Jesse J. Prinz，*The Duality of Content*，*Philosophical Studies*，2000：30.

③ Berit Brogaard，*Strong Representationalism and Centered Content*，*Philos Stud*，2010：373-392.

④ Pascal Engel，*Where in Lies the Normative Dimension in Meaning and Mental Content? Philos Stud*，2000：305-321.

⑤ Asbjørn Steglich-Petersen，*Against Essential Normativity of the Mental*，*Philos Stud*，2008：263-283.

心理东西的规范本质的重要性。Boghossian 也辩护这样的观念：即信念是根据其认为它正确的构成规范而被理解的，并且这些信念的定义特征是根据该规范来支配的。戴维森、克里普克等人也发展了心灵哲学和语言哲学中的这种传统，并且使之在近 20 年来处于主导地位。

当代内容透明性问题研究被分成两部分，即“相似性的透明性”和“差异性的透明性”。传统观点认为：①如果一个思考者的标记思想中的两个思想拥有相同的内容，那么该思考者必定能先天地知道这两个思想它们拥有其内容；②如果一个思考者的标记思想中的两个思想拥有不同的内容，那么该思考者必定能先天地知道这两个思想它们拥有其内容。这里的“先天地”是指“独立于外在经验”。Paul Boghossian 指出这种传统透明性问题的不足：第一，当心理内容违反这些透明性论题中的一个或两个时，违反这种透明性就污染了推理错误和事实错误之间的不同。第二，在柏奇和普特南意义上，心理内容的反个体主义构念也违反了这两个透明性论题[①]。

在心理因果关系问题上，我们通常假定一个人的思想内容因果地影响他外在的物理行为。但从哲学角度看，它们的前提假定引发了当代许多有争议的问题。第一个假定就是：存在心理因果关系，就会导致金在权所提出的因果排斥问题。第二个假定：人们心理状态的内容是因果地相关于它们的行为的，这从心理内容外在主义视角中看是有问题的。第三个假定：我们对我们自己的心理状态有优越通道，这在外在主义论题看来也是有问题的。因为，正如外在主义所认为的，如果我们的一些心理状态的内容是部分地由经验状态所决定的，那么不清楚的是：主体如何能拥有他们心理状态的完整知识而无需作出经验观察[②]。另外，由于内容的因果相关性问题是其在解释行为方面由内容的作用中所引发的。在内容解释作用问题上，有观点坚持认为，内容的解释相关性在于它随附于计算状态的形式属性。近年来在这领域研究颇深的学者们一方面关注相关因果理论的发展，另一方面关注相关因果理论的应用。

二、当代心理内容研究的流派众多且争论不断

首先，从内容的本质方面来看，主要有外在主义与内在主义之争。在当代心

---

① Paul Boghossian，*The Transparency of Mental Content revisited*，*Philos Stud*，15 September，2010，Springer.

② Albert Newen，*Preface to Mental Causation*，*Externalism and Self-Knowledge*，Erkenn，2007：147-148.

灵哲学中内容外在主义是主流观点。在心灵哲学和语言哲学中外在主义认为，“意义（或内容）不在头脑之中”。甚至强外在主义论点认为所有意向状态的内容都是外在地被决定的。越来越多的当代哲学家成为意识外在主义者，如德雷斯基、泰依。但是批判者们认为，外在主义思维依赖于两个错误的假定，并且外在主义真之要求的条件是不一致的[①]。当代内在主义研究也有新的进展，并且深入地对内在主义进行了级别划分。弱内在主义观点认为，心理内容是独立于它们主人头脑之外的世界的：在从意义的命题态度情况中，微观物理复制品能够并且将会在心理上有所不同。塞尔为弱内在主义进行了辩护，他思考了从意义的命题态度，这种命题态度是有关该态度的主人的，如他的身体或时空方位[②]。

当代这种内容本质的内外争论主要体现在：“外在主义”概念是否与“反个体主义”概念区分有无合理性？自我知识是否与外在主义兼容？是否内容外在主义与通过第一人称权威获得的某种知识（或认识内在主义）相兼容？[③]等问题。近年来学界已经引发了所谓心理内容的“双重成分”理论和“二维”理论，即被称之为外在主义和内在主义之间的“中间道路”。在中间道路的观点上，心理状态是被假定具有两种内容：“民间心理学的”种类，这种是我们经常谈论的并且是宽的；另一种是窄的，是某种非民间心理学种类。尽管如此，但大多数学者不得不在内在主义和外在主义之间作出选择[④]。

其次，从内容的呈现方式来看，主要有概念主义与非概念主义之争。传统主流观点是内容概念主义。概念主义者们根据严格的逻辑区分原则来确定内容是概念内容还是非概念内容，这些原则主要有：①复合性；②认知重要性；③指称决定性；④效力独立性。通过这些原则，概念内容具有理性一致性、逻辑复杂性、主体性和媒介性、决定性、可表达性、可交流性和可行性等。当代重视内容的科学哲学研究的哲学家主张概念内容是研究的重点与核心。在他们看来，内容被认为是命题内容、意向内容、认知内容或心理状态的语义属性或意向属性的承担者。非概念内容是相对于概念内容而言的。在当代心灵哲学界中，有些学者明确否认非概念内容的存在，而另一方面，许多学者认为不可忽视非概念内容。

当代越来越多的学者开始关注内容非概念主义。他们分别从婴儿和非人类动

---

① Amir Horowitz，*Contents Just are In the Head*，Erkenn，2001：321-344.

② Anthony E. Newman，*Two Grades of Internalism*，*Philosophical Studies*，2005：153-169.

③ B. J. C. Madison，*On the Compatibility of Epistemic Internalism and Content Externalism*，*Acta Anal*，2009：173-183.

④ Anthony E. Newman，*The Good*，*the Bad*，*and the Irrational*，Three Views about Mental Content，*Philosophical Psychology*，Vol. 17，No. 1，2004.

物认知角度、从现象学的优质性（fineness of grain）角度、从知觉识别角度、从区分知觉（或经验）和判断（或思维）的角度、从知道如何与知道什么之间的区分角度、从概念获得理论角度、从指示词理论角度等不同方面对内容非概念主义进行了论证[①]。而在具体的知觉内容问题上，还有学者提出了内容非概念主义的“内容”观和“状态”观。绝大多数当代非概念主义者运用优质性论证（FoGA）来反对概念主义的论证。而由麦克道威尔所领导的概念主义者则运用所谓的“指示词策略”（DS）来回答 FoGA。也有极端分子如 Jeff Speaks 认为，没有有关非概念内容的任何问题，但事实上存在有的知觉状态的表征内容原则上不能是概念的情况。

针对各方的争论，罗伯特·汉纳提出了弱专制非概念主义和强专制非概念主义，并且称弱专制非概念主义所主张的内容为“偶然绝对地非概念内容”，由强专制非概念主义所主张的内容为“本质绝对地非概念内容”，或简称为“本质地非概念内容”。为此，他提出了“两手论证”来论证非概念内容的存在[②]。而 T.M.Crowther 认为，经验内容具有概念的和非概念的特征，并且具有它们自身不同的哲学动机，并对之进行从占有 - 独立角度的论证和认识论上被驱动的论证[③]。近来也有学者认为争论的关键之一是：知觉经验是否拥有非概念内容和概念内容。当然，也有学者指出，概念内容与非概念内容的区分本身就存在问题。因为从心灵哲学的视角来看，对于“概念”观念的本体论思考仍然困难重重[④]。

再次，从内容表现形式的研究传统上来看，主要有心理学视角、现象学视角、语言学视角等。当代跨学科的研究使得内容观也发生了很大变化。许多学科（包括认知心理学、神经心理学、心理语言学、人工智能、认知动物行为学等）一起形成认知科学。这些学科中的每一学科的特定目标不同，但所有学科都分享这样的信念：即认知过程是可以被分析和被理解的。

在心理学研究框架内，当代一些学者认为，认知状态和认知状态的内容之间的混淆造成了对心理主义的颠覆，并且逐渐形成两种内容心理主义颠覆观。弱颠覆心理主义认为我们能够通过研究内容来研究认知状态，例如我们能通过研究语言学或逻辑来研究心灵。这种态度在认知科学和语言学理论中是有一席之地的。强颠覆心理主义认为，我们能够通过给予计算机表征来产生认知状态，这种表征

---

① Y. Gunther，*Essays on Nonconceptual Content*，MA：The MIT Press，2003：1-19.

② Robert Hanna，*Kantian Non-conceptualism*，*Philos Stud*，2008：41-64.

③ T. M. Crowther，*Two Conceptions of Conceptualism and Non Conceptualism*，Erkenn. 2006：245-276.

④ Alessandro Dell Anna，Marcello Frixione，*On the Advantage（If Any）and Disadvantage of the Conceptual Nonconceptual Distinction for Cognitive Science*，*Minds & Machines* 2010：29-45.

表达认知状态的内容并且在引起适当行为中发挥作用①。

在现象学视角中，当代学者在继承胡塞尔思想的基础上更加关注现象内容的研究。越来越受欢迎的论点是，认为现象特征是一类表征内容。而且现在更关键的关注点是那些已经被称为“经验的透明性”的东西②。而且这种“经验的透明性”论题引发了大量的视觉经验及其现象特征的表征主义描述。通过现象学观察得出的是，经验内省的似乎能接触的唯一方面是它的表征内容，即现象内容，从而形成现象特征的表征理论。如在现象意识的内容研究方面，有学者提出了“PANIC”理论，即认为“现象特征是一个这样相同的特征如平衡的、抽象的、非概念的、意向的内容”③。

在语言学视角方面，当代的塞拉斯、戴维森、福多等人倡导基于语言的思维模型，即主张思维语言观点。作为当前的主流观点，由此而形成了不同“语句主义”或“表征主义”的类型或级别，如“最小语句主义”和作为高级别的“直接语句主义”④。尽管许多哲学家已经论证或假定在某种方式上语言是思维的本质方面，而且意向心理状态本质的哲学解释、心理表征机制的心理学解释、内容归属的语义学解释以各种方式经常依赖于语言学上的表征和心理的表征之间的类比⑤。一些人根据语义理论解释复杂表达式所具有的成分结构来刻画构成思想的内在状态，如各种语义学理论、意义理论。

最后，从内容的研究方案上来说，主要有民间心理学传统方案、取消主义研究方案、自然主义研究方案。内容的民间心理学传统方案主要是通过心理语言进行隐喻式的描述来体现出来的。内容的取消主义研究方案包括传统的意义怀疑论描述以及极端的取消主义描述。极端取消主义研究方案主张民间心理学所断定的实在根本就不存在，否定世界上存在着意义、内容之类的东西，相关的心理术语应该完全被取消，甚至认知心理学的概括化也不会适合民间心理学的概括化⑥。内容的自然主义研究方案是当代内容研究的主流方案，它一方面坚持民间心理学的立场，另一方面坚持对内容进行自然化。它实质上是介于二元论和取消主义之间的一种研究方案。德雷斯基等人用信息来描述思维内容，即信息论研究方案；米

---

① Terry Dartnall，*Reverse Psychologism*，*Cognition and Content*，*Minds and Machines*，2000：31-52.

② U. Kriegel，*Phenomenal Content*，Erkenn，2002：175-198.

③ Alex Byrne，*Consciousness and Nonconceptual Content*，*Philosophical Studies*，2003：261-274.

④ William G. *Lycan*，*Mental Content in Linguistic Form*，*Philosophical Studies*，1990：147-154.

⑤ Robert Stalnaker，*Mental Content and Linguistic Form*，*Philosophical Studies*，1990：129-146.

⑥ John Collins，*Theory of Mind*，*Logical Form and Eliminativism*，*Philosophical Psycholog*，Vol. 13，No. 4，2000.

利肯等人则用生物进化中历史选择的专有功能或目的来描述思维内容，即目的论研究方案；福多等人则深入到思维内部，提出了思维语言假说，将思维内容描述为思维语言中的心理表征，思维就是计算，即计算主义研究方案。

当代语言哲学中的内容主题，即通过假定该语言使用者的某些心理状态具有适当的、被转移到言说者表达式中的内容，从而使语言学内容能被解释。当代不同的学者把这种心理状态在这种理论中所发挥的这种作用描述为或者是功能的、或者是推理的、或者是概念的，并且内容的相关理论就相应地被称为功能作用语义学、或推理作用语义学、或概念作用语义学。Gilbert Harman 明确地将心理状态的计算功能主义和这些状态的内容的功能作用语义学（FRS）结合起来，由此形成了CTM-FRS理论[①]；而丹尼特则继续赖尔的传统形成解释语义学。在最近20年，对基于拒斥表征主义的 CTM 的批判日渐普遍。但福多的 CTM 论证仍被学界认为是当前最好的有关心灵的内容理论，因为通过假定能反映表征之间的语义关系的因果过程，它提供了产生一种科学的心灵理论的希望，并且接近于我们心灵的民间理论。

三、结　　论

综上所述，就整体而言，当代心理内容研究主要有三条路径：一是现象学的路径，重在从现象学的立场出发考虑感受质和现象特征问题。当代学者在胡塞尔现象学研究基础上，把胡塞尔称之为“原始数据”（hyletic data）的东西解读为不可清楚表达为一个命题态度的经验的那种主观感受质性，即关注对感受质的研究，并且认为胡塞尔陈述的知觉经验描述，解释了我们如何体验接受性和敏感性的分布以及它们如何在知觉识别里合作。另外，当代学者还研究表明：胡塞尔知觉现象学中所阐述的非概念内容思想还为当代内容非概念主义研究提供了重要的理论依据。二是分析哲学的路径。这条路径肇始于弗雷格，他的涵义理论、思想理论以及由此引起的论争构成了当代心理内容研究的理论背景。三是融合的路径。主要是两个方面：一方面是现象学传统和分析哲学传统的各自内部的融合；另一方面是这两大传统之间的融合。就英美心灵哲学中的心理内容研究而言，当代研究有如下几个方面需要引起学界的广泛关注：

---

① Gualtiero Piccinini，*Functionalism*，*Computationalism*，*and Mental Contents*，*Canadian Journal of Philosophy*，2004：375-410.

第一，心理内容已经成为多个学科共同关注的焦点问题。心理内容不仅是形而上学研究的热门话题，更成为许多学科的交汇点、聚焦点。一方面，心灵哲学、语言哲学、解释学、逻辑学等哲学分支发挥各自优势从特定的视角、独特的概念框架对它进行透析。认知科学、人工智能、计算机科学等则基于强烈的应用动机，从特定的方面对它进行解密，因为已有的计算机、人工智能模型要实现其智能水平的突破，必须具有像人那样的本源的、自发的心理内容，从而才可能由纯符号的加工机、句法机变为能意识并加工意义的语义机。另一方面，由于心灵哲学家和认知科学家的推动和有效的工作，又有对心理内容问题的综合的、整合性的研究。在这样的研究背景下，逐渐形成了特色鲜明的两大阵营：一派以现象学视角的经验内容研究为主，一派以理性认识的思维内容研究为主。

第二，从整体上看，当代西方心灵哲学家们注重寻找心理内容的自然科学基础，而且往往借助于当代科技发展的实际情况而进行微观描述，并取得了突破性进展。他们的心理内容研究深入而具体、生动而不空泛，有力地推动了当代本体论、认识论研究。尽管如此，但是他们对心理内容问题的整体性回顾、反思仍然不够；而且当代内容外在主义和内容内在主义在内容本质、特点、成立条件等问题上，缺乏全面的、整体的、历史的观点，尤其在揭示内容成立条件过程中尽管注意到了语言指称因素、社会环境因素，但对其他因素仍关注不多，宏观把握不够。

第三，值得引起重视的是，当代西方学者开始重视从马克思主义哲学的立场来研究心理内容问题。尤其是，当代内容外在主义者们从漠视马克思主义心理内容理论到充分肯定、承认之。例如，吉勒特和麦克米伦等人引入并运用马克思主义实践观研究内容问题，提出意义作为内容的呈现方式最终是由实践决定的，心理内容的出现或存在根源于实践。皮科克等人分析了思想的内容随环境变化而变化的特点。佩里格林则在内容结构问题上体现出明显的辩证法思想等，甚至有些学者还从内容外在主义立场对马克思主义的心理内容理论进行了评析。这些都为国内研究心理内容问题提供了宝贵的借鉴经验和广阔的研究平台，并且对深化我国马克思主义心理内容研究注入了新的活力。

论当代西方心理内容研究中的命题角色*

在西方哲学史上，对命题角色的思考一直伴随着命题的形而上学描述。在古希腊学者亚里士多德那里，命题是被断定为有真假的语句；斯多葛学派把意义（lecta）分为两大类，其中命题是自身断定的一个完全的莱克顿（lecton），并将命题与意义首次关联。而从中世纪到19世纪，命题常常被理解为在特定语境中考虑其意义或内容的陈述句。在20世纪初期，“命题”逐渐在两个重叠意义上被使用：①一个（可能）语句的内涵或意义；②能由一个语句的特定表达方式所断定或表达的那种完全确定的情形或内容。哲学家们通常认为，语句的意义以某种方式来源于相关信念和意图的内容，并且语句的意义通过与命题的关联而被解释。因为语句意义是约定地关联于该语句的信息的，这也就是说，语句的意义通过将语境上相关的信息结合成构料（building blocks）而产生命题。由此，命题作为真值的承担者、语句意义的承担者这样的角色一直延续到现在。

当代心理内容研究是传统意向性研究的继续与拓展。传统观点认为，意向性是心灵通过某种方式对其对象的指向性或关于性，它体现了心灵所特有的把握世界的能力。在当代心灵的意向主义被坚持的同时，由意向性问题所衍生出来的心理内容问题和对象问题逐渐成为被学界广泛关注的两大聚焦点。而随着逻辑哲学中命题研究的认知转向，命题在心理内容研究中所扮演的角色日益引起诸多学者的重视，从而促使逻辑学与心灵哲学在相关基础问题上的交叉研究得以迅猛发展。

一、当代界定心理内容范畴的主要维度

在当代心灵哲学语境中，心理内容是指主体的心理状态所具有的内容，或者是指心灵关涉其对象的方式。具体来说，当代心理内容范畴界定呈现出以下四个维度。

语言维度上的心理内容是指语言表达主体所理解或把握的语句（或语词）的意义。一般来说，我们的自然语言语句（或语词）总是能表达意义。尽管有时不同语句（或语词）能表达相同的意义，甚至有时相同的语句（或语词）能表达不

---

* 原载于《清华西方哲学研究》2016年第1辑。

同的意义，但这样的自然语言意义能在语言言说者或听者之间进行转换或传递，从而使得自然语言语句（或语词）的意义能被理解或把握。而当语言言说者或听者在其心理状态中理解或把握语句（或语词）意义时，他们就拥有了相应的内容。尽管当代普特南的“意义不在头脑中”引发了内容外在主义和内在主义之争、福多的思维语言假说和心理语义学理论导致当代对思维与语言关系的重新定位，但其实质是将自然语言意义放在心理内容层面上进行哲学探究，从而使得意义问题在当代语言哲学和心灵哲学中成为共同关注的焦点问题。正如福多所说：“当一位语言哲学家每次在陷入困境的时候，他都会遇到一位正在遭受同样打击的心灵哲学家。”①逻辑维度上的心理内容是指用来呈现语句意义的命题，或者是指有真假的语句，通常也被称为命题态度内容。随着逻辑语义学的发展，哲学家们开始重视自然语言意义的逻辑分析。罗素在对心灵的分析过程中首次对常识心理学中命题态度问题展开逻辑分析，并在对信念三要素进行系统阐述的基础上，将命题与信念内容相关联，明确指出我们所相信的东西即信念的内容。他说：“一个信念的内容，当被用语词表达时，是和逻辑上被称之为一个‘命题’的东西相同的东西。”②他巧妙地将当时语言哲学中的意义问题、逻辑哲学中的命题问题、常识心理学中信念问题进行了融合，并首次通过“命题态度”范畴将信念内容、命题、意义相关联，为后来心理内容研究的分析哲学传统奠定了重要的逻辑基础（详后）。

现象学维度上的心理内容是指经验内容。它是指在拥有经验的过程中经验上被给予主体的一切，它是主体在拥有经验时所体验到的一切，有时它也被称为给予（the given）、现象特征或现象内容。一般来说，人的经验与外在对象的关系必须要有中介要素，才能使经验关涉其对象。布伦塔诺的弟子特瓦尔托夫斯基和迈农把这个中介要素称作“内容”（Inhalt，content）。特瓦尔托夫斯基认为，我们必须在一个呈现的行为（act）、内容和对象之间作出区别，并且“一个呈现的内容总是被构想为瞄准通过该内容所构想的对象的那个行为的内容”。③他首次从逻辑方面、实在性属性方面、等值呈现的存在方面来说明内容与对象的不同，从而在现象学维度上正式将这两个范畴予以了明确区分。在此基础上，胡塞尔明确指出经验内容是真实的意识内容④。并进一步将内容、意义和命题相关联。他指出，“我

① J. Fodor，*Psychosemantics*，Cambridge，MA：The MIT Press，1987：xi.

② B. Russell，*The Analysis of Mind*，the Project Gutenberg E-text，London：George Allen and Unwin；New York：The Macmillan Company，1992：261.

③ K. Twardowski，*On the Content and Object of Presentation*，Martinus Nijhoff-The Hague，1977：60.

④ E. Husserl，*Logical Investigations*，translated by J. N. Findlay，edited by Dermot Moran，London：Routledge，2001：81-84.

们把‘意义（Sinn）’理解作内容，关于意义我们说，意识在意义内或通过意义相关于某种作为‘意识的’对象的对象物。”[①]他还认为，意义是一种内在于意向对象之中的抽象形式，并且“看来似乎更合适的是仅将‘意义’一词定义作‘质料’，然后将意义和设定的特性统一体表示为‘命题’”[②]。这样，传统的质料范畴与意义范畴、命题范畴就与内容范畴被统一起来了，为当代心理内容研究的现象学传统拓展了独特的考察视角。

表征维度上的心理内容是指心理表征内容，是指心灵中对象被表征的方式。这是当代心理内容研究的分析哲学传统和现象学传统融合趋向上的主流观点。在认知科学或认知哲学背景下，表征是最重要的解释观念或解释假定，甚至被用作所谓的“认知革命”的奠基石。尽管当代已经存在了许多不同类型的表征理论，但它们都分享了一个核心假定：承担内容（content-bearing）的内在（心理）状态以及相应心理过程的正确说明都必须关注表征。心理表征是通过心灵状态有关世界的表征，是表征的最根本形式。主流哲学家们通常把心理表征问题称为意向性问题的当代形态。目前一般认为，表征总是包括表征对象的方式，并且表征的特征主要有方面、精确性和不出现。[③]具体来说，①方面（aspects）。当一个表征在某个特定方面下表征某个东西时，它不可避免地排除其他方面。一个表征的对象能以许多方式被呈现或被表征，并且有时即使表征对象相同，但在方面中也会有所不同。②精确性（accuracy）。一些表征以某种方式呈现它们的对象，这样它们能够是精确的或者是不精确的。③不出现（absent）。一些意向状态不具有正实存的（或真实的）对象。但不可否认的是，一些表征能表征不实存的东西。在这里，上述这些特征中的每一特征都可以表现出一种表征方式。这样，在心灵中，一个表征的内容就是：一个表征对象被表征的方式。一个心理表征总是以一种特定方式来表征某个东西，或者通过表征某个东西是如此（它能是精确的或不精确的）或者通过在某个方面下（而不是在其他方面下）表征某个东西。在当代心理表征的 ARC 分析（即对表征主体、表征状态和表征内容三方面的逻辑分析）中，心理表征内容被划分为命题的心理表征内容和非命题的心理表征内容两大类。[④]

从以上我们可以看出，在心理内容范畴界定的四个维度中，命题始终处于一种非常基础的角色地位。在语言维度和逻辑维度方面，命题作为语句意义的呈现

① 胡塞尔：《纯粹现象学通论》，北京：商务印书馆，1992 年，第 361-362 页。

② 胡塞尔：《纯粹现象学通论》，北京：商务印书馆，1992 年，第 370 页。

③ T. Crane，*The Objects of Thought*，Oxford：Oxford University Press，2013：97.

④ 宋荣：《心理内容与表征》，山西大学首届国际认知哲学会议主题报告论文，2014 年 9 月 20 日。

者，已经体现出其作为内容承担者的角色，而在现象学维度和表征维度方面，命题已经成为经验内容和心理表征内容类型区分的重要评判依据。那么，命题到底如何体现它在当代心理内容研究中的角色作用呢?

二、命题作为命题态度内容的承担者

一般来说，心理状态被分为两种类型，一类是命题态度，一类是经验。前者是常识心理学和分析哲学研究传统中对心理状态范畴的通用表达；后者是现象学研究传统中所指称的经验状态（详后）。我们知道，人类心灵的一个重要特征就是它拥有各种关于东西（things）的态度的那种能力。有时，人们拥有关于相同东西的不同态度；有时，人们拥有指向不同对象的相同态度。在当代，命题态度是指通过运用诸如相信、期望这样的态度动词所表达的一类心理状态。命题态度刻画采用的标准形式是“x Fs that p”，其中“x”指谓态度的主体，一般是具有理性思维能力的人，包括单个个体和社会主体；“F”是指表示命题态度状态的动词，在语句中充当谓语成分，如认为、希望、相信、害怕、猜测、考虑、厌恶等；“that p”是被给予到态度的内容，一般以命题的形式呈现，通常也被称为命题内容。当代对命题态度的微观研究主要集中在两个方面，即命题态度状态（如相信、期望、害怕、但愿等）和命题态度内容（如相信天正下雨、期望天正下雨等）。很明显，在上述命题态度的标准形式中，命题（that p）成为了命题态度内容的承担者。就命题态度内容方面而言，命题态度内容的深入探究必然会引起对命题角色的重视。

命题之所以能成为命题态度内容承担者的主要原因在于，当代命题哲学研究的认知转向。传统的命题观主要有弗雷格式命题观（即一个语句所表达的命题是由该语句成分所表达的含义所构造的）、罗素式命题观（即一个语句所表达的命题是由包括该语句成分的外延的那些对象和属性所构造的）、可能世界命题观（即一个语句所表达的命题是可能世界的集合）以及取消式命题观（即根本没有任何命题，仅仅只有语句和语言表达式）。自 20 世纪 70 年代中后期以来，认知科学研究逐渐聚焦于人类的认知活动，作为命题态度内容承担者的命题，其相关研究也出现了认知转向。

一方面，命题成为许多认知状态的内容。思考关于（think about）某个东西就是思考关于它作为是某个方式（being a certain way）。这样，命题表征东西为是一个方式或另一个方式。这些认知态度都是在其中自主体（agent）所处的、对命题的某种关系。尽管上述命题态度的标准形式得以巩固，但是它因状态动词当中的句法变化而变得复杂了，因为其中这些动词指派对命题内容的关系，并且这些命题内容是由它们的补充从句所表达的。这种变化的核心划分或区分状态动词的依据是，根据这些从句是否是有限的（因时态而变化的，tensed）还是非有限的（无限的，infinitival）。这些状态动词当中的进一步变化把有限从句分开。例如，采用有限从句和复合名义上对象的态度动词包括断言、相信、知道、否认、接受、质疑、假定、拒斥、证明、建立；采用有限从句但不是复合名义上对象的状态动词包括：说、认为、判断、看见、感知、期望、希望、期待、参与、假设、想象；采用有限从句加上若干被限制的复合名义上对象的状态动词包括：预期、后悔、意识到；采用有限和非有限从句的状态动词包括：相信、期盼、假定、假设、想象、期望、偏爱、希望，等等。尽管有这些变化，但这些状态动词都合理地表达了自主体和命题之间的认知关系，并且每一个状态动词都对应着一种具有命题内容的认知状态类型。

从表征维度上来看，这些认知状态是表征的心理状态。当一个主体采用这些认知状态（或态度）中的任意一个时，它们都会拥有表征东西为是某种方式的那种内容。例如，如果你相信所有好人是幸福的，那么你所相信的东西（即你的信念内容）就表征好人为是幸福的。一个认知态度的内容以该认知状态如何表征东西为特征，并且信念和期望通常当作认知态度的基本类型，主要是因为它们在我们的有目的行为中所发挥的基础性作用。具体来说，认知态度的内容特征主要体现在：第一，认知态度能拥有为真或假的命题内容。例如，假定我相信地球绕着太阳转。在这种情况下，我的信念内容表征地球为它们确实所是（它绕着太阳转）的那种方式，因而此信念内容为真。第二，认知态度的内容能体现态度中合理的逻辑关系。例如，一个侦探可能怀疑某个 X 先生周五晚上在辖区内实施了盗窃。几天后，当这个侦探得知，X 先生周五晚上不在该辖区附近的任何地方，他就会做出结论：X 先生根本不是那个盗窃者。这个推理是成功的。如果我们指派到这个侦探的态度这样的内容，即能处于彼此适当的逻辑关系中的内容，那么，我们能说明这个推理及其中的逻辑关系是合理的。第三，认知态度的内容能是有关有目的行为或行动的，也可以是解释性的。因为我们诉诸认知态度的内容来解释为什么我们以某些方式有所行动，或者我们经常解释为什么某人做这件事或指出这个人拥有某些信念和期望。例如，当天开始下雨时，通过诉诸 Y 女士期望身上是干的，以及如果她打开她的雨伞，那么她的信念她身上是干的就是为真的，我们可以解释为什么她打开她的雨伞。

另一方面，命题内容理论的当代研究凸显了命题作为命题态度内容承担者的角色地位。传统观点认为，命题态度总是具有命题内容。也就是说，当你相信或期望某个东西时，你的态度的内容是一个命题。这个观点是如此长久地盘踞在我们关于态度的思维方式当中，以至于词项“命题”经常被定义或提及。但无论怎样，绝大多数学者都会假定命题是存在的，并且它们以一种绝对的方式具有真值。因此，在当代命题态度内容研究中，标准的命题内容被理解为：必然地，一个人的信念、期望和其他认知态度的所有内容是命题，即具有真值的实体，这些实体并不随着从对象到对象、地点到地点、或时间到时间的变化而变化。

就信念这种基本的命题态度来说，目前有两种观点。信念命题的二元关系观认为，信念是一个主体和一个命题之间的一种二元关系，这个命题是该主体信念的内容。对于一个主体拥有一个信念来说，没有任何其他属性或关系需要被例示。这也就是说，如果某个东西 x 是某人的信念内容，那么 x 是一个命题。这蕴含：在相信者和命题之间，这个信念是一种二元的关系。但是，也存在一个与这种二元关系观并不相一致的观点，即信念命题的三元关系观。它认为，这种信念关系使得一个相信者和一个命题相关联，并且它蕴含：某人相信某个东西，当且仅当在一个相信者、一个命题和某个信念状态当中一种三元关系被获得。① 那些坚持三元关系观的人认为，一个给定信念的内容是命题，并且信念是一种三元关系，而不是一种二元关系。

这两种竞争观点后来导致了内容属性理论的出现。在 20 世纪 70 年代，齐硕姆和大卫·刘易斯分别独立地发展了这种属性理论。根据这种理论，（例如）我的信念我是左撇子的内容不是一个命题，而是一个属性（property），即是左撇子这个属性。这个属性并不是为真或假的某个东西。在这种描述上，一种态度的每一个具体事例证明是一个从我态度（rese attitude）。这种属性理论以两种重要方式不同于传统观点。第一种方式是，指派到态度的内容是不同于命题的属性；第二种不同是，属性理论把反身性（reflexivity）构建成一个有意识主体和他的态度内容之间的关系。例如，相信（believing）是让自身拥有（taking-oneself-to-have）某个属性。但笔者认为，这种属性理论是不合理的，因为①从我态度（指有关自我的态度）要求一种相当复杂类型的自我觉知，并不是每一个态度主体都需要拥有之；②这种属性理论不能合乎情理地说明蕴含其主体的非实存的那些态度，也不能说明可能情形中能被赋值的某些其他态度，尤其在态度主体并不实存的情况下；

---

① N. Feit, *Belief about the Self*: *A Defense of the Self*, Oxford: Oxford University Press, 2008: 10-11.

③这种属性理论在说明我们对其他人的属性的沟通方面也有麻烦；④这种属性理论不能充分地说明某些直观推理的有效性，其中这种有效推理包括认知态度的归属。

尽管争论仍在继续，但命题内容理论研究仍在当代心理内容研究中占主导地位。例如，杰弗瑞·金在其著作中明确将命题作为内容的承担者。他整本书的核心都是在对命题进行形而上学描述和逻辑论证，而其书名却是《内容的本质和结构》。目前一般认为，当代命题内容理论具有如下的特点：①它应与自然科学的见解是可相容的，并且隶属于意向性自然主义研究方案范围之内；②它应明确把握命题内容的规范维度。目前规范本质主义认为，能被以规范术语理解的命题态度状态有两个维度，即态度成分和内容成分[①]。③它应允许命题态度内容的优质区分；④它不应把命题态度的占有与特定语言联系得太紧。例如，它应该允许相同的态度能被没有共同语言的生物所拥有，并且态度能由根本不说任何语言的生物真正占有；⑤它应明确的是，占有这种命题内容的状态能在理性行为的产生过程中发挥作用，这使得命题内容与行动哲学相关联。这些充分表明，命题态度内容问题已经成为语言哲学、逻辑哲学、心灵哲学、认知哲学等哲学分支的一个核心交叉研究区域。

值得注意的是，分析传统下的心理内容研究纲领侧重于理性思维内容的研究，坚持自然主义的研究进路，力图确定心理内容的本真地位。为此，我们需要命题构念来①识别未被接受的命题，包括在世界状态中命题的真或假；②根据可能自主体的认知行动的意向性来解释命题的意向性。[②] 当代学者在关注意向性内部结构的基础上，主要围绕如何用自然科学术语、非意向机制来说明意向内容。尽管他们已经形成了诸多描述方案，但其实质仍是在说明自然化的命题（naturalized propositions）。

三、命题作为经验内容的评判者

经验具有“内容”，这是一种哲学行话或哲学术语，不同的学者对它有着不同的观点。在心理内容的现象学研究传统中，经验被认为是一种心理状态，是对象在经验中被呈现的状态。它能在被经验到的东西不出现过程中被经历，也

---

① 宋荣：《心理内容：探索心灵世界的新维度》，《江汉论坛》，2012 年第 4 期，第 46-50 页。

② J. King，*New Thinking about Propositions*，Oxford：Oxford University Press，2014：32.

能将有内容（contentful）的属性呈现给正在感觉的有机体。在这里，我们所说的经验是摩尔意义上的经验状态，其内容是感觉的某个东西，是被给予到该主体的东西。

在摩尔那里，感觉经验（sensory experience）包括意象、梦中的感觉经验、幻觉与错觉、后像、合适的感受（sensations proper）五类[①]。并且摩尔在谈到任何感受或观念中意识与对象的关系时，明确坚持其中的对象就是一个感受或观念的“内容”。因为在每一种意识情况中我们能区分：①存在这样的感觉或经验；②什么东西被感觉或经验到。而这种感受或观念形成一个整体，但在其中必须区分“内容”和“存在”。后来摩尔在讨论“蓝色被认为是‘蓝色的感觉’的内容的一部分”时，指出“这个蓝色对此意识的关系是用以构想确实相同于这个蓝色对眼睛或头发的关系：在所有这些情况中，它是一个东西的质。”[②]这样，摩尔的这种经验内容观在当代心灵哲学共同体中被认为是有关经验内容的“质的”观点的主要源头。在这些较早用法中“内容”指称具体地感觉上的某个东西。近年来的知觉哲学经常谈论有关经验的“内容”，因为知觉经验是经验的一个重要且基础的类型。苏珊娜·西格尔在斯坦福哲学百科上将内容定义为“通过该主体的知觉经验，而表达给她的东西”[③]。这个内容定义能够应用到经验的感觉方面和表征方面，既涵盖了摩尔以来的传统经验内容观，也契合了当代经验内容观。

目前有关经验的意向主义认为：经验（整体地或部分地）是意向状态或事件。由于在当代通常称意向性为心理表征，我们也就能够说：经验是表征状态。根据意向主义，经验的内容是通过这个经验，这个世界如何被表征是其所是。这也遵循西格尔的定义：经验中什么东西被表达或被给予到这个主体。如果我们采用西格尔的内容定义，我们也能够认为：经验内容就是在该经验中被给予到主体的东西。那么，这种内容是什么？也就是说，在经验中，什么被给予到主体？

给予就是在经验中的东西（the given is that in experience）。其最广泛特征是，经验主体理解、把握、觉知或者亲知给予。刘易斯认为，给予由具体的感觉质所

① G. E. Moore，*The Status of Sense-data*，*The Refutation of Idealism*，printed in Philosophical Studies，London：Routledge & Kegan Paul Ltd，1992：168.

② G. E. Moore，*The Status of Sense-data*，*The Refutation of Idealism*，printed in Philosophical Studies，London：Routledge & Kegan Paul Ltd，1992：20-25.

③ S. Siegel，2005，http：//plato. stanford. edu/entries/perception-contents/. p. 1.

构成，其中这种感觉质正是主体直接觉知到的，当主体让自己正在看或听或尝或闻或接触某物，甚或是正在幻想或梦到时。刘易斯论断到，给予是不可言说的，因为我们对它的把握并不包括概念化。[①]然而问题是：什么东西不可言说，这如何能为真？什么东西既不为真也不为假？后来，刘易斯引入了像“仿佛（it seems as if）我正在看一个红色的圆物”一样的一类表达陈述，它们被用来表达或形成我们对给予的理解而无需概念化或解释它。当这样的陈述表达或理解给予时，它们为真；而当这样的陈述并不仅仅正在表达我们所理解的东西时（如在撒谎、或有所行动、或反事实假定当中），它们可能为假，

由此，我们需要分析的是，在经验中被给予的元素必须要么是非命题的某个东西（如一个物质对象、一个感觉材料或感觉特定物、一个感觉着或其他感觉事件、一个共相），要么是命题的某个东西（如第一原理、一个知觉命题，一个显现的陈述、或者一个描述共相中真关系的命题）。①假定它是非命题的。是非命题的无论什么东西都不能用作一个论证中的一个前提或理由，因为仅仅具有命题形式的、可真值赋值的东西才能拥有或转换其积极的认识地位。因而，没有任何非命题的东西能被给予。②假定给予是命题的。是命题的无论什么东西都能是认识上有效的。 对于一个人来说，只要在他的认识系统中有支持它的其他命题，那么任何这样的命题都能拥有积极的认识地位。然而没有任何命题的东西能在认识上是独立的[②]。目前有关给予本质问题的当代论争仍在继续，但其中很明显的是，命题作为评判者仍发挥着其根本的逻辑功能作用。

同样地，在给予的呈现问题中命题也成为了根本性评判依据。因为上述有关给予本质问题的争论直接引发了另一个核心问题：给予应该如何被呈现出来？以命题方式，还是以非命题方式？标准意向主义把经验内容当作弗雷格含义层次上的某个东西（无论是否它们以弗雷式的方式使命题个体化），这就很自然地认为经验内容是命题的。但是，相当多的学者也指出，经验内容也可以是非命题的。因为意向主义者也有理由来接受弗雷格式观念的存在。更重要的是，弗雷格式观念在现象学意义上被称为经验内容的一种模式：在主体的经验中，在现象学上被给予的或被表征给这些主体的东西。这就将经验内容的非命题呈现方式引回到弗雷格式观念。在《论含义和指称》中，弗雷格用通过望远镜来看月亮在含义、指称

① C. I. Lewis，*Mind and the World Order*：*Outline of a Theory of Knowledge*，New York：Charles Scribners，1956：53.

② W. A. de Vries，T. Trip，*Knowledge*，*Mind and the Given*：*Reading Wilfrid Sellars's "Empiricism and the Philosophy of Mind"*，Indianapolis：Hackett Publishing Company Inc，2000：xxxi.

和他称之为“观念”的东西之间运用一个类比[①]。这个月亮类似于一个语词的指称；望远镜中的意象（image）是含义，并且将观念（idea）与视网膜上的意象相比较。一个观念就是，在某个特定时刻，依赖于一个特定感知者的某个东西，它是不可分享的。这样的一个观念合乎情理地（像视网膜上的一个意象）作为一个表征而得到分析，但它是一个具体且特定的表征，具体到这个人、这个时刻和这个地点。

针对这种弗雷格式观念，当代学者引申出了经验的非概念内容范畴，从而将给予的神秘性争论转换到经验的概念内容和非概念内容的争论上来了。麦克道尔坚持认为，一个直观的内容是概念的，但这不是与现实地被概念化或被思考关于的内容的任何方面，也不是与所作出一个判断的内容相一致的。经验或麦克道尔式的直观“揭示的东西作为它们会被断定处于这样的断言中：即这些论断不再是该直观的一些内容的推论探求”[②]。麦克道尔及其追随者的这种概念内容观在学界仍属极少数。

当代有关经验内容的主流观点坚持经验的非概念内容的存在地位，认为经验内容是劣质的（course-grained），进而也是非命题的。埃文斯的知觉转换观坚持认为，视觉经验的内容完全是非概念的；皮科克采用一种非还原的自然主义，认为有两种不同的非概念内容被运用，即底本（scenarios）和原型命题（protoproposition）；福多的图标表征观认为，能够存在未被概念化的心理表征，并且可能存在非概念的图标式（iconic）知觉表征[③]。蒂姆·克瑞恩明确指出，任何经验状态具有内容就是说它表征这个世界为是一种方式，它具有“正确性条件”。在这个条件下，它正确地表征这个世界。并且内容的这种最小定义并不涉及概念[④]。他还列举了包含非概念内容的三种状态：知觉经验；拟人计算系统的状态；可描述为“携带”信息的状态。笔者认为，在这样的经验中有像“给予”一样的某个东西：它是经验内容的现象学构念，也是经验的非概念内容的呈现，因而这样的经验内容是非命题的。需要指出的是，经验内容的现象学构念具有某种优先性，因为它是在心灵中正在被模式化东西的一部分。

---

① M. Beaney，*The Frege Reader*，Oxford：Blackwell Publishers Ltd，1997：155.

② J. McDowell，*Avoiding the Myth of the Given*，in *Having the World in View*，Cambridge，MA：Harvard University Press，2009：267.

③ B. P. McLaughlin，J. Cohen，*Contemporary Debates in Philosophy of Mind*，MA：Blackwell Publisher Ltd，2007：105-116.

④ T. Crane，*The Contents of Experience*：*Essays on Perception*，Cambridge：Cambridge University Press，1992：140.

综上所述，命题在当代西方心理内容研究中发挥着极其重要的角色作用。在当代命题态度内容研究中，命题成为内容的承担者。而在当代经验内容研究中，命题则成为破解给予神秘性、消除概念内容与非概念内容之争的评判者。这些都为当代西方心灵哲学中心理内容研究的分析哲学传统和现象学传统注入了鲜活的逻辑生命力。

蒂姆·克瑞恩的心理内容观*

心理内容问题最初起源于人们对自身心灵之谜的探索。古人在向外探索自然世界的本原时也向内探究自身心灵世界的本质。自从人类开始思考心灵观念以来，常识就告诉我们：当我们心里在想什么的时候，到底是什么东西被我们所想呢？这个问题引发了我们对心理内容的好奇心。这时候我们总是会直观地认为，好像有类似于实物一样的东西装在心里供我们思考。这种传统理解的实物式内容观一直自觉或不自觉地伴随着每个人，并且延续至今。

一、蒂姆·克瑞恩的意向内容观

我们不能充分理解心灵，除非我们能充分理解意向性。一直以来，意向性研究的自然化方案主导着有关意向性的哲学理论化。但是目前这种方案却面临诸多质疑，因为“有明显的事实无法蕴涵意向性能被还原到因果关系和其他某种东西上”①。正是在这种对传统主流方案质疑过程中，意向性研究的微观结构分析方案被予以拓展。这种微观结构分析方案认为，在意向性研究中包括第一人称视角是必要的，并且意向性结构的详细刻画是意识的哲学研究的一个必不可少的部分。

蒂姆·克瑞恩作为这种微观结构分析方案的主要代表人物之一，在塞尔的意向性结构分析的基础上，进一步明确指出了意向性的一般结构：主体—意向模式—意向内容②。并且他还指出意向对象、意向内容和意向模式是任何意向性描述中的三元素③。蒂姆·克瑞恩坚持心灵的意向主义，认为所有的心理状态是意向的，都展现意向性④。在他看来，心理状态也被称之为意向状态，这样的心理状态所具有的内容也就被称为心理内容或意向内容，或者是在表征维度上的表征内容。

在蒂姆·克瑞恩看来，每一个意向状态都包含一个意向模式。意向模式是主

---

* 原载于《福建论坛》2014年第7期。

① M. Johnston，*Saving God*，Princeton and Oxford：Princeton University Press，2009：136-144.

② Tim Crane，*Elements of Mind*，Oxford：Oxford University Press，2001：31.

③ Tim Crane，*The Objects of Thought*，Oxford：Oxford University Press，2013，section1. 1.

④ Tim Crane，*Intentionalism*，in *The Oxford Handbook to the Philosophy of Mind*，Brian McLaughlin，etc.（eds.），Oxford：Oxford University Press，2009：474-493.

体处于对他的意向状态内容中的关系，是如信念、期望一样的命题态度。“这是我意指这种心理学类型，通过之心灵经由一个内容被指向其对象上：不管它是通过信念、记忆、希望、害怕等。所有这些东西我称之为意向模式。”[①]而意向内容就是意向状态所具有的内容，它表征关于或被指向其上的东西（things）的方式。这种关于或被指向其上的东西就是意向对象，是心灵所表征的东西。意向对象是在我们思考关于的世界中的那些东西；或者是那些我们采用、或自称、或表征在这个世界中的那些东西；或者是我们在思维中纯粹表征的那些东西。如果有这样一个东西作为思考关于的“东西”，那么就有意向对象。

蒂姆·克瑞恩认为，意向内容是心灵中对象如何被表征的方式，是表征维度上的表征内容。他定义一个表征内容为：一个表征对象被表征的方式。他赞同迈克·泰伊的观点，思维以一种优质的方式个体化。迈克·泰伊（Michael Tye）已经说过，“一个思想的内容，正如我将理解它一样，是什么东西被思考，并且直观地被思考的这个东西以一种优质的方式个体化”[②]。用一个简单短语——像什么东西被思考（what is thought）——来探究所有意向状态的内容。这样，蒂姆·克瑞恩遵循泰伊用一种非常简洁而直观的方式表达：对象就是所思考关于的东西（what is thought about），内容是所思考的东西（what is thought）。

在此基础上，蒂姆·克瑞恩进一步指出，在这种表征维度上的意向内容有不同种类。[③]他认为，特定对象的表征、属性的表征以及事态的表征都能具有内容。例如，弗雷格式的含义是一种内容：在含义方面，“暮星”和“晨星”之间的不同是这个对象被表征的方式上的一个不同，因而是内容方面的一个不同。并且在特定东西被表征的方式上的这些不同，也将对它们在语句中被表达的方式产生一个不同；如“暮星在夜间发光”和“晨星在夜间发光”这些语句以不同方式表达相同对象，而在内容上却有所不同。

“某物被表征”的一个方式观念也能运用到某个属性的谓词或一个对象的关系上。“暮星在早晨发光”和“暮星在夜间发光”在内容上有所不同，因为它们表征暮星的不同方式：作为在早晨发光和作为在夜间发光。在蒂姆·克瑞恩看来，关于相同对象的不同命题算作不同的内容，因为它们包括以不同方式表征那个对象。以这种方式，所谓的罗素式命题（纯粹由属性 / 关系和对象所个体化）也是内容，

---

① Tim Crane，*The Objects of Thought*，Oxford：Oxford University Press，2013：4.

② Michael Tye，*Intentionalism and the Argument from No Common Content*，*Philosophical Perspectives*，2007，(21)：589-613.

③ Tim Crane，*The Objects of Thought*，Oxford：Oxford University Press，2013：101-102.

因为不同的罗素式命题或者包括不同对象或者包括不同属性，因而它们必须或者以不同方式表征相同对象，或者以相同方式表征不同对象。

在事态的表征方面，一个心理表征总是以一个特定方式来表征某个东西，或者通过表征某个东西是如此（它能是精确的或不精确的）、或者通过在某个方面下来表征某个东西。当我看到我妈妈在厨房时，我可能视觉化她面向我的一边而不是另一边。因此，我不需要视觉上想象她在厨房里。同样地，想象一匹马嘶叫，我不需要想象能为真或假的某个东西；我需要的仅仅是想象一匹马所产生的那个声音。

二、蒂姆·克瑞恩的经验内容观

经验具有“内容”，这是一个哲学行话或者是一个哲学术语，并且对于不同的学者它已经典型地意指许多不同的东西。蒂姆·克瑞恩指出，近年来的知觉哲学经常谈论有关经验的“内容”或者经验的表征内容或意向内容。他赞同苏珊娜·西格尔（Susanna Siegel）在斯坦福哲学百科上的《知觉的内容》中的内容定义。西格尔定义内容为“通过该主体的知觉经验，被表达给她的东西”[①]，并且这个内容定义能够应用到经验的感觉方面和表征方面。当然，在一些观点上，被表达给该主体的东西就是感觉的某物（“感受质”或摩尔称之为“内容”的东西）。在另一些观点上，它是表征的某物（即一个意向内容）。在蒂姆·克瑞恩看来，“什么东西被表达”听起来相当接近于“什么东西被给予”。蒂姆·克瑞恩进一步追问，如果我们采用西格尔的内容定义，我们也能够认为：一个经验的内容就是在这个经验中被给予到主体的东西。如果内容是被给予或被表达给主体的东西，那么实质问题就是：这种内容是什么？也就是说，在一个经验中什么被给予或表达给主体？

蒂姆·克瑞恩坚持心灵的意向主义，在经验内容方面，他称之为“标准的”意向主义观是指：经验的内容是命题的。一个命题是能够为真或为假的某个东西。具有命题内容的一个意向状态就是一个命题态度；根据有关经验的意向主义，一个经验的内容就是通过这个经验，这个世界如何被表征是其所是。因而知觉经验是一个命题态度。正如亚历克斯·拜恩（Alex Byrne）所说：“所有各方都同意的是，感知（perceiving）非常像一个传统的命题态度，如同相信或想要……当一个

① Susanna Siegel，2005，http：//plato. stanford. edu/entries/perception-contents/.

人具有一个知觉经验时，他对某个命题 p 产生这种知觉关系。”[①] 蒂姆·克瑞恩指出：当拜恩认为感知者处于对一个命题的一种“知觉关系”中时，他明显并不意指我们感知命题。这就会使得一个经验的表征内容和在我们经验的世界中它是什么，这两者之间产生混淆。

在分析了经验内容的标准意向主义之后，蒂姆·克瑞恩进一步追问命题的本质是什么。他分别分析了罗素式的命题观和弗雷格式的命题观。那么，是什么来决定命题内容的这些不同构念呢？蒂姆·克瑞恩认为，表面上看，罗素式的构念会把相同对象的任何知觉经验算作具有相同属性，如同跟具有相同内容一样（相同的东西是“由该经验表达给该主体的”）。相比较而言，弗雷格式的构念会把经验当作具有不同的内容（当它们以不同的方式呈现它们的对象时）。蒂姆·克瑞恩通过分析当代知觉析取主义中的几种观点之后得出：我们不得不区分一个经验的命题内容和现象学上被给予到主体的东西。蒂姆·克瑞恩指出，弗雷格意义上的观念是他在现象学意义上想要称之为经验内容的一个模式：在主体的经验中，在现象学上被给予的或被表征给这些主体的东西。

蒂姆·克瑞恩认为，经验具有非概念内容。麦克道尔（McDowell）坚持认为，一个直观的内容是概念的，但这不是于现实地被概念化或被思考关于的内容的任何一个方面，也不是与被作出一个判断的内容相一致的。但是蒂姆·克瑞恩认为，不是每一个在一个经验中被呈现的东西都是被概念化的，并且这个经验具有非概念内容。判断（或麦克道尔的“推论行为”）是经验内容的概念化。经验或麦克道尔式的直观“揭示的东西作为它们会被断定处于这样的论断中：即这些论断不再是该直观的一些内容的一个推论探求。”[②]

蒂姆·克瑞恩在定义非概念内容和内容拥有时，表达了自己的观点，并且对在概念拥有的地方，具有推理上相关的内容的意向状态和那些它不发挥重要作用的地方作出了区分。他陈述到：“X 处于具有非概念内容的一个状态，当且仅当为了处于该状态 X 并不拥有描述它的内容的那些概念。由于拥有一个概念就是处于其内容是适当地推理相关的意向状态之中，那么一个具有非概念内容的状态不是其内容并不如此相关的状态。因此，为了处于这样一个状态，一个人不必处于其

---

① Alex Byrne, *Perception and Conceptual Content*, in E. Sosa and M. Steup (eds), *Contemporary Debates in Epistemology*, Oxford: Blackwell, 2005: 231-250.

② John McDowell, *Avoiding the Myth of the Given*, *in Having the World in View*, Cambridge, MA: Harvard University Press, 2009: 267.

他给予信念内容它们概念构造的那种推理上的相关状态之中。”[①]蒂姆·克瑞恩还列举了哲学家们已经认为包含非概念内容的状态的三个例子。这些例子是：①知觉经验，如感知正在下雨、或那只猫在地毯上；②所谓的“亚人”计算系统（如视觉系统）的状态；③我们可以描述为“携带”信息的状态（例如，如果一棵树有70个年轮，那么它就有70岁树龄）。[②]

蒂姆·克瑞恩坚持西格尔的内容定义，并且断言：在经验中有像“给予”一样的某个东西：它是内容的现象学构念（什么东西被表达给主体）。他认为，一个知觉经验的命题内容是值得使用“内容”名称的某个东西，但它必须与现象学意义上的内容相区分开来。现象学意义上的内容是具有时空的、特定的、且对主体是具体的某个东西。命题意义上的内容则不是。因此，经验内容的现象学构念具有某种优先性，因为它是什么东西正在被模式化的一部分。

三、蒂姆·克瑞恩的内容内在主义立场

关于内容的外在主义已经被讨论了40多年了，并且几乎已经成为了心灵哲学中的一个正统。在这个领域中，许多观点已经被称为“外在主义的”，但是这些论证的原型是普特南在《“意义”的意义》中的论证。当前内容外在主义论题以各种方式被明确表达：①一个主体的思想内容依赖于外在于该主体的事实，或是由外在于该主体的事实所个体化的；②一个主体的思想内容不随附于她的内在状态；③一个主体拥有某些思想预设或蕴涵了外在于该主体的东西的实存或特定本质；④一个主体的思想内容不是由她的本质固有属性所决定的；⑤一些内容属性是关系的。尽管可能还有其他有关外在主义的视角，但是所有视角在一个关键点上是一致的：即在外在东西和内在东西（或一些相关概念）之间划有一个边界。内容的外在主义者坚持宽内容观，而内容的内在主义者坚持窄内容观。窄心理内容是不依赖于一个主体的环境的一种心理内容。而宽内容依赖于该主体的环境特征，就像依赖于该主体的特征一样。

正是在这样的内容宽窄之争过程当中，蒂姆·克瑞恩表明了他的内容内在主义立场。他在谈论从言命题和从物命题这两种命题态度类型之后，指出：存在思

---

① Tim Crane，*The Contents of Experience*：*Essays on Perception*，Cambridge：Cambridge University Press，1992：149.

② Tim Crane，*The Contents of Experience*：*Essays on Perception*，Cambridge：Cambridge University Press，1992：145.

想和态度的从言刻画，这并不蕴涵存在从言意向状态和行动，这样的从言意向状态和行动必然包括对真实实存对象的关注。这样的思考将引起这样的争论：有关意向状态（和行为）是宽的还是窄的。“这种争论是有关心理内容的内在主义者和外在主义者之间发生的。我自己对此争论的同情是具有内在主义的。”[①]

他指出，内在主义者能认为：窄内容是根据它们所关于的对象而被个体化的；但是它们将不得不否认：这个“个体化”是一个关系。这是因为他们坚持认为：一个人的某一个思想能是相同的，即使它们的对象并不存在。这也就是说，内在主义是这样一个论题，它是关于思想和意向现象穿过（across）可能世界或反事实情形的同一性条件的论题。这个论题认为：有关 x 的一个思想会是心灵的相同状态或行为，即使 x 并未存在。通常，一个内在主义者将坚持认为：一个人所思考关于的许多或大部分对象现实地实存。当然：内在主义者并不承诺认为在我们观念之外不存在任何世界！他们所说的东西是：在可能世界中，一个思想会保持相同的，其中它的对象并不存在。“因此，对于外在主义者来说，认为仅仅他们有权说思想是由它们所关于的东西所个体化的，这是一个错误。内在主义者仅仅需要弄清这样的观念：‘个体化’能以一种本质上非关系方式被使用”[②]。

为此，内在主义者要我们反映思考关于非存在东西。外在主义者可能回答：思考有关非存在的东西必然是一个例外：通常情形必须是思考关于现实存在的实体。这确实是正确的；但是，内在主义者能诉诸这样的观念：思想内容的“真实结构”不可能是它最初似乎所是的东西。做这的一个传统方式已经诉诸罗素的摹状词理论，根据之，包含限定摹状词的语句的逻辑形式就是一个被量化语句的逻辑形式：一个语句“F 是 G”被理解为具有形式“确实有是 G 的一个 F”。由于该语句的意义是它所表达的命题，我们能外推到思想的命题内容，并且认为当某人（说）相信一个命题（通过说“F 是 G”所表达的），被相信的这个命题真正是对确实存在是 G 的一个 F 的这样的结果的一个被量化的命题。

在这个思想情况中，我们并未区分它的表面形式和它的真实形式，正如我们语言所表达的；而且，我们区分一个思想表达的表面形式和作为该思想内容的那个命题。当然，可以是：被用作该思想“经过你心里”（run through your mind）的表达式的那些语词。因此，你可能有意识地对你自己说：“冰箱里的菠萝到现在必定烂了”，并且根据罗素的理论，你的思想的命题内容就是：确实冰箱里有一个菠

---

① Tim Crane，*Elements of Mind*，Oxford：Oxford University Press，2001：117.

② Tim Crane，*Elements of Mind*，Oxford：Oxford University Press，2001：118.

萝并且它到现在必定烂了。然而，并不是本质上将罗素的理论应用到这种区分能被作出的心灵状态；因为，这种运用被假定也来运用到信念，并且相信 that p 并不必要的是：任何语句（或任何其他东西）经过你心里。这个关键点是关于这个信念的真之条件的（在这个信念为真或为假的什么环境下）。对于内在主义者来说，对罗素理论的诉求就是它使得能更好理解许多种类的思想或有关非存在东西的信念。内在主义者假定，“x 是关于 y”这并不表达一种关系。接着，蒂姆·克瑞恩在阐述了外在主义的相关论证之后，指出内在主义者否认了外在主义论证的一些前提。[①]并且他强调内容内在主义观点的核心主张：心理的类似性最终导致或存在于事物如何从主体观点来看的那种类似性。

四、结　　论

当代心理内容问题有两个主要来源。一个来源是语言哲学中的意义问题研究。19 世纪末 20 世纪初，语言哲学的研究重心转移到语义学领域，从起初对语词含义的研究拓展到语句意义的研究。当我们理解语句时，一旦在我们心里把握到该语句所表达的意义，我们就把握了该语句的内容。为了寻求对语句意义的更深刻理解，逻辑学家们明确指出：语句所表达的意义即内容，并以命题的形式呈现出来。这就使得意义问题逐渐拓展到逻辑学中的命题研究。随着罗素等人在对心灵的分析中将对信念、期望等心理状态的常识理解引入逻辑领域，意义问题成为语言哲学、逻辑哲学和心灵哲学共同关注的焦点。

第二个来源是认知科学背景下的心理表征问题研究。20 世纪 70 年代中后期，认知科学研究愈发关注人类的认知活动，并通过计算机隐喻来理解人类心理表征所进行的心理操作。有关心理表征的一个核心问题是：在一个认知系统中，是什么使得某个心理状态成为一个表征？这就引发了在认知科学框架下对心理内容问题的研究。认知科学试图通过诉诸表征的信息加工来深入探索心灵的内部世界，用认知科学术语来解释我们的语言表达；而为了理解语言如何表征，我们必须弄清语词如何从其使用者的心理状态中获得其表征力。于是，表征内容研究成为了当代心理内容研究的一个重要组成部分。

在这样的背景下，蒂姆·克瑞恩的意向内容观很明显体现出他深受现当代分析哲学传统以及认知科学发展的影响。而他的经验内容观则更直接地反映了他在

---

① Tim Crane，*Elements of Mind*，Oxford：Oxford University Press，2001：122-123.

心理内容问题上的态度转向，即重视从现象学视角来破除给予的神秘性，并坚持非概念内容的存在地位。综上所述，他的心理内容观明显继承了分析哲学传统和现象学传统，在当代世界范围内颇具特色。在他的一系列具有广泛影响的论文和著作中都体现出他对心灵意向主义的坚持，以及他在当代内容的外在主义和内在主义之争当中的鲜明立场，同时也表明了他在当代心灵哲学的意向性研究领域中的独特地位。

当代西方心灵哲学中的非概念内容范畴分析*

"内容"、"认识内容"、"心理内容"、"思维内容"等概念，对于中国哲学界来说并不陌生，但是学者们往往在作了"认识在形式上是主观的、在内容上是客观的"以后，就没有进一步深层次地挖掘。在当代西方哲学尤其是在心灵哲学中对于内容的研究成果可谓蔚为壮观，其中非概念内容的研究也成为了一道亮丽而清新的风景。

一、非概念内容的历史渊源

回顾传统哲学渊源中对概念的东西（the conceptual）和非概念的东西（the nonconceptual ）之间的比较和描述，这仍然对我们是有益的。这不仅使我们意识到过去与现在学者观点的类似，而且显示出它们的关注点是如此的一致。

在东西方的神秘著作中，我们发现许多学者都强调非概念经验的直接性。中国先贤就曾教导说，整体智慧涉及参与每一瞬间的一种直接：观察者和被观察的东西根据纯粹意识被分开（dissolved），并且没有任何心理概念或态度出现来使之变模糊（dim that light）。哲学家奥卡姆（Ockham）强调概念的主体性，同时把它们当作对实在的替身并且解释"我们不能在它们自身中知道上帝的统一，但是我们直接知道的是概念。这些概念真正地不是上帝而是我们在命题中使用的代表上帝的这些概念。"①

在宗教哲学中非概念内容被认为是不确定性的经验或信仰。某些神学家和神秘家已经比较了推论思想和推理，并且认为我们能够通过宗教信仰来直接理解上帝。正如 Bonaventure 坚持认为的，易于出现误导的是："一个哲学家必然地陷于某种错误，除非他受到宗教信仰（faith）之光的帮助。"②佛教徒们除了强调神秘经验的不确定性和避讳的特征之外，还把从世间受罪到涅槃天堂的道路当作从概念思想的不可靠中的一种解放。

在美学中，美学经验以许多相同方式已经被认同为是非概念内容。例如，

---

① William of Ockham，*Scriptum in Librum Primum Sententiarum*：*Ordinatio*，*in Opera Theologica I-IV*，St. Bonaventure，NY：St. Bonaventure University Press，1967-77. 3，2，F.

② Bonaventure，*Sentences*，18，2，1，ad6-280 .

Schopenhauer 认为当音乐是“一种完全普通语言（这种语言的不同超越了知觉世界本身的不同）时，”音乐的讯息（message）就是确实可靠的，“……它不能是一种根据概念具有有意识意图所引起的模仿，否则这种音乐不表达意志本身的内在本质。”[①]. 与此可比较的描述在 19 世纪和 20 世纪文艺批评和美学中相当丰富。E.T.A.Haffmann 在他的评论中说，音乐对人们开启了一个未知的王国，在其中它留下了所有由概念所可以确定的情感后面的东西，目的是为了奉献它自身给这种无以言表的东西。Dewey 对艺术的内容和推论语言之间提出了一个更一般的区分，解释到：“如果所有意义能够被语词充分地表达，绘画和音乐的艺术就不会存在。”[②]并且康德认同美学观念不是由概念所包含的，他解释到“它们”不能称为认知“因为它是一种（想象的）直观，对这种直观的一个充分概念从未被找到过。”

在认识论中，我们发现从洛克到蒯因，学者们都尝试将知识依赖于比概念更根本的某物，例如，“原感觉”（raw sensations）、“盲目直观”（blind intuition）、“简单印象”（simple impressions）、“感觉 - 数据”（sense-data）、“经验判决”（tribunal）、“所与”（the given）。我们对它们的经验被断言是“直接的”和“确实可靠的”，并且在推理知识和抽象知识之间被给予严格区分。正如贝克莱所说：“这些感觉不构想任何它们不直接构想的东西：因为它们不产生任何推论。”[③]维特根斯坦在对感觉和非感觉区分中，尤其当它出现在宗教、美学、伦理学讨论中时，他描述非感觉（nonsense，Unsinn）以许多方式回忆非概念的东西：它是不确定的、无辩护余地的，因为它缺少一般的真之条件并且它的不可言说性是被总结在 *Tractatus* 的最后一行：不可言说之处，在其中一个人必须是沉默的。

当代心灵哲学家和心理学哲学家提供类似的非概念东西的特征。例如考察知觉经验。许多非概念性的支持者被它的内容、它的细节的丰富性、优质性（fineness of grain）的具体性所吸引。例如，通过视觉我们能区分颜色的阴影和对象的形状。或者当我们听到来自某个方向的一个声音时，我们习惯于转头寻找声音的来源而无须思考或演示之、推理或演绎所转向的方位。我们对空间的经验被相信不仅是直接的而且是不确定的并且甚至是不可表达的。可以比较的论断被产生有关亚人状态，这种亚人状态被假定具有非主观地被个体化的内容。总之，独

---

① A. Schopenhauer，*The World as Will and Representation*，translated by E. J. Payne. New York：Dover Publications，1969：52.

② J. Dewey，*"Foreword，"* in Barnes，A. and de Mazia，V. The Art of Renoir，New York：Minton，Balch and Co，1935：74.

③ George Berkeley，*Three Dialogues between Hylas and Philonous*（many editions），1713：587.

立于一个个体的认知资源。并且存在疼痛的案例，一个经验者对疼痛的判断被公认为是确实可靠的，正如索引的思想和指示的思想的直接指称特征一样，并且情感内容的失败体现了完全的逻辑复杂性。

尽管这些处于非常牢固的地位，但是使学者们转向把思想和经验的内容当作非概念的那种直观经常是模糊的。这主要有两个因素：第一，各种特征（属性）是松散地相关于概念内容拥有的。没有一种清晰地理解：它如何是确定的或者它如何表示一个个体是可能犯错的，没有清晰地理解在其中它是主观的这样的感觉，没有清晰理解它与推理或语言可表达性和交流的关联，从而来论断：对任何人寻找相关问题的清晰性来说，某些思想和经验具有非概念内容听起来将是很随意的。第二，"非概念的"是一个否定词项，被定义对立于"概念的"。即使我们与概念内容相关的特征被清晰地确定（identify）了，在"非"（non）应该如何被表示上仍然存在模棱两可性。[①]

二、非概念内容的"非"之理解

"非概念性"是一个否定词项，一个用来定义对立于"概念性"的词项。概念内容（conceptual content）是指内容是概念的，也就是说，概念是内容的基本构成成分。正如吉勒特所说，思想内容的构成元素是概念，而"概念一定与公共世界有关，规范的和意向的特征一起决定了概念为思想所奉献的内容"。[②]值得注意的是，这里的概念内容并不是指概念本身的内容，这是两个层次的问题，因为概念本身的内容是指一个概念其自身所表达的意义是什么，它具体的内涵是什么，而概念内容是针对内容的呈现方式而言的，概念是这种内容类型的基本构成单元。正如皮科克所说："概念是可以被判断其真假的整个内容的构成成分。有关一个概念的事实随附于有关此概念出现于其中的内容的事实；因此，概念拥有的一般理论必定是内容的一般理论。"[③]概念内容具有理性一致性、逻辑复杂性、决定性、可表达性、可交流性和可行性等特征。正是这样，由于对概念内容的思考，使得诸多学者在探讨命题内容时很自然地认为，如果内容是概念的，那么必然地这样的概念内容就是命题内容的重要特征体现之一，即体现出命题是如何被构造的。

---

① York H. Gunther, *Essays on Nonconceptual Content*, Cambridge, MA: The MIT Press, 2003: 4

② G. Gillell, *Meaning and Thought*, Oxford: Clarendon Press, 1992: 141.

③ Christopher Peacocke, *In thoughts: an Essay on Content*, New York: Basil Blackwell Publisher Ltd, 1986: 1-3.

非概念内容是对立于概念内容的，这其中的关键在于对“非”的表示方式的理解。存在表示“非”的不同方式。一个非概念主义者能具有任何如下至少三种表示之一：一个状态的内容可能是非概念的，①如果它不能被概念地表征；②如果一个个体不能把握在它（概念）的清晰度中所涉及的概念；③如果一个个体不练习或不能练习在它（概念）清晰度中所涉及的概念。

依赖于“非”如何被表示，非概念性的不同观念出现了。在第一种“非”的表示上，说一个内容是非概念的就是说一个个体不能够知道它的语义值。这是一个有力的论断，这个论断显示：没有任何个体能够知道具有非概念内容的一个状态是关于什么的。这个论断通过考虑一个特定的指称决定性的解释能够被突显出来。例如，在形而上学解释上，一个内容是非概念的如果一个个体不能够知道它的指称物的本质，一种形而上学实在论的一种观点回忆（position reminiscent）。

在第二种表示上，一个内容是非概念的如果一个个体不把握它的语义值。这是表示“非”的更普遍的方式；它强调文选中许多问题的讨论。第一、二种表示以如下方式可以区分。假设某一瞬间一个人不知道有关幕星（Hesperus）的一个思想的语义值。在第二种表示上，这就会构成具有一个非概念内容的一个意向状态。更具体地说，如果知道语义值涉及知道幕星的本质（如在形而上学解释中一样），那么一个个体对这种事实的忽视可能导致一个人得出结论：这个个体具有有关幕星的一个非概念内容。

相比较之下，在第一种表示上，为了对于相同内容来被考虑是非概念的，我们会不得不假设一个个体不能够——事实上原则上没有任何能够——拥有幕星本质的知识，这种观点似乎是看似不合理的。如此这样，在第一种表示上坚持认为一个内容是非概念的就是比在第二种表示上坚持认为它是非概念的更强有力的一个论断。

但是，最灵活的且可能是最弱的表示是第三种。这里它并不预设这个个体不能拥有或不拥有被要求来表达该内容语义值的概念。一个个体可以拥有一个非概念内容即使她拥有此需要的概念。使得此内容是非概念的东西就是该个体不练习或不能练习它们在此内容上。因而一个人可以知道幕星的本质是什么而无须以某些事例练习这种知识在其内容上。什么可能说明练习概念的一种失败？一些亚人论者相信概念不是由个体练习在它们的计算状态内容之上的。并且其他人由于受经验论所启发而坚持认为，概念是被练习在认知状态而不是知觉状态的内容之上的[①]。(在许多争议中，有学者经常使用“概念状态”和“非概念表征”，实际上它们分别是“具有概念内容的意向状态”和“具有非概念内容的表征”的缩写用法。)

三、当代非概念内容范畴的主要代表观点

物理科学已经提供了可考虑的证据：即外部物理世界是受制于自然规律的。但问题是，我们的思维如何能联系一个外部世界并且我们如何能知道是否我们思想的对象属于一个独立的、不同于我们思维的实在？我们经验的大量内容由各种颜色、声音、闻到的气味、运动和其他诸如此类之物所构成。我能从我的窗户往外看并且看到各种各样的树叶飘落到地面。我能在大街上散步并且观望水果摊上琳琅满目的水果和讨价还价时神态各异的人们。我能听到他们与摊主的对话，我甚至能闻到某位女士身上散发的香水味道等。描述经验内容涉及运用概念如树、树叶、水果、人、衣服、香水等。然而，概念能更充分地把握现实地被经验到的东西的细节吗？

非概念内容的主题讨论一般主张非概念内容是：①认识论的，为了显示我们经验包含经验思维的证明。②现象学的，为了说明知觉经验的良好的现象学特征。③解释性心理学的，为了说明信息加工认知系统的状态（如视觉系统），这个视觉系统由一些心理学理论所假定，根据亚人表征内容它解释经验。[②]当然，非概念内容一般地被假定为了说明经验的基础。

一方面，有些学者（如 McDowell、Sedivy 等人）明确否认非概念要素的存在。McDowell 反传统的观点认为经验内容是概念的。他完全取消非概念内容，他认为知觉经验的内容是概念的，并且这种概念内容是未被约束的。在《心灵与世界》中，McDowell 努力重建一种康德式的知觉模式，这种模式强调在经验中概念的消极操作。他证明和批判了三种有关陈述在 Evans 的《指称种类》中知觉内容和非概念性的论证。第一种论证中 McDowell 否认：经验呈现给我们细节（如颜色的阴影、对象的形状、声音的音色），对这些细节，个体们经常缺少所需要的描述来源。他认为，一个成人通过指示词如“这”、“那”能把握（决定）任何知觉经验的内容。第二种论证是基于信念独立性。McDowell 认为知觉内容被认为不同于信念或判断的内容。McDowell 否认应该根据非概念内容和概念内容来理解感受

① York H. Gunther, *Essays on Nonconceptual Content*, Cambridge, MA: The MIT Press, 2003: 14-15.

② Sandra M. Dingli, *On Thinking and the World: John McDowell's Mind and World*, Burlington: Ashgate Publishing Company, 2005: 70.

性 / 自发性区别。第三个论证是基于事实：人类和动物具有一种构想能力并且知觉具有内容。许多人假定动物不具有内容并且它们非概念地构想世界。因此，一个人可以通过分解出什么对我们是独一无二的，来试着把动物与我们分享的对象区分开来，因为我们拥有概念能力。但是 McDowell 鼓励我们抵制这种诱惑，他坚持认为知觉内容是概念的并且知觉能确认 / 证明信念。无论是否一个人同意 McDowell 的观点与否，他的反对意见和经验的康德式模式对我们认为知觉经验是非概念的观念提出了一个值得注意的挑战。而 Sedivy 则认为，在亚人层次而不是人的经验层次上，非概念内容应该仅仅为理论目的而被假定。他认为，一个概念的拥有能通过运用倾向、标准条件和事物与其所是的方式之间的关系来被解释。并且认为人们的知觉经验的描述被限制到概念范围，"在给定这样一个描述中我们不踏出概念范围之外并且我并不利用我作为一个思考者并不拥有的东西，因为我作为一个思考者我所拥有的东西肯定地是在概念的范围之中。"①

另一方面，在当代心灵哲学研究领域仍有许多学者认为不可忽视非概念内容。由 Evans、皮科克、福多等人认为经验的内容本身由两个要素构成，概念的东西和非概念的东西。

Evans 的知觉转换观。Evans 坚持认为，视觉经验的内容完全是非概念的：在视知觉内容中概念从未出现。根据 Evans，在知觉情境中，概念内容首先在基于经验的判断中开始起作用。当一个人形成基于经验的一个判断是，一个人就从非经验内容转到了概念内容。Evans 说："一个主体通过知觉所获得的信息状态是非概念的，或者是基于这样状态被非概念化的判断，这些信息状态必然地涉及概念化：在从一个知觉经验到有关世界的一个判断的转换中（moving），一个人将会练习基础的概念技能（通常是以某种口头形式的可表达的）……概念化或判断的过程使这个主体从他的处于一种信息状态（具有某种非概念内容）转到了他处于另一种认知状态（具有一种不同的概念内容）。"② 这些非概念的信息状态是在 Evans 称为"信息系统"的系统中知觉所发挥作用的结果。这种信息系统就是我们练习的能力系统当我们通过使用我们的感觉（知觉）有关世界的信息，接收从交流中他人那里得到的信息、以及通过时间（记忆）保持信息。Evans 在引入非概念知觉内容观念到当代哲学中发挥极其关键的作用。在他的最具影响力的非概念内容的讨论中，他论证到"在主体和对象之间"存在一种信息关联。在 Evans 讨论的基础上，

---

① Sonia Sedivy，*Must Conceptually informed perceptual experience involve nonconceptual content?* in *Canadian Journal of Philosophy*，Vol. 26，No. 3，1996：428.

② Evans，*The Varieties of Reference*，Oxford：Oxford University Press，1982：227.

Merleau-Ponty 还对此展开了现象学的论述。[①]

皮科克的底本和原构造观。在《设想、概念和知觉》中，皮科克采用一种非还原的自然主义，一种容忍（诉诸语义或意向状态的自然主义，他使用非概念内容来个体化概念。结果，两种不同的非概念内容被运用，即底本（scenarios）和原构造（protoproposition）。底本是一种“空间”类型，即由与一个构想者（如左/右，前/后，上/下）相关的一个起源和轴心（axes）所确定，正如同在此起源使此空间的一组维度变大一样，它是构想者形成概念之前所构造的东西。原构造由可知觉的个体和属性或关系所确定并且类似于信息内容。皮科克指出，当底本和原构造主要地用来个体化概念时，它们也都能被用来解释经验的各个方面，包括它的优质性、它的无单元（unit-free）和类比特征，以及认知地图的构造。底本和原构造是非概念的，因为像信息内容一样，它们是独立于一个个体相信或知道的任何东西而被确定的。皮科克坚持认为，视觉经验的内容仅仅部分地是非概念的。根据他的观点，在视知觉内容中总是存在非概念元素呈现出来，但是概念元素也可以出现。

福多的图标表征观。福多认为不仅存在概念化的心理表征，而且也能够存在未被概念化的心理表征。他说：“我认为可能存在非概念的知觉表征。论证如下：一方面，经验上看似合理的是，某种知觉表征是图标的（iconic）并且另一方面，正是在图标表征的本质中它才是非概念的。“图标”表征：我的意思理解：首先，我的用法是特殊的。在语义学文献中，“图标的”经常与这样一些观念是一致的，例如，“图示的”（pictorial）和“线条连续的”（数学上：continuous）。但是不清楚它们的来源或关联。”福多将表征分为图标表征和推论表征。他认为，一表征是图标的就蕴涵它不是推论的，一表征是推论的就蕴涵它不是图标的。他还认为，根据复合性原理 PP（图画原理（PP）：如果 P 是 X 的一幅画，那么 P 的部分就是 X 的部分的图画），图标表征是典型地语义上可评价的；图标表征不具有逻辑形式；图标不能表达否定命题和肯定命题之间的区别，同样它们不能表达被量化的命题或假设命题、或模态命题、谓词等；因而图标表征本身是非概念的，并不具体化，它们不表征个体为个体。在此基础上，福多用知觉心理学实验数据论证图标表征的内容。[②]

---

① J. C. Berendzen，*Coping With Nonconceptualism? on Merleau-Ponty and McDowell*，*Philosophy Today*；Summer；Academic Research Library，2009：16-17.

② Brian P. McLaughlin，Johnathan Cohen，*Contemporary Debates in Philosophy of Mind*，Malden，MA：Blackwell Pub，2007：105-116.

Heck 的两种形式观。Heck 认为，知觉是一种命题态度，它与信念在许多方面有所不同。Heck 假设福多是对的，即存在图标表征和推论表征。但问题是：有意识的知觉状态具有什么种类的内容。Heck 区别观点：知觉内容是非概念的 两种形式，即“状态观”（the state view）和“内容观”（the content view）。状态观是有关被要求的条件的一种观点，如果某人将处于一种具有一给定内容的知觉状态中：即一个主体的知觉经验的内容并不由她所拥有的概念所限制；例如，可能的是，一个主体处于一种表征过一个表面为一个特定阴影的状态，即使她没有过那种阴影的任何概念。内容观则较强些：即知觉状态和认知状态具有不同种类的内容。在知觉状态的内容应该被当作什么这样的问题上，状态观是完全中立的。与状态观一致的是：知觉状态应该具有认知状态（如信念）具有的相同种类的内容，并且如此，状态观也与知觉证明的输入模式相一致。而内容观的辩护者必须解释，如果知觉状态不具有信念所具有的相同种类的内容，知觉如何能提供给我们信念理由。在论述概念构造的基础时，Heck 认为：第一，认知地图具有非概念内容。我们每一个人都拥有有关我们周围环境的一种心理地图。现在，认知地图明显地是表征的，并且词项“地图”用来这里是因为我们讨论的表征被当作非常像较熟悉的各种地图。那就是说，我们拥有和应用一种有关我们环境地形学上特征的信息存储模式，这种模式不同于有关对象的相对位置的个体信念的存储模式；在任何意义上，它不是语句的（sentential）。而且，一个人的认知地图是一个对环境的同一的机体表征，它不能以任何确定方式分解为部分（是个整体）。认知地图，用福多的话说，就是图标。因此认知地图不具有概念内容，它们的内容不是被构造的，而是非概念的。（而信念内容是构造的）。第二，视知觉具有非概念内容视觉经验缺少那种具有被构造命题特征的清晰度。视觉经验的内容也看似合理地类似于空间分布（spatial distribution），尽管在视觉经验中被表征的属性不同于那些认知地图所表征的属性。因此，视知觉的内容也是非概念的。[①]

Adrian Cussins 的非概念属性构成观。深受 Evans 的影响，Adrian Cussins 提出了对概念内容和非概念内容的一种不同区分。Adrian Cussins 指出，概念内容呈现世界给一个主体（如被分割成对象、属性和情况（situation，即真之条件的成分）。例如，我的复杂概念内容（思维）：这座老城墙今天在薄雾中被笼罩呈现世界给我作为使得老城墙所是的事件状态。为了理解这个内容我不得不把世界认作

---

① Brian P. McLaughlin，Johnathan Cohen，*Contemporary Debates in Philosophy of Mind*，Malden，MA：Blackwell Pub，2007：117-138.

该对象老城墙、被笼罩在薄雾中的属性的构成，并且前者满足于后者。将会存在一个非概念内容的观念如果经验提供一种划分世界的方式，这个方式不是把世界划分成对象、属性或情况（即真之条件的构成成分）的一种方式。自然地说，内容的拥有存在于拥有世界如其所是的一种构念。在此基础上，Adrian Cussins 引入概念属性和非概念属性应用于内容理论：①一个属性是一个概念属性当且仅当仅仅通过概念它被规范地描述且相关于一个理论，其中这些概念使得一个有机体必须拥有为了满足此属性的这些概念。②一个属性是一个非概念属性当且仅当仅仅通过概念它被规范地描述且相关于一个理论，其中这些概念使得一个有机体不需要拥有为了满足此属性的这些概念。概念内容是由概念属性构成的内容，非概念内容是由非概念属性构成的内容。进而根据规范、呈现方式等标准来划分概念内容和非概念内容。[①]

另外，Crane 在给予非概念内容和内容拥有的一个定义时，也表达了自己的观点。并且对在概念拥有的地方，具有推理地相关的内容的意向状态和那些它不发挥重要作用的地方作出了区分。他陈述到："X 处于具有非概念内容的一个状态当且仅当为了处于该状态 X 并不拥有描述它的内容的那些概念。由于拥有一个概念就是处于其内容是适当地推理相关的意向状态之中，那么一个具有非概念内容的状态不是其内容并不如此相关的状态。因此，为了处于这样一个状态，一个人不必处于其他给予信念内容它们概念构造的那种推理地相关状态之中。"[②]并且 Crane 关注哲学家已经认为包含非概念内容的状态的三个例子。这些例子是：①知觉经验，如构想正在下雨、或那只猫在地毯上；②所谓的"亚人"计算系统（如视觉系统）的状态；并且③我们可以描述为"携带"信息的状态，例如，一棵树有 70 个年轮，那么它就有 70 岁树龄。

综上所述，上述学者都接受非概念内容的存在；但是对于理解它是什么，他们有所不同，并且在如何区分非概念内容和概念内容上，他们也有所不同。尽管各家观点略有所不同，但是有一点是一致的：当前心理学家感兴趣的是：非概念表征如何被"翻译"成概念表征，这是一个经验问题，也是另外一个研究课题。

---

① York H. Gunther, *Essays on Nonconceptual Content*, Cambridge, MA: The MIT Press, 2003: 134-159.

② Tim Crane, *The Contents of Experience: Essays on Perception*, Cambridge: Cambridge University Press, 1992: 149, 145.

当代西方心灵哲学视域中心理内容的表征维度*

在当代哲学百花园中，心理内容的专门研究俨然已经成为了一个蔚为壮观的领域。当代心理内容研究是传统意向性研究的继续与拓展。传统观点认为，意向性是心灵通过某种方式对其对象的指向性或关于性，它体现了心灵所特有的把握世界的能力。在当代心灵哲学语境中，心理内容是指主体的心理状态所具有的内容，或者是指心灵关涉其对象的方式。

一、当代心理内容问题研究的认知渊源

心理内容问题最初起源于人们对自身心灵之谜的探索。古人在向外探索自然世界的本原时也向内探究自身心灵世界的本质问题。其中一个很自然的问题是：当我们心里在想什么的时候，到底是什么东西被我们所想呢？前人通常直观地认为，似乎有类似于实物一样的东西装在心里供我们思考。这种素朴的实物式内容观一直延续至今。[①]当代心理内容研究有两个主要来源，一个是语言哲学中的意义问题，另一个是认知科学背景下的表征问题。

"认知"一词来源于拉丁文 *cognoscere*，意思是知道或识别（recognize）某个东西。在心理学中，认知是个体心理功能的信息加工，也就是说，认知被用来指个体的心理过程，与内在心理状态相关。尤其在认知心理学中，认知被当作心灵的表征过程，包括心灵、语言使用、符号操作以及行为控制。在哲学中，认知与认识论密切相关，认知被当作产生新信息和提高获得知识的能力。尤其在科学哲学中，科学发现被认为是一个很复杂的、用来澄清未知事物的认知过程；而在人工智能领域，认知被关联于拥有发展认知能力的智能系统。例如，认知主义尝试创造一种有关认知的一般理论，其中包括问题解决、决策等，从而与心理学、认知科学、脑科学、语言学等密切相关。

20 世纪 70 年代中后期，认知科学研究愈发关注人类的认知活动，并通过计算机隐喻来理解人类心理表征所进行的心理操作。有关心理表征的一个核心问题是：在一个认知系统中，是什么使得某个心理状态成为一个表征？这就引发了在

---

① 宋荣：《论蒂姆·克瑞恩的心理内容观》，《福建论坛》，2014 年第 7 期，第 66-70 页。

认知科学框架下对心理内容问题的思考。

一方面，图灵的重要理论工作已经显示出一台机器能操作和使用其内在表征状态，这就提供了有关心灵的内在表征如何可操作的科学研究背景。在 20 世纪 80 年代和 90 年代，许多研究已经在有关心灵的物质状态如何能承担内容问题上取得了进展，其中最主流的解决方案则是围绕内容和表征之间的因果关系来解决的。另一方面，认知科学试图通过诉诸表征的信息加工来深入探索心灵的内部世界，用认知科学术语来解释我们的语言表达；而为了理解语言如何表征，我们必须弄清语词如何从其使用者的心理状态中获得其表征力。于是，心理表征内容研究成为了当代心理内容研究的一个重要组成部分。

尽管当代具有语言哲学背景的学者在转向研究心理内容时，通常直接将“心理内容”范畴与“意义”或“语义学”范畴等同，但真正开拓性地将这两者进行跨域研究则要归功于福多。他的心理语义学理论将语言哲学中的意义问题与心灵哲学中的表征问题首次进行了有效的关联和系统论证。他将意义的形而上学问题等同于表征本身问题，他明确指出：“语言哲学和心灵哲学中不断出现的、共同关注的、最重要的事情就是表征本身的问题：在世界序列中意义的形而上学问题。”[①]福多还在他的思维语言假说基础上提出了心灵的表征理论（RTM）。他明确阐述了 RTM 的核心所在就是这种思维语言的假定：无穷组（an infinite set of）的“心理表征”，并且这种心理表征的功能既是作为命题态度的直接对象（心理表征意指命题）又是作为心理过程（心理表征的序列）的范围[②]。由于受到当代认知科学发展的影响，他还将心理表征的假定与计算机隐喻结合在一起。他的这种表征思想的核心在于：意向态度是认知作用中的心理表征，并且意向观念和语义观念是处理意义的一种自然主义对待方式。

在当代认知科学和认知哲学背景下，心理内容研究的分析传统坚持自然主义的进路，力图展开心理内容的自然化运动。研究者在关注意向性内部结构（主体—意向模式—意向内容）的基础上，严格区分对象与内容，聚焦意向对象和意向内容。他们围绕如何用自然科学术语、非意向机制来说明心理内容，形成了三种主流的内容自然化方案：用信息来描述内容，即通过对信息的本质分析、错误表征的案例分析来刻画内容，从而形成信息论描述方案；通过生物进化中历史选择的固有功能或目的来描述内容，从而形成目的论描述方案；在思维语言假说基

① J. Fodor，*Psychosemantics*，MA：The MIT Press，1987：xi，17.

② J. Fodor，*Psychosemantics*，MA：The MIT Press，1987：xi，17.

础上形成有关内容的心灵表征理论方案。

心理内容研究的现象学传统倾向于采取非自然主义甚或反自然主义的进路。现象学者悬置有关心理内容的相关问题或判断，以经验及其内容作为研究出发点，并形成以给予概念为核心的现象意识内容研究方案和以感觉材料理论和知觉析取主义理论为主的知觉内容研究方案。前者通过破解给予的神秘性，使得给予以某种方式与现象意识内容关联；后者运用知觉理论来谈论有关经验的表征内容或意向内容，从而获得心灵与世界在经验中相互关联的一种描述，从而在现象学和认知科学背景下展开跨域研究。①

二、心理表征的哲学再思考

表征概念在有关心灵的科学和哲学中是最重要的解释观念或解释假定，甚至还被用作所谓的“认知革命”的奠基石。它在认知心理学、社会心理学、语言学、人工智能，以及认知神经科学中发挥着核心作用。尽管目前已经存在了许多不同类型的表征理论，但它们仍分享了一个核心假定：对于承担内容（content-bearing）的内在（心理）状态以及相应心理过程的正确说明都必须关注表征。

有关表征的哲学之谜（简称“表征之谜”）能简单表达如下：对于一个东西（thing）来说，它表征其他某个东西，这如何可能？表征的这个哲学问题是当前认知哲学的一个主要论题，也是心灵哲学的核心问题之一；并且当代其他哲学问题（如心灵在自然中的位置问题、思维与语言的关系问题、他心问题、意识问题以及思维机器的可能性问题等）往往围绕着这个问题而展开。一方面，表征很自然地来到我们的谈论或思考当中；另一方面，表征似乎是不自然的、有争议的和神秘的，并且总是被过多地使用（甚至有时被滥用）。正如约翰·塞尔所指出的：“在哲学史上，可能没有任何一个词项比‘表征’更加被滥用”。②尽管我们提出它们、谈论它们、论证它们、并且尝试获得证据来支持它们，但是我们并不在任何根本意义上来理解它们。③如果我们想要寻找这样一种根本意义，那么哲学家就应该帮助提供对表征的这种理解：即我们对有关心灵如何运作的基本理解。

尽管历史上已经有很多人尝试来理解通常意义上的表征及其核心特征，但毋

① 宋荣：《心理内容：心灵王国的一朵奇葩》，《光明日报》，2014年8月27日第16版。

② J. Searle，*Intentionality：An Essay in the Philosophy of Mind*，Cambridge University Press，1983：11.

③ Stephen Palmer，*Fundamental aspects of cognitive representation*，in E. Rosch and E. Lloyd（eds.），*Cognition and Categorization*，Lawrence Erlbaum，1978：259.

庸置疑，查尔斯·皮尔士（Charles Peirce）是其中最典型的代表人物之一。他指出，表征——他称之为“信号”（signs）——是被关联到它们所表征的东西的。他诉诸三种类型的内容来为这种关系“提供基础”，并对应于三种不同种类的信号。第一，“图标”（icons），即依据某种结构类似性、或表征与其对象之间的同构性，而被关联到其对象的那些符号。图画、地图和图表都是图标表征。一幅图画表征一个人至少部分是因为前者密切地类似于后者。第二，“目录”（indices），即依据两者之间的某种因果的、或类似规律的关系，从而指派东西或条件的那些符号。如一组树的年轮例示目录的范畴。当今许多哲学家会把称之为“自然的信号”和“指示者”的东西质化为皮尔士的“目录”。第三个范畴是他称之为“符号”（symbol）的东西。[①] 通过约定俗成，符号被完全关联于它们的对象。通常，语言个例（如书写语词）就是皮尔士的符号范式情况。可见，皮尔士的这种分析对我们当前理解表征或心理表征仍是重要的，因为“事实上，近 30 年的有关心理表征所书写的东西能被看作是在皮尔士的图标、目录和符号观念上的一种详细阐释而已”。[②]

一般来说，“心理表征”观念首先是认知科学的一种理论建构。同样，它也是有关心灵的计算理论的一个基本概念。根据之，认知状态和过程是（在心灵 / 大脑中）由某种引起信息的结构（表征）出现、转换和存储所构成的。心理表征的哲学问题可以陈述如下：心灵如何能表征某物？对于心灵来说，正是什么表征这个东西？或者对它而言，正是什么表征它之外的其他东西？

心理表征，即通过心灵状态而关涉世界的表征，是表征的最根本形式。随着最近心灵哲学与语言学、心理学、人工智能等相关联的学科得以一并发展，心理表征问题也被主流哲学家称之为意向性问题的当代形态。一般来说，民间心理学中的心理表征是我们通常的、有关心理表征的“民间”构念。而我们的基本思想观念（命题态度），对于我们通常理解心理表征是更核心的。我们对心灵的常识理解中包括它如何起作用或如何运作，这是哲学家和心理学家都争论的东西。正如卡明斯所说：“假定‘常识心理学’、正统计算主义、联结主义、神经科学等等都使用相同的表征观念，这是很天真的。而且，理解为一些特定理论框架提供基础的心理表征观念，一个人必须理解这个框架指派到心理表征的那种解释作用。”[③] 虽然心理表征对于心理学家来说已经不那么重要了，但当代学者们仍集中关注于心

---

① William M. Ramsey，*Representation Reconsidered*，Cambridge：Cambridge University Press，2007：22.

② William M. Ramsey，*Representation Reconsidered*，Cambridge：Cambridge University Press，2007：23.

③ R. Cummins，*Meaning and Mental Representation*，MA：The MIT Press，1989：13.

灵哲学中的心理表征。

三、表征维度中心理内容的 ARC 分析

一般来说，信念、期望、希望、害怕、意图都是心灵的状态，它们以某种方式表征世界。当我们说希望、信念、期望等表征世界时，我们意指每一个希望、信念或期望等指向某个东西。为方便起见，我们通常使用术语“思想”（thought）来指称所有表征的心理状态。这样，信念、期望、希望等都是这种意义上的思想，因为它们都表征东西（things）。随着当代心理内容研究的分析哲学传统和现象学传统的融合趋向，也有相当一部分学者认为，现象学维度上的心理内容（即经验内容）也具有表征方面。那么，心灵到底如何表征呢？我们可以形式化心理表征的结构为：A Rs C.

其中 A 代表“agent”，它通常被用来泛指所有的具有内在（心理）状态的自主体。由于当代诸多自然主义学者多习惯于采用计算机隐喻来模拟人的心理状态，所以目前对于自主体的理解一般也包括具有内在状态的智能体。这样一来，自主体可以包括两大类：一类是我们通常所说的自我或个人（Selves or persons）。我们通常把我们自己或个人当作是充满意志的自主体（enwilled agents）范式。自我或个人既“拥有”心灵又“拥有”身体。自我“拥有”心灵，是因为它们本质上是（有关思想、经验等）心理状态的主体。自我“拥有”身体，是因为个人及其身体都在它们自身方面是不同种类的实体。身体是被有机化的物质对象，能经历它们物质部分的生长和变化，受制于有关形式或功能的某些基本特征的保留。这样，个人或自我才能思考、感觉和意向地表征或行动。例如，我自己可以仍是某些物理属性的承担者和在物理空间中一个方位的占有者，即使我并不与这个被有机化的物质对象是同一的，但其中这些物质对象用作我的物理身体，并且通过之，我练习我的知觉和自主体的能力①。另一类自主体是指人工智能主体。人工智能体尤其是机器人的出现引发了人类对其主体问题的形而上学思考。尽管目前学界对于人工智能主体是否具有“心灵”，仍具有广泛争论，但毋庸置疑的是：它们具有“智能”。人工智能主体通过其内在状态能对外部世界持续自主地进行表征或互动，同时感知环境中的动态条件，或执行行动影响环境条件，或进行推理、求解问题和作出决策等。

---

① E. J. Lowe，*Subjects of Experience*，Cambridge：Cambridge University Press，1996：1-2.

R代表“represent”，即表征状态。传统地来说，根据罗素的命题态度观点，能以上述形式化方式被挑选出来的思想是可以作为“命题态度”的，是能以上述形式被描述的心理状态。信念、期望、希望、害怕等都可以是具体的命题态度类型。传统的命题态度标准形式常被刻画为“A Fs that P”，从中我们也可以看出，R是F的一种具体类型。可以进一步地说，表征状态（态度）是心理状态的一种当代类型。

在当代心灵哲学论域中，一般认为表征总是包括表征对象的方式，并且表征的特征主要体现为方面、精确性和不出现[①]。具体来说，①方面。这里的语词“方面”是约翰·塞尔意义上的。一个表征的对象能以许多方式被呈现或被表征，并且表征能够具有相同的对象，但在方面中会有所不同。当一个表征在某个特定方面下表征某个东西时，它不可避免地排除其他方面。相同的非实存对象能以许多方式被表征；并且不同对象能在相同的方面下被表征。②精确性。一些表征以某种方式呈现它们的对象，这样一些表征能够是精确的；一些表征能够是不精确的。③不出现。当一些意向状态不具有正实存的（或真实的）对象时，不可否认的是，一些表征能表征这样的不实存东西。例如，一幅画或一个语词能表征一个故事中的非实存人物。在这里，这些特征中的每一特征表现出一种表征方式。这样，一个表征的内容就是：一个表征对象被表征的方式。在心灵中，一个表征总是以一个特定方式来表征某个东西，或者通过表征某个东西是如此（它能是精确的或不精确的）、或者通过在某个方面下（而不是在其他方面下）表征某个东西。特定对象的表征、属性的表征，以及事态的表征都能具有内容。

目前心理表征实在论者通常假定两种类型的表征状态：概念表征和非概念表征。前者是这样的心理表征：即它们由概念所组成并且没有任何现象特征，如思想；后者是，它们具有现象特征但没有任何概念构成成分，如感受。在这种分类上，心理状态能表征某个东西，或者以一种类似于自然语言表达式的方式，或者以一种类似于图画、地图、照片或电影的方式。

C代表“content”，是指表征状态所具有的内容，即表征内容，也就是对象如何被表征的方式，它体现了心理内容的表征维度。鉴于当代的分析传统，许多哲学家开始对意向性进行微观考察，从而形成意向性的微观结构分析方案。他们强调意向性结构被详细刻画的重要性。例如，在塞尔的意向性结构分析的基础上，

① Tim Crane，*The Objects of Thought*，Oxford：Oxford University Press，2013：97.

克瑞恩进一步明确指出意向性的一般结构为：主体—意向模式—意向内容。① 在这里，意向内容则是指它表征关于或被指向其上的东西的方式，即体现对象是如何被表征的，而这种关于或被指向其上的东西就是意向对象。斯特劳森则以严谨的逻辑思路表明我们所拥有的东西就是一个经验 E、一个逼真的（living）内容 C、一个体现其内容的主体 S，从而对经验、经验主体和经验内容三者之间的关系（E=S=C）进行微观的逻辑分析。② 这种研究方案将意向内容问题引入到深层次的形而上学思考和与现象学传统的融合当中。

在这样的背景下，这种被表征的情形通常就分为两种：C 是命题的；C 是非命题的。在第一种 C 是命题的情形中，是被罗素使用在“命题”的地方（that P）。命题态度要求命题内容，并且命题是仅仅由语句表达的那种东西。例如，根据这个术语，当我相信冰箱里有一瓶啤酒时，我的信念内容就是冰箱里有一瓶啤酒。我们能够把一个心理状态的内容当作区分包括相同态度在内的状态之间的什么东西。不同的信念根据它们的不同内容得以区分（或个体化）。其他态度状态也是如此。在这种情况下，我们可以认为 C= that P。这也就是说，表征内容以 that P 的形式得以呈现，并且由于这样的命题是由其概念构成成分所构造的，所以这类表征内容也被认为是概念的。

随着当代认知科学的迅猛发展以及心灵哲学中意向性研究的纵深挖掘，上述心理表征结构中的 C 被予以拓展，即存在第二种情形：C 也可以是非命题的。在当代心灵哲学中，概念表征（如思想）缺少现象学特征，这种传统论断已经不被主流学者所赞同了。目前一些学者（如查尔莫斯、麦金、皮特、斯特劳森等人）断言，纯粹概念的（有意识的）表征状态本身具有一种现象学。这种观点已经在心灵的分析哲学家当中发展迅猛。而在非概念表征上的分歧主要关注现象属性的存在和本质，以及它们在决定（G.E. 摩尔意义上的）感觉经验的内容方面所发挥的作用。在这样一种观点上，所有表征状态（依据它们的现象特征）都具有它们的内容，并且这种内容是非概念的。

例如，从非概念表征角度来看，图片表征也是以特定方式表征它的对象（从具有被遮蔽的某些部分和未被遮蔽某些部分的特定角度来看）。图片表征是方面的，也能是精确的或不精确的，尽管这并不意味着它们具有这样的命题内容：它们并不表征东西是某种方式（being a certain way）。有关一张面孔的一副类似毕加

① Tim Crane，*Elements of Mind*，Oxford：Oxford University Press，2001：31.

② G. Strawson，*What Is the Relation Between an Experience，the Subject of the Experience，and the Content of the Experience*，*Philosophical Issue*13，*Philosophy of Mind*，2003：279-315.

索的图片，可以是这张面孔看上去像什么的一种不精确的表征；可它并不表征任何特定的面孔或一般的面孔是一种方式。但是，不可否认的是，这幅图片以某种方式表征一张面孔，并且它所表征这张面孔的方式就是这幅图片的内容。重要的是，在这种被描述意义上的内容不需要是命题的（即C是非命题的），因为它不需要是一个东西是如此这般的表征，它也不需要包括真之条件。

值得注意的是，在具有语言哲学背景的心灵哲学家当中，他们感兴趣于命题态度动词，从而导致对命题态度内容感兴趣，并且坚持语言－逻辑分析命题内容，将语句的意义和内容相等同。但是，在具有认知科学或科学哲学背景的心灵哲学家当中，他们更关心的是认知科学中的“意义和内容”。他们认为，把意义和内容等同是一个错误，并且把内容当作意义，这是很危险的[①]。因为这种等同观显示：内容理论是内容语义学（semantics for content），或是基于内容的语义学。他们称意义是在范式上作为语言学表达式或行动的属性：一个人的说话方式或语句所意指的东西，以及通过它这个人所意指的东西。而他们称之为内容的东西是，在其他东西中心理表征和指示信号（indicator signals）的属性。这或许预示着，表征维度上的心理内容研究会是语言哲学、心灵哲学、科学哲学、认知哲学跨域探究道路上的一道独特且亮丽的风景线。

① R. Cummins，*The World in the Head*，Oxford：Oxford University Press，2010：174-205.

非存在与形而上学篇

构中国特色心
的若干思考
讲人

当代西方非存在研究视域中的“存在”与“实存”*

非存在问题经常被认为是最古老且最具吸引力的哲学问题之一，也是不可回避的问题之一。作为当代心灵哲学领域中的关注焦点，非存在问题挑战了心灵对世界的特有把握能力。因为除非我们有对非实存东西的充分理解，否则我们无法充分理解心灵。当代心灵哲学视域下的非存在问题核心之一是非实存对象问题，而“存在”（to be/being）和“实存”（to exist/existence）这两个范畴又与之密切相关联。例如，当我们说有非实存的东西或非实存对象时，我们会意识到“存在”和“实存”之间的不同。因为“有不实存的东西”这个断言区分了有什么（what there is）和什么实存（what exists）。

在我们看来，“有不实存的东西”似乎是矛盾的，因为它意指要么“有没有的东西”要么“实存不实存的东西”。通常情况下，这似乎表明存在和实存之间有明显的区别，并且两者之间的区分纯粹是口头言语上的。这种说法被哲学家因瓦根（Peter van Inwagen）刻画为“蒯因的存在和实存哲学的本质”①。当代非存在论者代表人物劳特利（Richard Routley）也明确指出“仅仅有存在（being）的一个方式，即实存（exist）”②。

一、“存在”和“实存”的基本理解

从哲学渊源上来看，“存在”和“实存”之间的区分直接来源于罗素在《数学原理》中的明确表达：“有唯一的一种存在（being），即绝对地存在，并且有唯一的一种实存，即绝对地实存。存在是属于每一个可构想词项、属于思维的每一个可能对象的东西……数字、荷马式的众神、关系、嵌合体和四维空间都具有存在，因为如果它们不是一种实体，我们不可能产生关于它们的任何命题……因为不实存的东西必定是某物，或者否认它的实存就会是无意义的：并且因此我们需要存

---

* 原载于《学习与探索》2015 年第 4 期。

① P. Inwagen，*McGinn on Existence*，*Philosophical Quarterly*，2008，(58)：37.

② R. Routley，*Exploring Meinong's Jungle and Beyond*，Canberra：Research School of the Social Sciences，Australian National University，1980：42.

在概念，作为属于非实存东西的那个东西。”[①]在这里，罗素区分了存在和实存，并且认为不实存的东西也具有存在。例如，即使不是所有圣经中的人物都实存，但所有圣经中的人物都具有存在（being）。这样，当我们在说有不实存的一些圣经人物时，就不会意识到有任何矛盾了，因为：有哪些东西是一回事，而实存哪些东西是另一回事。

后来，罗素把这个观点归功于迈农（Alexius Meinong）。但实际上，迈农的观点相当不同于罗素 1903 年的这个观点。迈农提出了对象存在的三种模式，即实存、亚实存和超存在（beyond being）。这三种模式的分析形成了迈农整个对象理论的核心，并由此成为当代非存在研究中迈农主义流派的源头。迈农坚持认为仅仅时空中的东西实存，也就是现实世界中所能亲知的那些物质对象（material object）实存。非时空中的东西不实存，如数字、命题（迈农术语中的“objectives”），它们具有一种不同的存在模式，迈农称之为亚实存（subsist/subsistence）。除此之外，还有既不实存也不亚实存的一类超存在对象。这些对象就是像著名的圆的方这样的对象、是“超存在”的思维对象。[②]在迈农观点上，这样的对象根本没有任何存在；它们甚至不具有萨尔蒙（Nathan Salmon）所谓的“较低层次的本体论地位，一种缺少实存的存在”（a sort of being shy of existence）[③]。尽管迈农的这种存在模式的区分遭到了当代哲学家的嘲笑（如因瓦根就认为它是一个“谬论”的结果[④]），但至少就存在和实存之间的区分而言，迈农的观点不同于蒯因式学者的观点。因为，具有分析哲学传统的蒯因式学者能区分具体对象和抽象对象，具有现象学传统的迈农式学者能区分实存对象和亚实存对象。他们之间分歧的关键在于：是否有不具有任何存在的一些对象。这导致蒯因式学者和迈农式学者在语词“实存”的使用上出现了分歧。

一般来说，有关实存的标准观点是：动词“实存”（to exist）不是一个“真实的”谓词，也不是一个“逻辑”谓词，也不是一个“一阶”谓词。这个观点来源于康德在《纯粹理性批判》中对“实存”不是一个谓词的讨论，并随之而来产生了广泛而持久的影响。如我们所知，20 世纪哲学中这种标准观点（如弗雷格）的

---

① B. Russell，*The Principles of Mathematics*，Cambridge：Cambridge University Press. 1903：427.

② A. Meinong，*On the Theory of Objects*，translated by Roderick Chisholm，Isaac Levi，etc，in Roderick Chisholm（ed.），*Realism and the Background of Phenomenology*，Atascadero，CA：Ridgeview，1981：76-117.

③ N. Salmon，*Nonexistence*，*Noûs*，1998，（32）：288.

④ P. Inwagen，*Being，Existence and Ontological Commitment*，in David Chalmers，etc.（eds.），*Metametaphysics*，Oxford：Oxford University Press，2009：481.

许多追随者在辩护“实存”不是一个一阶谓词这个观念上是很著名的。这种标准观的本质是：使用形式“一些F是G”的一个被量化语句就是说F实存并且它们是G。比如，如果你认为“实存”不是一个一阶谓词，你就可能会把“一些F实存”采用形式“(∃x)(Fx)”来表达。但是，你对“一些”的使用承诺了你正在量化的东西的实存，这个事实并不阻止你把“实存”当作一个一阶谓词。因为如果你这样做，你会把“一些F”当作具有形式“(∃x)(Fx ∧ Ex)”，其中“Ex”是你所表达的一阶实存谓词。

从“实存”的逻辑作用上来看，一阶谓词被达米特（Michael Dummett）定义为“不完整的表达式，它们由一个语句通过移动一个简单‘专名’的一个或多个出现所造成的”。[①] 如果在这里我们采用达米特的一阶谓词观点，那么“实存”就是一个一阶谓词。我们能从语句“埃菲尔铁塔实存”来构造谓词“x实存”，通过移走名称“埃菲尔铁塔”并且用自由变元“x”替换它来标出它的不完整。很明显，以这种简单方式我们知道如何能表达像“一切实存”和“某物实存”一样语句的形式。但是，认为“实存”不真正是一个一阶谓词的那些人会把这个事实当作对关于语句“埃菲尔铁塔实存”的真实逻辑结构的一个误解。这样就体现出了埃文斯（Gareth Evans）所采用的观点：存在语言学的理由来将“实存”当作一个一阶谓词；并且一阶存在谓词E的含义“是精确地由说它有关一切的真所确定的”[②]。他进而认为，“E”的含义是由公式“(x)(x满足‘E’)”所体现的。由于这个公式等值于“¬(∃x)¬(x满足‘E’)”，很明显的是：实存和量化之间的标准关联就被维持在埃文斯的观点上了。如果“E”是有关一切东西的真，那么它不能体现：一些东西不实存。

值得注意的是，当前的非存在问题研究中趋向于强调“实存”是一个一阶谓词，尽管这个论断并不足以拒斥这个实存的标准观。因为这个标准观点是关于实存和量化之间的关系的，而不是关于“实存”的逻辑作用的。蒂姆·克瑞恩（Tim Crane）认为，我们应该把“实存”当作一个一阶谓词。[③] 并且斯科特·索姆斯（Scott Soames）也明确指出“在把‘实存’”当作一个谓词当中，没有任何逻辑的或哲学的问题”。[④] 这是因为，不同于逻辑语言表达的是，自然语言中“存在”和“实存”的表达传递出了一些新的语义信息。

---

① M. Dummett，*Frege：Philosophy of Language*，London：Duckworth，1973：37-38.

② G. Evans，*The Varieties of Reference*，Oxford：Oxford University Press，1982：346-348.

③ T. Crane，*The Objects of Thought*，Oxford：Oxford University Press，2013：34.

④ S. Soames，*Philosophy of Language*，Princeton：Princeton University Press，2010：31.

二、英语存在句的独特表达

语言学者称那些以“there is ”或“there are ”开头的英语语句为存在句，中文中通常翻译为“有……”或“存在……”。在这些语句中动词 to be 的第三人称形式的出现，可能表明这些语句的一般功能就是说某物实存（或 is、或具有 being）。但事实上，英语中动词 to be 的出现并不总是一个标志词，如有时候“is”可能是有关谓词的“is”。当前在一些其他语言中存在句使用并不等值于英语动词 to be 的动词用法。例如，德语存在句和法语存在句的语言并不达到与 to be 的同词源。当在英语中我们表达用“there is”结构所表达的东西时，我们不应该匆忙假定与 being 观念的任何深层的语义或形而上学的关联。[①] 正如安德里亚·莫罗（Andrea Moro）所指出的“在所有那些说某物实存的意义上，我们不能确定存在句，因为通过运用一个存在谓词，我们能说某物实存”。[②]但是，在通过语词“there is/ there are”出现的相关意义上，我们也不能确定存在句，因为有明显的“there is……”语句的例子在某种意义上不是存在句。例如，当“there”用作一个方位副词时，它携带关于一个对象的方位信息。语句“there are your keys”，其指向钥匙的方位，但这不是一个存在句的言说方式。

在英语存在句中这个“there”是已知作为语助词的，即填充一个句法空隙且没有任何语义贡献的一个语词，就像在“it is raining”中的“it”一样。在一些语言中（例如匈牙利语）其存在句中就没有任何这样的语助词。但在英语中，标准的存在句由语助词 there、扮演系动词的动词 is/are、已知作为核心（Pivot）的一个名词短语和通常已知作为结尾部分（Coda）的一个短语所构成。例如，在这个语句中：There is a pig on the sofa.“there”是语助词，“is”是系动词，“a pig”是核心名词性的并且“on the sofa”是结尾部分。但是，一些“空的”存在句没有任何结尾部分，如“there is a God”。

英语中的许多存在句具有称之为“系动词配对”（copular counterpart）的情况，在其中相同的内容被呈现在一个简单的主谓语句中。①的系动词配对就是② A pig is on the sofa. 在这里，非限定名词短语（如“a pig”）用作量词，并且由此①和②都能被看作包括量化。值得注意的是，这个论断并不是说“there is”是一个量词。

① T. Crane，*The Objects of Thought*，Oxford：Oxford University Press，2013：43.

② A. Moro，*Existential Sentences and the Expletive “There”*，in Martin Everaert etc.（eds.），*Blackwell Companion to Syntax*，vol. 2，Oxford：Blackwell，2007：210.

那些把像①一样的语句当作被量化语句的哲学家和逻辑学家这样做，不是因为短语“there is”能由符号“∃”来表示，而是因为这整个语句表达相同的命题，即作为被量化的语句②。

英语存在句的一个与众不同的特征就是所谓的“限定性限制”或“限定性影响”（“definiteness restriction” or “the definiteness effect”），而且存在句仅仅能把非限定名词短语作为它们的主语，而不能把限定摹状词或名词作为主语。例如，你能够说“there is a pig on the sofa”，但不能说“there is the pig on the sofa”。我们甚至不能说“there is God”，或“there is the Christian God”；仅仅能说“there is a God”。这样的表达尤其在面对像“上帝”、“圆的方”、“福尔摩斯”、“金山”所指称的非实存对象时，会引起一个问题：存在句的关键点是什么？

露易丝·麦克纳利（Louise McNally）在她最近的考察中表明了存在句的一个核心作用：“尽管不可能的是，在语言学交叉上一个简单语义学和谈论功能被指派给存在句，但是某些语义的和谈论功能的属性一致地关联于交叉语言中的这个语句。或许这些中最重要的是这样的直观：存在句主要用来引入一个新指称物到这个谈论中——由核心名词性词所提供的符合这种描述的一个谈论。”[①]在这里，“引入一个新指称物到这个谈论中”正是对所谈论的东西进行描述时所需要的，尤其当你说“有不曾实存的圣经中的一些人物”时。有关存在句文献中已经很流行的观念就是在许多（尽管不是所有的）这样语句中的“there be”用来引入新信息作为一个谈论的“主题”。[②]所以，基于对非实存对象问题的思考，我们没有任何理由来分析存在句①“有是G的F（there are Fs which are G）”为②“实存是G的F（there exist Fs which are G）”，以对应于③“一些F是G（some Fs are G）”的解读，而只能根据F是何种对象类型来作出相应表达：用①来表达非实存对象及其属性，用②来表达实存对象及其属性。

三、对否定存在句的逻辑分析

如前所述，一旦存在句中被引入了新信息，并且出现了否定表达，这不仅在自然语言中会出现新问题，而且在哲学研究中也引发了广泛而持久的争论。当前经常被谈到的否定论证性论断、陈述或命题，都是处于说明实存东西和非实存东

① T. Crane，*The Objects of Thought*，Oxford：Oxford University Press，2013：46.

② K. Allan，*A Note on the Source of There in Existential Sentences*，*Foundations of Language*，1971，(7)：6-7.

西的最困难问题当中的。例如，萨尔蒙写道："那些哲学问题最长期的问题就是由包括无指称名称的语句所引起的那些问题。而这些问题中的主要问题是有关真单称否定存在句的问题。"①。而这种疑难问题的解决总是相关于当代非存在问题研究。

对否定存在句的逻辑分析本质上表明了非实存对象的可理解性。一方面，著名的摩尔 / 罗素假定给予我们对否定存在句的哲学理解。摩尔在一本 20 世纪的教科书中这样谈到否定存在句问题："在说没有任何如一个圆的方一样的东西的过程中，我似乎隐含的是这样的一个东西。似乎仿佛必须有这样一个东西，纯粹为了它可以具有非存在（not-being）这样的属性。因此，似乎是说到某个东西，我们能提及它绝对不是的无论什么东西，会是与我们自身相不一致的：仿佛我们能一并提及的必须是、必须具有某种存在。"②摩尔的论证与罗素在《数学原理》中的观点如出一辙：所有的非实存对象"都具有存在（being），因为如果它们不是一种实体，我们不可能产生任何有关它们的命题"。③摩尔把这看作是产生了一个矛盾，因为他并未正确地区分否认圆的方和否认它的存在。后来罗素在《论指谓》一文指出这个问题是"否认任何东西的存在必定总是自我矛盾的"。由此形成了当前众所周知的摩尔 / 罗素假定：为了谈论关于 x，为了产生关于 x 的某个命题，那么 x 必须具有某种存在。我们谈论关于的东西"必须仍然具有某种存在……仅仅因为我们能够思考和谈论关于它们。"④由此不可否认的是，我们能够谈论或思考 x，表明了 x 及其相关论断是可理解的。

举例来说，对于描述一个无指称的词项或表达式，如"这个圆的方"（the round square），它如何能够是可理解的，以及我们如何能够产生关于它的命题。从自然语言表达的直观意义上来看，这个特定短语的可理解性很容易被阐述，因为它来自于形容词"圆的"和名词"方"的可理解性、定冠词"这个"（the），以及允许考虑这整个名词短语结构的句法原则的可理解性。当然，没有任何东西现实地能是一个圆的方，这个事实也是可理解的。因为，独立于这个圆的方的实存或存在，"这个圆的方"是可理解的。但需要注意的是，对它的可理解并不等于说它是实存的。

另一方面，从逻辑上看，我们可以构造这样的否定命题"这个圆的方不具有任何存在"或者"这个圆的方不实存"，我们能把这些语句当作表达相同的命题。

---

① N. Salmon，*Nonexistence*，*Noûs*，1998，(32)：277.

② G. Moore，*Some Main Problems of Philosoph y*，London：Allen and Unwin，1953：289.

③ B. Russell，*The Principles of Mathematics*，Cambridge：Cambridge University Press，1903：427.

④ G. Moore，*Some Main Problems of Philosophy*，London：Allen and Unwin，1953：289.

由语句“这个圆的方不实存”所表达的命题包括否定。从表面上看，“这个圆的方不实存”是“这个圆的方实存”的否定，并且等值于“并非这个圆的方实存”。在这里，内在否定和外在否定（“a 不是 F”和“并非 a 是 F”）之间的区分并不运用于单称主谓存在命题。现在“这个圆的方实存”表达一个假性，仅仅因为这个圆的方不实存。假定一个假性的否定是一个真，由此得出的就是“这个圆的方不实存”为真。这并不要求限定摹状词语义学的任何特定观点，也不要求“实存”是否是一个一阶谓词。如果我们假定限定摹状词发挥作用如同单独词项一样，并且“实存”是一个一阶谓词，那么讨论中的否定存在命题具有简单形式“$\neg E(a)$”，即“$E(a)$”的否定，其中“a”是那个单独词项并且“E”是那个一阶存在谓词。

更具体地来说，这个命题会具有形式“$\neg(\exists x)(\forall y)(Rx \wedge Sx \equiv x = y)$”，即“$(\exists x)(\forall y)(Rx \wedge Sx \equiv x = y)$”的那种宽辖域的外在否定，其中“Rx”和“Sx”分别是“x 是圆的”和“x 是方的”的缩写。这个命题为真，仅仅在这样的情况下：没有任何一个对象使得它并且仅仅只有它具有是圆的和方的这种属性。这样，有人可能会采用与埃文斯的观点[①]相结合的解读：摹状词以罗素的方式被对待，但是“实存”是一个一阶谓词。这样，使用“E”表示“实存”并且“ι”在通常方式中表示这个限定摹状词形成的算子，“$\neg E(lx)(Rx \wedge Sx)$”就会是“$E(\iota x)(Rx \wedge Sx)$”的否定。

但关键点在于：为了理解否定存在句，并不要求有争议的罗素 - 弗雷格观点，也不要求罗素的摹状词理论。直观的简单提法只需要：否定存在命题是存在命题的否定，并且当后者为假时前者为真。这个提法有利于“那些接受罗素观点的人，也有利于那些拒斥罗素观点的人”。[②]这样，一个存在命题 a 实存述谓了 a 的实存，一个形如 a 不实存的否定存在命题述谓了 a 的非实存。所以，从直观意义上来说，或者从自然语言表达的角度上来看，我们仍可以构想和理解非实存的东西。正如休谟所说的：“凡‘存在’者原可以‘不存在’。一种事实的否定并没含着矛盾。任何事物的‘不存在’，毫无例外地和它的‘存在’一样是明白而清晰的一个观念。凡断言它为不存在的任何命题（不论如何虚妄）和断言它为‘存在’的任何命题，乃是一样可构想、可理解的。……但是要说凯撒、天使加伯列或其他人物不曾存在过，那也许是一个虚妄的命题，但是它仍是完全可以想象的，并没有含着矛盾。”[③]

---

① G. Evans，*The Varieties of Reference*，Oxford：Oxford University Press，1982：346-348.

② T. Crane，*The Objects of Thought*，Oxford：Oxford University Press，2013：74.

③ 休谟：《人类理解研究》，北京：商务印书馆，第 144 页。

四、结　　语

目前，尽管有些学者认为区分“存在”和“实存”没有实质性帮助，但笔者认为，在当代西方哲学的非存在研究中这些范畴的区分是非常重要的。自柏拉图以来，著名的“非存在之谜”就一直吸引着哲学家们为之绞尽脑汁。[①]“非存在必定在某种意义上存在，否则那不存在的东西是什么呢？这个纠缠不清的学说可以起个绰号名之曰‘柏拉图的胡须’；从历史上看来，它一直是难解决的，常常把奥卡姆剃刀的锋刃弄钝了。”[②]而如何表达和解决非存在问题，至今依然是如此持久地令人着迷。同时，由于当代心灵哲学和虚构哲学的发展，有关单称否定存在命题、非实存对象的真之说明等问题使得非存在问题的最困难方面日渐突出，而这些问题都离不开对“存在”和“实存”范畴的把握。

国内学界对这两个范畴的理解主要有两种观点：一种是等同论，认为“to be/being”和“to exist/existence”及其衍生范畴的内涵是一致的，它们都对应中文翻译为“存在”；另一种是区别论，认为它们之间是有区别的，它们有各自的内涵，这在研究非存在问题的过程中表现尤为明显。笔者坚持后面观点，并且认为“存在”范畴的外延明显是大于“实存”范畴的外延。无论是从语言层面、逻辑层面还是哲学层面，这些基本范畴都应该有明确的界定。具体来说：

第一，在自然语言层面上，语词“to be”或“there be”句型会呈现出其固定的语法结构和语义特点，而语词“exist”在表示某个东西实存的使用方面有所局限，而“there be”句型明显对被言说的东西表达出更多的新信息，而这种负载的新信息正好体现了英语存在句对非实存对象的独特表达，这也恰好表明我们可以言说或构想非实存对象。

第二，在逻辑层面上，我们通常所说的“存在量词”（existential quantifier）是预设了个体域中个体的存在，并且在将“there be”语句翻译为逻辑语句时，传统的、相应逻辑量化默认了这一点。但值得注意的是，通常意义上“existential quantifier”的中文翻译“存在量词”（或许翻译为“实存量词”比较合适）本身也令人混淆，这种约定俗成的翻译还造成在对西方非存在问题的微观理解上出现了某些偏差，而对于“existential sentence”的中文翻译“存在句”也有类似的问题。尽管如此，但对否定存在句的逻辑分析仍表明了非实存对象论断的可理解性，并

① 宋荣，高新民：《不可回避的非存在问题》，《科学技术哲学研究》，2009 年第 5 期，第 50-55 页。

② 蒯因：《从逻辑的观点看》，陈启伟等译，北京：中国人民大学出版社，2007 年，第 2-3 页。

且对于有关非实存对象的述谓，我们可以断定其真假。值得引起关注的是，当前学界已经形成两种关于非实存对象论断的真之方案：逻辑方案和形而上学方案①。

第三，在哲学层面上，“to be/being”表明对象的存在属性，而“to exist/existence”表明对象的实存属性。例如，我们可以言说福尔摩斯“存在”，但我们不能言说福尔摩斯“实存”。这两个范畴体现了对对象属性的形而上学反思中的不同方面，“存在”属性可以归属于实存对象或者非实存对象上，但“实存”属性只能归属于实存对象。正因如此，当代非存在研究已经从对“存在”、“实存”范畴及其否定的思考拓展到了对非实存对象及其本质的探究。

---

① 宋荣：《意向、内容与心灵——当代西方心灵哲学中意向性研究的最新进展》，《哲学研究》，2014年第12期，第107-111页。

不可回避的非存在问题*

在哲学研究中，尤其在心灵哲学中，非存在问题是不可回避的研究主题之一。那么，非存在存在吗？“非存在必定在某种意义上存在，否则那不存在的东西是什么呢？这个纠缠不清的学说可以起个绰号名之曰‘柏拉图的胡须’；从历史上看来，它一直是难解决的，常常把奥卡姆剃刀的锋刃弄钝了。”① 情况确实如此。

一、“非存在”的语词渊源

为了理解“非存在”，我们有必要反思“有”和“存在”，即动词 to be 和 being 概念。从语言学传统来看，通常 to be 的用法能被划分为两种情况，或者从语义的角度来看，它意味着“存在”；或者从句法结构角度来看，它仅仅用作系词。从词源上来看，动词 to be（einai/es-）起初像其他动词一样，是具有具体意义的动词。它最初始的意义是“存在”（to exist），或可能是更具体一些的意义，如“在当前”（to be present）或“活着的”（to be alive）的某物。在所谓的类似于俄语和许多其他语言的“名词句”中，谓语性名词和形容词在没有动词情况下被表达出来。为了表达句法的完整性，动词 to be 被引入到这样的“名词句”中，在其中它逐渐丧失了它的初始意义并且退化成一个“空”动词或“仅是系词”，并且作为一个句法工具用来满足每个语句必须包含一个动词的需要。如：John/wise 就可以表达为 John is wise。

许多语言学家认为，我们所理解的动词 to be 的存在，是印欧语系的一个特性，它具有谓语动词、方位动词、存在动词和真实意义四种功能。具体而言，在系词用法上，它体现了语句的时态、人称、语气等的变化，具有一种“谓语标志”来刻画语句的句法和语义。在方位用法上，我们比较容易把握，它主要表达某人或某物在什么方位。如“笔在桌子上”。在存在用法上，它主要体现在：①纯粹的存在用法方式，即在存在系词“there be”句型中。②作为存在语句算子，符合逻辑形式（∃x）Fx，其中 Fx 代表相关从句，并且 is 作为存在量词：“存在某人／某物使得……”③为存在谓词。例如，“there is no Zeus”、“Zeus does not exist”。这意

---

* 在高新民教授的指导下完成，原载于《科学技术哲学研究》2009 年第 5 期

① 蒯因：《从逻辑的观点看》，陈启伟等译，北京：中国人民大学出版社，2007 年，第 2-3 页。

味着 Zeus 不是任何谓语的主语，没有任何真的东西来谈论有关 Zeus 的问题。在真实意义用法上，它所形成的结构是绝对的，有完整的语义表达。例如，“these things are as you say，tell it like it is”①。

从哲学层面来看，古希腊哲学家除了以上理解外，更多地赋予 being 概念哲学的味道，将 being 和 exist 混同使用。自巴门尼德以来，being 概念一直是学界不可回避的话题。巴门尼德论证说，我们不能思考或言说不存在的东西，因为这样的言说毫无意义。在柏拉图、亚里士多德那里更多地关注语词 being 意义的各个方面并且考察它们之间的相互关系。而中世纪的阿奎那、司各特则将 being 与宗教问题相结合，拓展了对非存在问题的研究视域。近代以来，笛卡儿在进行身心二元论的论证中也没有忽视对不同种类的 being 之间进行区分。休谟则认为，想到一个对象总是且必然地想到一个存在的对象，想到一个对象和想到一个如此存在的相同对象是同一个对象并且是相同的事情。康德继承休谟的传统，他认为，“存在”不是一个“真正的”谓词。他指出，上帝存在的本体论证明是有问题的，它的错误就在于把存在作为一种“真正的”谓词。在康德看来，存在是有关对象的一个思想的一个谓词。在数学原理中，罗素首先提出了他的指称概念理论。尽管这个理论充斥着逻辑和形而上学问题，但是罗素却以认识上的理由拒斥它。在这方面，他提出了他的摹状词理论，仅仅是为了理解有关变元本质相同的逻辑和形而上学问题重新出现。也有一个对罗素的解释硬核有抵抗力的问题，使得该理论必须被拒斥。一些论证认为，最好的解决方案是取代地解释“存在”量词。不幸的是，没有任何版本的取代量化强大到足以解决此问题，这是可以理解的。其他的论证认为，我们应该运用任何存在假设的自由逻辑。不幸的是，所谓自由逻辑的每一种（情况）都具有不可接受的结论。

尽管如此，几乎所有 20 世纪英语国家的哲学家都追随弗雷格、罗素、蒯因的形式逻辑传统。一些哲学家拒绝对“有非存在对象”和“非存在对象存在”中的“有”和“存在”作区分，他们认为，当我们说有某物时就意味着某物存在。但在弗雷格－蒯因的形式逻辑传统中，“有”和“存在”都用“存在量词”（∃）来表达，并未对它们作区分。但是更多的哲学家则主张对“有”和“存在”作严格区分。如在 Parsons、Zalta、Jacqutte 等人的理论体系中，“有一个 x 使得…x…”用“∃x（…x…）”来表达，而“存在一个 x 使得…x…”用“∃x（E!x ∧…x…）”来表

① Charles H. Kahn，*Retrospect on the Verb “TO BE” and the Concept of BEING*，in Simo Knuuttila and Jaakko Hintikka（eds.），*The Logic of Being*，Dordrecht：D. Reidel Publishing Company，1986：1-22.

达，其中“E!”是一存在谓词。[①]“一些事物不存在”能用逻辑公式表达为“∃x（¬E!x）”，如“飞马不存在”就可以表达为¬E!p，等等。

词项“非存在”（non-being/non-existence）在以上对“有”和“存在”词项分析的基础上，只是多加了一个前缀“非”（non-）。前缀“非”（non-）一般用在名词、形容词和副词词首，表达否定原词的意义。如“学生”与“非学生”、“存在”与“非存在”。从逻辑词项类型的划分角度看，词项“存在”与词项“非存在”是正负两个词项。词项“对象”，在德语中迈农有两个词项典型地翻译为英文中的“对象”（object）：“*Gegenstand*”和“*Objekt*”。词项“*Gegenstand*”指称一个心理行为能被指向的任何东西。词项“*Objekt*”仅仅指称那些不是客观存在的事物（objectives）（如事件的状态或命题）的 *Gegenstande*。每一客观存在的事物都是关于某物的，某种 *Gegenstand*。在一般意义上，我们对词项“对象”理解为我们所思考或言说的人、事或状态等。

一般地说，一个“非存在对象”是不存在的某种东西。例如，宙斯、飞马、永动机、金山、圆的方，等等。一些哲学家认为，一个非存在概念是矛盾的（休谟）或逻辑地所知不多的（康德、弗雷格），弗雷格认为，“存在”不是一个个体谓词，而是一个概念的一个属性。如果休谟是对的，那么一个对象的概念就包括存在的概念，并且一个非存在对象的概念就会像一个圆的方一样自相矛盾。如果弗雷格是对的，说一个对象是非存在的，就是一种引起违反逻辑语法的无意义之事。然而其他哲学家如莱布尼茨、迈农、罗素等，则已经全身心地论证它、相信它。到底有没有非存在对象呢？如果有非存在对象，那么它们是什么类型的对象呢？它们能被描述吗？有可能提供有关非存在对象的统一理论吗？这样的理论的解释力又如何呢？

二、非存在问题的历史根源

吉尔伯特·赖尔曾说过，如果迈农主义不死，任何东西都不会死。现代的非存在论由于为迈农所首创，因此人们常把它称作迈农主义（Meinongianism）。20世纪和21世纪有关非存在对象的哲学著作通常把迈农的所谓“对象理论”作为他们的研究起点。因此，我们有必要大致了解这一理论背后的动因和基本原理。

---

① Charles H. Kahn，*Retrospect on the Verb “TO BE”and the Concept of BEING*，in Simo Knuuttila and Jaakko Hintikka（eds.），*The Logic of Being*，Dordrecht：D. Reidel Publishing Company，1986：101-103.

迈农（A. Meinong，1853~1920 年）的非存在论渊源于中世纪非存在论的启发，但直接的成因却得益于他对布伦塔诺有关思想的继承和改造。迈农非存在论的理论前提是承认心理世界有不同于实在对象的意向对象的存在，有非存在存在。具体而言，迈农的思想有这样几个要点：①存在着这样一些对象，在某种意义上，它们是金山、方的圆、独角兽、妖怪、虚构的人物等。它们对于分析意向活动与态度是必不可少的。②这些对象是个体，既不是属性，也不是属性之集合。③这些对象可能与属性的可能复合发生关联。④这些对象没有时空定位。⑤有一些对象在某种意义上是不完全的。⑥“既方又圆的东西是圆的”这样的句子在某种意义上是关于这类对象的断定。

迈农关注并不指向任何存在之物的意向状态问题。这个问题的起点是所谓的“意向性原理”，他说，心理现象由指向一个对象的“意向指向性”所描述（characterized）。例如，爱总是爱某物，想像总是想像某物等。总之，每一意向行为都是“关于”某物。问题是，它们又是人们总是想像、期望或害怕不存在的某物。一些人害怕魔鬼，尽管魔鬼不存在。许多人希望中东和平，但是中东没有和平。即使金山不存在，也很容易想象它。所以，迈农认为，对每一心理状态都真正地有一个对象，如果这个对象不是一个存在的对象，那么至少是一个非存在对象。很明显，我们在思考非存在对象时，不得不思考意向性问题。一个对象可以拥有任何属性，无论这个对象存在与否，都相互独立。例如，（非存在的）金山确实是金的且是一座山；圆的方确实是圆的且是一个方。对每一单一属性和每一属性集合，有一个相对应的对象，或者是一个存在的对象，或者是一个非存在对象。

迈农非存在论中的描述原则是判断是否存在非存在对象的重要标准。在他的对象理论中有两个概念极为突出，也最为重要。一是 Sein，可译为“存在”。如果说一个对象 Sein（存在），那么就是说它有存在地位，即使这对象是虚无。二是 Sosein，可译为“实在”或“实存”。说一对象实存，就是说它是由它所具有的属性构成的，这些属性是蕴涵着实在的属性的，因而可为人直接知觉到，进而可为人们以某种方式加以描述。他的描述原则可以这样表述：如果 A（x）是属性或属性的合取，那么我们就能描述一对象，CA，并能肯定 A（CA）。这也就是说，只有当有属性存在时，我们才能作出描述，并肯定有对象存在。如果能作出描述，那么就可以肯定有对象及属性存在。反之，如果对象没有可被描述的属性，我们在谈论它们时就不知道谈的是什么。按照这一原则，宙斯就是存在的。因为我们和古希腊人都能对他作出各种各样的描述，如说他生活在奥林匹斯山上，是众神之首等。再如，当我们想到方的圆、金山、不老泉这样的事情时，我们想到的是这样的对象，它们真的例示了被描述的特征，如方、圆、金、山、泉水、不老等。根据这种观点，这些意向的对象尽管不存在，但的确例示了存在着的特征，如方、圆等[①]。他指出：存在着非存在的、可能的东西，甚至还存在着非存在的、不可能的东西，这是自明的，或者说是直觉上再清楚不过的。例如，我们能用词语和摹状词来指称它们，它们毕竟是思维的对象。[②]

迈农最初的对象理论我们用 MOT^0 来表示，他提供了一种形而上学。相对应于无（the void），迈农假定了非存在领域。这个领域充满了非存在对象。它们用作非存在（beingless）事物的思想对象。值得注意的是，迈农所谈论的对象存在，仍然是一种我们自然语言所理解的时空中的对象存在，而非存在对象就是不在该时空当中存在的对象。这一理论缓解了修改的单一理论所背负的沉重的语义负担。它具有这样的优点：它能区分有意义的语词和无意义的语词、短语，以及相关于一个非存在对象的短语。迈农理论也有两个主要问题：第一是，该理论要求有不可能对象，如非方的方。这些对象显示出矛盾，这样就威胁了迈农理论的一致性。尽管对此进行了辩护，但仍未果。第二个问题是与修改的单一理论所共有的。这两个理论都假定有缺少 being 的事物。总之，它们都假设：有真的说没有这样事物的事物。这种假设是一个无法回避的矛盾。

在迈农对象理论之后，被选择的对象理论、多重被选择的对象理论、媒介理论等，都从某一个角度分析了非存在问题，但都没有最终解决之。当代非存在理论已经修改了 MOT^0，以便于避免非存在对象所引起的一系列悖论。

三、非存在问题的当代辩护策略

近年来意向性"形而上学问题"的研究开始扭转原来的那种对迈农主义一概批判的倾向，而出现了新的转向。而罗素、蒯因、马里、帕森斯、泽尔塔、普赖斯特等人则展开了对迈农主义的当代论争。罗素通过他的摹状词理论揭露和消解迈农非存在论中的问题。尽管罗素作了那样的批评，但他最先引证迈农的论著并使之产生较大影响。蒯因在批判迈农的基础上指出，是否有非存在对象这一问题是可以根据罗素的摹状词理论来予以解决的。蒯因驳斥非存在论的另一根据是：

---

① A. Meinong，*Uber Gegenstandstheorie*，in *Untersuchungen zur Gegenstandstheorie und Psychologie*，Leipzig：Barth，1904：87-117.

② A. Meinong，*On the Theory of Objects*，in C. Chisholm（ed. and trans.），*Realism and the Background of Phenomenology*，Glencoe，IL：The Free Press，1960：82.

没有办法对非存在的对象进行个体化，即无法说明两个非存在对象的同一与差异或独特的个体性。但在普赖斯特看来，非存在对象之间是有同一性和差异性的，因此可以个体化。马里认为意向性要存在，必然有其对象，否则会因为缺乏对象而不能出现。而这里的对象既可以是现实存在的，也可以是编码了某些属性的对象，即非存在的对象。帕森斯用古典的命题逻辑对罗素的理论作了批驳，进一步发展了迈农的抽象对象理论。泽尔塔从内涵逻辑出发，通过深入分析作为意向语句的内涵，论证了意向对象包括非存在对象的存在性，形成了比较完备的抽象对象理论。他认为，意向状态所指向的不存在对象是一种“抽象对象”，这种对象在特定的意义上也是存在的。纵观之，非存在问题的当代辩护策略主要体现在以下几个方面：

1. 对象属性策略

根据这一策略，一个对象具有两种属性：核内属性和核外属性（nuclear and extranuclear properties）。核内属性构成该对象的“本质”，核外属性则为该对象本质之外的属性。根据迈农的观点，核内属性或者是构成的，或者是连续的。一个对象的构成属性是那些在描述中外在地被论及的属性，这种描述被用来挑选、辨别对象。一个对象的连续属性就是那些无论如何都被该对象的构成属性所包括或所隐含的属性。例如，称为“金山”的对象是那些具有核内属性的对象，这些核内构成属性是“是金的”和“是山”，而其连续属性则可能是“是物质事物”、“是引申拓展的山”等。

一个对象如何能够获得或丧失属性而不改变它的 Sosein。帕森斯提出运用核内和核外属性的区分来作为避免罗素论证的一种方式。根据独立原则，存在的一种仅追根溯源意义能够是核内的，而其完美无缺的意义必定是核外的。帕森斯认为核外属性并不是该对象的属性，而是该对象的 Sosein 的属性。后来帕森斯勾勒了他的理论的唯名论版本。根据这一理论，对象 x 是对象 y 的一部分，当且仅当 y 具有 x 所具有的所有核内属性。因为核内属性的每一可能组合都构成某一对象或其他对象。对于每一属性，必定有一个对象仅仅具有该属性。称这些对象是原子对象。帕森斯提出支持这些原子对象无需核内属性。所有非原子对象都是由原子对象所构成的。很显然，核外属性不能以这种方式被处理。否则，对象有它们的核内属性个体化的这一原则就会被违反。帕森斯未解释核外属性如何运作——使这些属性如何能与唯名论相融合。

帕森斯（T. Parsons）在 1980 年完成的《论非存在对象》一书中，依据古典的命题逻辑，对罗素的理论作了批驳，进一步发展了迈农的抽象对象理论。在他看来，对于核内属性的每一条件来说，总存在着一个对象，它例示的正好是符合这一条件的属性。紧接着，帕森斯依据他的世界观和逻辑原则对罗素的观点进行了反驳，对迈农的观点作出了辩护。① 以“方的圆”这一摹状词为例，罗素认为，它指的对象是不存在的，因为它违背了事实原则。其推论是：①既方又圆的东西是圆的，②它是方的，③如果某物是方的，那么事实上它就不可能是圆的。④因此这东西是不存在的。帕森斯认为，这个结论是推不出来的，因为③是错误的。根据在于：③太宽了，既包括可能的对象，又包括不可能的对象。在他看来，③要成为真的命题，唯一的条件就是，其限定词应局限于可能对象的范围。如果将对象限定在这个范围，那么就可以认为它能例示矛盾的属性，即它可以作为既圆又方的对象存在。而这在帕森斯看来不是没有可能的。

核内和核外属性的区分可以帮助迈农避免形式上的不一致，但是事实上使这一理论更复杂。但是通过引入这样的区分，形式上的不一致总是能够被避免。就这一点而言，帕森斯的这种辩护是有些成功的。但这并不意味着帕森斯的辩护是彻底成功的。例如，有学者认为：存在的金山违反矛盾律。因为它既存在又非存在。这一对象属性策略则指出，存在是一个核外属性，但是仅仅只有核内属性能被当作一个对象的构成属性。存在的金山只是例示了核内属性存在，也例示了核外属性存在，这与“存在的金山不存在”之间没有矛盾。对象属性策略区分了作为属性的存在和作为谓词的存在，这就消解了由于非存在问题所引发的一些逻辑悖论。

2. 语言策略

语言策略主要是辩护者从语言学角度来考察非存在问题，尤其是对非存在对象问题的探讨。具体而言，有两种比较突出的策略。一是双重系词策略，二是持有者中介策略。

根据双重系词策略，在属性和个体之间有两种关系：例示或编码。② 这种策略的不同倡导者用不同的术语来表达，如：

金山由“是金的”属性和“是山”的属性所决定。

金山是与“是金的”属性和“是山”的属性相结合的。

---

① T. Parsons, *Nonexistent Objects*, New Haven: Yale University Press, 1980: 22.

② Maria Reicher, *Nonexistent Objects*, in *Stanford Encyclopedia of Philosophy*, Stanford: Stanford University, 2006: 14-16.

金山是由不完全地被决定的属性共同结合成的。

“是金的”属性和“是山”的属性被归于金山。

金山编码“是金的”属性和“是山”的属性。

金山例示“是金的”属性和“是山”的属性。

这些表达中共同的问题在于：系词“is”（是）是模棱两可的。我们借用泽尔塔的逻辑传统：“F b”代表“b 例示“是 F”的属性”。“b F”代表“b 编码“是 F”的属性”。所谓例示是真实的对象表现自己所具有的真实属性的过程。例如一红色对象表现出红的属性实即它例示了红的属性。根据例示的这一规定性，就不能认为迈农的非存在对象有例示属性的功能。这是因为他是用自然语言而非用形式化语言表达他的哲学观点的，例如他所用的系动词“是”就有歧义性，对之可从不同的角度加以理解。所谓编码，指的是“限定成分与被限定项之间从形而上学方面关联起来的方式”。

根据双重系词策略，称为“圆的方”的对象是编码“是圆的”属性和“是方的”属性的对象且无其他属性。这样，根据 MOT^{DC}，称为“圆的方”的对象是 $\tau x \forall F(xF \equiv R \to F \vee S \to F)$，就确切地编码了两个构成属性（“是圆的”属性和“是方的”属性）。当然还有许多甚至是无限多的属性由这个对象所例示，如例示：“不是红的”属性，不编码“是红的”属性的属性，被罗素已经思考过的属性，不完全地被决定的属性等等。在泽尔塔看来，存在着三种指称非存在的摹状词或专名。第一类是“方的圆”“金山”之类的摹状词，第二类是表示一些虚构的故事中的人根本没有的属性的摹状词，如某人能飞十万八千里的属性，三是表示有混合特征的对象的表达式，如“古希腊人所崇敬的神”。泽尔塔在批判的基础上，借鉴马里、胡塞尔和弗勒斯达尔的有关思想，形成了自己的意向对象理论。他认为，意向状态所指向的不存在对象是一种“抽象对象”（abstracte object，可简称为 A-object），这种对象在特定的意义上也是存在的。非存在对象就是编码了相应属性的抽象对象。①

根据持有者中介策略，传统的语言理论无论是单一理论还是思想与语言媒介理论，都无法彻底解决非存在问题，因而我们需要“持有者理论”。Michael John Thrush 论证到，仅有的充分理论是那些假定抽象对象的理论。这些抽象对象发挥着虚构特征的作用。不仅在虚构问题上，这些理论应该被普遍化，而且应运用到

---

① E. Zalta，*Intensional Logic and the Metaphysics of Intentionality*，Cambridge，MA：The MIT Press，1988：108-114.

一般意义上的非存在问题。他发展了这样的一种普遍化的抽象对象理论，称之为“持有者理论”（theory of holders）。持有者理论为单一理论（simple theory）和思想与语言的媒介理论（mediated theory）提供资源来解决非存在问题。它是一个本体论上极为丰富的理论。它假定大量对象来用作其他非指谓词项的指称。①他认为抽象对象、虚构对象、未知行星、数字、怪物等都称为持有者。他否认$\forall x \neg Fx \leftrightarrow$ non- Fx。一个对象既持有不一致的属性又具有不一致的属性，这是不可能的，这也显示出该理论的自相矛盾。②持有关系。理解持有关系的本质会有助于澄清或解决一些悖论。例如，圆的方是一个持有者，它持有圆和方的属性，但它不具有之。圆的方持有所有且仅仅构成它的属性。一个属性和它的持有者之间的关系是部分与整体的关系。总之，x 持有 y 当且仅当 x 是一个持有者且 y 是 x 的一部分。如果我们接受属性和部分与整体的关系，那么我们也应该接受持有关系。③持有者的多重性（plurality）。语言和思想提供我们资源来描述非存在事物的所有方式。持有者理论是多种被选择对象理论的一个最新版本。它提供了一种方式来统一和系统化抽象对象的集合。属性和关系是简单的持有者，它们没有适当的部分。由多于一个属性或关系所构成的持有者，根据它们是否遵守排除原则和饱和原则，能够被分类。每一属性 P 具有一个补充属性：non-P。如果一个持有者满足饱和原则，则它被称为完全的，否则为不完全的。如果它满足排除原则，则它被认为是一致的，否则称为不一致的。有不完全的持有者和不一致的持有者，它们都是非存在问题所要求的。与迈农理论不同的关键之处在于：一个持有者不能是不完全的或不一致的，即从每一属性补集对中，它无法具有一个确切的属性。因为每一对象在这种意义上是完全的和一致的[①]。

持有者理论不仅提供解决非存在问题的方案，而且还为抽象对象提供了一个统一理论。Michael John Thrush 认为，持有者能用作思想、语言媒介理论的交互媒介。根据媒介理论，一个短语是有意义的，因为它是与一个交互媒介相关的，而这个交互媒介的“点”指向一个被意想到的对象，即使没有合适的对象被指向。关键在于：首先，一个持有者不产生像罗素的指谓概念那样的悖论。第二，一个持有者指向一个对象，如果这个对象具有所有的持有者所持有的属性。第三，一个持有者指向的对象，即使是不存在的，但具有所有被持有的属性。指向的方向是由其被持有的属性所决定的。Michael John Thrush 的持有者理论有助于比较单一理

---

① Michael John Thrush，*The Problem of Non-being*，Ann Arbor：Bell &Howell Information and Learning Company，2001：317-334.

论和媒介理论，而且能解决两者之间的相关争论。媒介理论加上持有者理论使我们能够言说什么东西不是。因为即使没有任何东西与之相对应，持有者用作我们语词和思想的意义，仍可以解决非存在问题。

3. 可能世界策略

可能世界策略体现了对非存在问题的逻辑思考。当代许多辩护者对非存在问题的研究，除了上面从语言学传统，尤其是语义层面来考察非存在问题以外，更多的学者倾向于运用逻辑手段来解决之。普赖斯特就是其中的杰出代表。普赖斯特的非存在论辩护具有深刻的当代意蕴，他通过《走向非存在——意向性的逻辑和形而上学》一书为迈农主义进行了辩护，他希望“这本书已经为意向性的非存在论提供了一个基础，并且在此基础上已经使我们走向了非存在。”[①] 在这本书中，普赖斯特在介绍意向算子和意向谓词之后，就直接用很大的篇幅引入了世界语义学的内容，并且运用逻辑手段直接对三种非存在对象的具体论证。在普赖斯特看来，虚构对象和抽象对象都与可能世界有关。他讨论了包含可能世界在内的多世界（worlds）问题。普赖斯特说：“在非存在论语境之下，明显的策略就是把现实世界之外的一切世界当作非存在世界。”[②] 这也就是说，非存在论的世界图景包括两大部分，一是现实世界，二是非存在世界，它又包括各种可能和不可能世界。可能世界与不可能世界尽管是非存在对象，但并不能等同于抽象对象。例如关于福尔摩斯大侦探的故事所发生于其中的世界就是一种可能世界，但它不是抽象对象，因为其中充满这样的事物，如各种人物以及标准的物理对象。当然也可能有这样的可能世界，里面没有任何对象存在。即使意向谓词所述说的非存在对象也是存在的，如“金山”、“宙斯”等是非存在的，也一定是存在的，不是存在于现实世界就是存于可能世界之中。

普赖斯特运用与形式语义学有关的形式逻辑技术，使得意向性的形而上学观点具有严格的逻辑支持，从而给与这种观点精确性、可行性方面的论述。他创造性地引入意向算子和意向谓词，对非存在论进行了逻辑语义学论证，有理有据地将谓词逻辑、模态逻辑、可能世界语义学等融入了论证过程之中，这是在他之前的学者所未曾尝试的。普赖斯特认为非存在论最大的难题涉及自我指称语义悖论家族中的指谓悖论。自我指称语义悖论是由支配我们的语义概念，特别是一些有

---

① Graham Priest, *Towards Non-Being: the Logic and Metaphysics of Intentionality*, Oxford: Clarendon Press, 2005: 169.

② Graham Priest, *Towards Non-Being: the Logic and Metaphysics of Intentionality*, Oxford: Clarendon Press, 2005: 139.

关真值、满足条件、指谓的新原则所造成的。我们传统的指称理论认为每一个词项都具有一个指谓。常规的这些悖论通常通过次协调逻辑在现实世界中允许自相矛盾而最终被解决。但是次协调逻辑策略对于非存在论者不是开放的。既然一个人能把一个对象按照他所喜欢的方式来具体描述之，那么，所有词项必须有指谓，并且可以假设一个词项有一个以上的指谓，即多重指谓逻辑策略。接着，普赖斯特运用一些逻辑公式对多重指谓逻辑进行了语义学解释，即多重指谓语义学。在多重指谓逻辑语境下，每一个词项的指称不再是一个单个词项，而是一个词项集合。例如，思考摹状词“一个红色的事物”，这指称了现实世界中的一些红色的事物，但是它应该也指称了一些非存在的红色事物，如在其他可能世界中的红色事物。很明显，在对多重指谓逻辑进行了语义学解释过程中，普赖斯特引入了可能世界语义学的内容，从而使得摹状词的指称问题、非存在对象的指称问题在其中得以解决。另外，普赖斯特阐述了这种多重指谓语义学的属性，并且对相关的语义悖论给出了他自己的修改意见。总之，普赖斯特通过它的多重指谓逻辑策略使得非存在论所面临的对象指称难题消失了。

以上这些当代辩护策略充分体现了在哲学研究、尤其在心灵哲学意向性等问题的研究中，非存在问题是不可回避的。对象属性策略体现了非存在问题的传统哲学解决方案的现代拓展，语言策略体现了非存在问题的语言学研究的当代趋向，可能世界策略则向我们提供了一种更精细的逻辑论证思路，也是当代非存在问题解决过程中不可忽略的重要参考。

概念的本体论地位初探*

在心灵哲学中，我们经常会遇到这些问题：概念的本体论地位是什么？概念的构造理论有哪些？有关概念的经验论和天赋论区别在哪里？概念和自然语言的关系如何？概念与概念分析方法有何关联？这其中概念的本体论问题是最根本的问题。对于概念的本体论问题的回答，也就是对概念究竟是什么的回答，也是回答其他问题的基础所在。当代概念研究中对此问题的回答主要体现在将概念同一于心理表征、能力和弗雷格式的含义以及抽象对象等方面。

一、概念是心理表征

作为心理表征的概念，是心理实体，并且被当作心灵表征理论（RTM）的起点。根据 RTM，在表征的内在系统中思维出现。例如，苏珊可以相信，戴夫比凯茜高，也相信凯茜比约翰高，这一起可以使苏珊相信戴夫比约翰高。在有关戴夫、凯茜、约翰和它们之间的这种关联的心理表征会构成她的信念。作为反对期望或其他心理状态，产生这些信念的东西就是这些符号具有信念的因果－功能角色的特点。RTM 通常将信念和其他命题态度当作一个主体和一个心理表征之间的关联。[①]。这种关联是在一个人的心灵中具有被标记的一个典型类型功能角色的拥有一个表征的事情，更简单地说，呈现的信念正好是具有功能角色特点的心理表征。RTM 的许多倡导者使涉及信念和其他命题态度的心理表征具有内在结构。Sue 的信念中的这些表征由更基础的表征构成。对于采取概念的心理表征观的理论学者来说，概念同一于这些更基础的表征。RTM 的早期倡导者（如洛克和休谟）称这些更基础表征为观念（ideas）并且把他们当作心理意象（images）。但是 RTM 的现代视角假设许多思维并不具有心理意象基础。当代坚持古典观念描述方式的学者认为，表征的内在系统具有一种类似语言的句法和复合语义学。根据这种观点，许多思维具有类似语词的心理表征基础。这种观点经常被称为思维语言假说观

---

* 在高新民教授的指导下完成，原载于《福建论坛》2009 年第 9 期。

① J. Fodor，*Psychosemantics*：*The Problem of Meaning in the Philosophy of Mind*，Cambridge，MA：The MIT Press.，1987：16-17.

（LOTH）。[①] 但是，这种语言类比是不完全的；这种内在系统必定明显地缺少与自然语言相关的许多属性。然而，像自然语言一样，内在系统的公式被用来具有主词 / 谓词形式并且包括逻辑工具如量词和变元。另外，一个复杂符号的内容被假设是它的一个句法构造功能和它的构成成分的内容。

从概念理论的历史发展来看概念本质，从概念的古典理论到新古典理论，它们都不同程度上认可概念是心理表征。概念的古典理论认为，大多数概念（特别是词汇概念）是被构造的心理表征，这些心理表征为概念的应用编码一组充分必要条件。该理论具有强有力的解释来源，它对概念获得、范畴化、认识论证明、分析蕴涵、指称决定提供同一的描述，所有这些直接从它的基础承诺中显现出来。概念的原型理论认为，大多数概念（尤其是词汇概念）是被构造的心理表征，这些表征编码在这些概念外延中的对象所倾向于拥有的属性。例如，如果 BIRD 由飞，歌唱，树上有巢，下蛋等等这样的特征构成，那么，在原型理论上知更鸟就是 BIRD 的外延，因为它们倾向具有所有相应的属性：知更鸟会飞、有腿、下蛋等等。但是，BIRD 也应用于鸵鸟，因为即使鸵鸟不具有所有这些属性，但是它们具有足够的其中属性。概念的理论 - 理论认为，概念是心理表征，这些表征的构造由它们与其他概念的心理理论所具体化的关系所构成。概念的新古典理论认为，大多数概念（尤其是词汇概念）是被构造的心理表征，这些表征编码部分定义，就是说，编码它们应用的必要条件。[②]

概念的心理表征观在认知科学中是缺乏地位的（Pinker□1994）而在心灵哲学中，特别是在把自己的工作看作与认知科学中相关研究密切相关的哲学家中，这种观点受到广泛支持。（如 Carruthers、Fodor、Harman、Aurence、Margolis 等人）这种观点的支持者以一种解释性的理由来论证之。他们坚持认为：概念和被构造的心理表征在描述思维的产生性中发挥极其关键的作用（也就是说，人类能接受许多未受约束思想这样的事实）并且在描述心理过程如何能在大脑中既是理性的又是被实现的方面也发挥极其关键的作用。

这种概念的心理表征观的批评者论证到：可能具有命题态度无须具有相关的心理表征而在大脑中被标记出来。丹尼特论证到，大多数人相信斑马在野生环境中不穿外衣——并且有成百万的其他类似事实——即使他们从未停止过考虑这样的事情。丹尼特也注意到，在描述和预言计算系统的行为中对应于我们所引

① J. Fodor，*The Language of Thought*，Cambridge，MA：Harvard University Press，1975：27.

② E. Margolis，S. Laurence，*Concepts*：*Core Readings*. Cambridge，MA：The MIT Press. 1999：3-77.

用的解释，这些计算系统能够缺乏表征。例如，可以在一种完全意义上说到：一台下棋计算机，它认为在早些让一方的王后出局（get out）是不错的，即使从该计算机如何不被编程中我们知道它并不具有相关内容的表征。其他批评者（如Churchland、Horgan、Woodward 等人）认为，RTM 太密切地相关于常识心理学，他们论证认为这种常识心理学作为一个迟钝的、退化的研究方案应该被抛弃掉，或者在计算模型中发展其他方案 / 方法，特别是 RTM 的思维语言视角。

二、概念是能力

作为能力的概念，体现的是概念的能力观，它坚持认为，概念是心理微粒（particulates）是错误的——概念既不是心理意象（imagine）也不是在思维语言中类似语词的实体。概念是认知主体的特殊能力。例如，概念 CAT 可能就等于是从非猫中区分出猫的能力和对有关猫作出某种推理的能力。

而这种能力观被不同的哲学群体所坚持。采取这种观点最主要占主导地位的就是有关心理表征的存在和效用的深刻的怀疑主义，这种怀疑主义可以追溯到维特根斯坦。这其中最具影响力的论证之一就是心理表征是解释上无用的，因为它们随即又带来了许多被假定来解释的问题。例如，达米特警告反对在第二语言知识模型上试图解释第一语言的知识。在第二语言情况中可以合理地假设：理解该语言涉及翻译语词和语句成为一个人第一语言的语词和语句。“谈论一个概念进入某人的心灵确实是毫无意义的，并且这使我们无任何进展。因为我们仍然不得不问他使此概念与由什么所构成的意象相关联。”[①]这样，说概念是心理表征会让我们产生更多的解释行为，或者使我们陷入一个恶性倒退之中，从而不得不借助表征来对解释进行解释。

在形式本体论中谈论概念实在论时，概念就被认为是一种认知能力。作为相互主体性可实现的认知能力，概念不是心理对象——例如：它们不是如在英国经验论传统的概念论中的心理意象或观念——尽管当被实践时，它们导致对象，即言语和心理行为，那都是某些类型的事件。特别是，作为认知能力①这些能力决不可以被实践；②不可以由不同的人同时实践之，或者③由相同的人在不同的时间实践，概念根本不是对象，而是具有一种未被充盈的（unsaturated）本质类似于、但不等同于弗雷格的本体论中的未被充盈的本质概念。然而，与弗雷格本体

① M. Dummett，*The Seas of Language*. Oxford：Oxford University Press，1993：98.

论中不同的是，概念论的概念是认知能力，当被实践时导致一个言语或心理行为。指称概念和可述谓概念体现的就是：每一个概念都具有认知结构，互为补充。在概念论中正是在指称概念和可述谓概念之间的那种互补性强调了语言和思维的心理化学。特别是，作为一种未被充盈的认知能力，当指称概念和可述谓概念在一个言语或心理行为中一起被实践时，它们相互彼此充盈。[①]不足为奇的是，这种能力观的批评者以其他方面论证之。他们注意到，这种能力观通过它对心理表征的拒绝而得以发展。困难在于：这样的观点对于解释思维的产生性并不是太好的方式；它对心理过程论证很少。并且如果这种能力观的支持者对有关心理表征的存在保持中立，他们不得不面对这样的观点：即这些能力的显现是根据强调心理表征和过程而被很好地给予的。

三、概念是抽象对象

19 世纪德国哲学家弗雷格首先将概念等同于含义，这也就是我们所熟悉的作为弗雷格式含义的概念。弗雷格的语义理论已经在哲学和语言学的语义理论发展上具有了巨大的影响。弗雷格论证到，含义不能是心理实体。在哲学中普遍坚持认为，概念正是弗雷格式的含义。这种探讨过涉及含义的本体论地位问题，也就是概念的本体论地位问题。

作为弗雷格式含义的概念，这种观点把概念等同于抽象对象，作为反对心理对象和心理状态（如，皮科克、泽尔塔等人）。概念被说成是命题的构成成分。对这种观点的支持者来说，概念一方面是思想 / 思维和语言之间的中介，另一方面是思维 / 思想和指称物之间的中介。不具有一个指称（“pegasus”）的一个表达不需要缺少一个意义，因为它仍然具有一个含义。把概念当作含义的哲学家特别强调含义的这种特征。例如，皮科克把一个概念理论的对象表述如下：“概念 C 和 D 是不同的当且仅当有两个完整的命题内容，这些命题内容至多在包含 C 的内容中有所不同，并且 C 被替换 D 的一个或更多的位置，并且这两个内容之一是潜在的有信息的而另一个没有。”[②]。总之，C 和 D 体现不同的表述模型。为避免术语混淆，我们应该注意，弗雷格并未使用词项“概念”来表示含义，而表示谓词的指称。同样值得注意的是，弗雷格使用词项“思想”来代表命题，因此对于弗雷格

① Nino B. Cocchiarella, *Formal Ontology and Conceptual Realism*, Dordrecht: Springer, 2007: 142-144.

② C. Peacocke, *A Study of Concepts*, Cambridge, MA: The MIT Press, 1992: 2.

来说，“思想”根本不是心理状态。

概念是弗雷格式含义的观点，被反对将概念同一于心理表征的哲学家们所坚持。皮科克和泽尔塔 在此基础上进一步地坚持认为概念就是抽象对象。皮科克本人他认为：“对于一个相同概念在不同个体中接受不同心理表征，这是可能的。”[①] 他说：

> 如果我们接受：一个思考者对一个概念的拥有必须由某中涉及心理表征的亚人状态来实现，为什么不简单地说这个概念就是心理表征呢？正如 Margolis 和 Laurence 所作出的那种建议一样。心理表征（它们是概念）甚至能由我所感兴趣的相应拥有条件类型化（typed）。这似乎对于我来说是一个完全合乎规则的一种心理表征观念；但是它不是十分彻底的一个概念观念。例如，人类从未被获得的概念是存在的，这能够为真，因为人类理智制约或者在人们达到他们能获得这些概念的一个阶段之前，太阳会膨胀到灭绝人的生命。“存在从为被获得的概念”并不可能意指或蕴涵“存在心理表征，它们在任何人的心灵中不是心理表征。”如果概念由它们的拥有条件个体化，另一方面，有关从未被获得概念的存在就没有任何问题。它们仅仅是那些其拥有条件从未会被任何思考者所满足的概念。[②]

这明确指出了，把概念同一于心理表征排除了存在人类从未接受、或不可能接受、或从未被获得的概念的可能性。后来，皮科克进一步指出，概念就是抽象对象。他说：

> 概念是抽象对象。概念研究的目标在于，通过发展一种合理应用（legitimation by application）的一般描述来给予所要求的详细阐述。如果在划分自然的、非抽象世界中，给予描述本体论如何被运用其中，那么抽象对象的本体论就是合理的。例如，如一个混合的陈述“有 9 颗行星”是等值于一个合取。这个合取的第一元素就是个体化条件“9 是唯一的数 n 使得必然有 n 个 F 当且仅当存在有不同对象 a，b，…i，它们都是 F 并且它们都穷尽（exhaust）F”。该合取的其他元素是整个非抽象条件，即有不同对象 a，b，…i，它们都是行星并且它们都穷尽这些行星。因此，该合取的第一元素具体化数 9 在划分概念（或属性）中的作用，而其他

① C. Peacocke，*A Study of Concepts*，Cambridge，MA：The MIT Press，1992：3.
② C. Peacocke，*A Study of Concepts*，Cambridge，MA：The MIT Press，1992：169.

> 元素在这种情况中实现了它正确应用的条件。概念的抽象本体论是由它在划分心理状态和语言学状态中的作用所平等地合理化的。……一个概念的拥有条件清楚地说明它有助于这种划分作用。①

皮科克通过逻辑合取显示了概念的抽象本体论特征。这使得对于概念的本体论地位的探讨精确化。而泽尔塔则通过抽象对象理论最重要的两条原理进一步为概念是抽象对象辩护：

$\exists x(A!x \;\&\; \forall F\ (xF \equiv \varphi))$

$x=y \equiv \Box\forall F(xF \equiv xF)$

第一条原理表达抽象 φ 对象的存在条件，第二条表达了它们的同一性条件。②抽象对象是本体论研究、对象理论研究的核心问题之一。抽象对象的形式主要有属性、关系、概念、命题和数学对象等。什么是抽象对象呢？有一种观点认为，所谓抽象对象就是没有现实地进入与我、你、我们生活于其中的事物的因果链之中的对象。它的存在方式与虚构对象大不相同。抽象对象的标志在于：它必然没有实存的地位。普赖斯特认为，抽象对象有自己的标志。这标志不是事实的，而是反事实的。他说："更为成功的也许是反事实标准，它把前面两个建议结合在一起，强调：抽象对象是这样的对象，即如果它存在，那么它并不现实地与我们相互作用，反过来，一具体对象是这样的，如果它存在，那么它与我们有因果关系。"③

概念是命题的构成要素。哲学家和心理学家如福多、皮科克对意向解释感兴趣，他们承诺概念的存在，而另一些哲学家如蒯因则倾向于怀疑概念。哪些语句构成要素表达概念，这是有争议的。心理表征的倡导者会就心理表征方面通过运用类型 / 标记区别来回应这些论证，基于含义观点的批评者已经对诉诸这样的抽象对象的效用提出了疑问（Quine，1960）。他们指出：我们如何能接触这些抽象对象？弗雷格含义观点的倡导者描述我们对含义的接触是通过隐喻词"掌握"——我们被说来掌握一个表达的含义。那么如何掌握？为什么我们不能对它们持有不同的认知关联，正如我们能对指称物持有不同

---

① C. Peacocke，*Précis of A Study of Concepts*，Philosophy and Phenomenological Research，1996，56：408-409.

② E. Zalta，*Abstract Objects*：*An Introduction to Axiomatic Metaphysics*，Dordrecht：D. Reidel，1983：1-2.

③ Graham Priest，*Towards Non-Being*：*the Logic and Metaphysics of Intentionality*，Oxford：Clarendon Press，2005：136-137.

认知关联一样？

争议仍在继续，主要体现在：是否存在心理表征，并且是否它们能做各种 RTM 支持者要求的解释工作，或者是否这些解释提供最重要的或最一致的许多相关于词项“概念”所发挥的作用。或许我们可以把心理表征、能力和含义或抽象对象看作是概念$_1$、概念$_2$、概念$_3$等。尽管如此，在哲学中，尤其在心灵哲学中，把概念作为抽象对象是很普通的一件事情，也是当代大多数心灵哲学家所坚持的观点。

普赖斯特的非存在论辩护策略*

自柏拉图以来，著名的“非存在之谜”一直吸引着哲学家们为之绞尽脑汁。从穆勒的名称理论，到迈农的对象理论，再到罗素的《数学原理》及其摹状词理论，再到蒯因的《论何物存在》、克里普克的历史因果的命名理论等，都体现了非存在论问题备受关注。那么，非存在存在吗？“非存在必定在某种意义上存在，否则那不存在的东西是什么呢？这个纠缠不清的学说可以起个绰号名之曰‘柏拉图的胡须’；从历史上看来，它一直是难解决的，常常把奥卡姆剃刀的锋刃弄钝了。”①情况确实如此。

普赖斯特在《走向非存在——意向性的逻辑和形而上学》一书中为非存在论进行了有力地辩护，他希望：“这本书已经为意向性的非存在论提供了一个基础，并且在此基础上已经使我们走向了非存在。”②在这本书中，他通过逻辑分析意向算子与意向谓词直接对三种非存在对象的具体论证。

一、三种非存在对象的辩护

非存在对象是指不在现实世界中存在但仍有其存在地位的对象，是一种特殊的意向对象。非存在对象的形式很多，如纯虚构对象，抽象对象等。抽象对象中又有数学对象、一些具体科学的理论实在，如引力中心、力的平行四边形法则等。在《走向非存在》一书中，普赖斯特通过论述他的非存在对象来为非存在论辩护。他将非存在论的多种用法运用到虚构对象、数学对象和世界（worlds）之上，并对相关反对意见进行批判论证。

1. 虚构对象

虚构对象作为非存在对象是非存在论者最为关心的典型实例。普赖斯特指出：虚构对象就是出现在小说、故事、戏剧、神话和传奇中的对象。虚构对象有两种。一是有真实性或事实基础的对象，如一些传记中所写的拿破伦尽管有虚构的成分，

---

* 在高新民教授的指导下完成，原载于《福建论坛》2009 年第 1 期。

① 蒯因：《从逻辑的观点看》，陈启伟等译，北京：中国人民大学出版社，2007 年，第 2-3 页。

② Graham Priest，*Towards Non-Being：the Logic and Metaphysics of Intentionality*，Oxford：Clarendon Press，2005：169.

但拿破伦是真实存在的。还有一些虚构对象并不实存，完全是人想象的产物。他把这类对象称作“纯虚构对象”。不过，这两种虚构对象也有共同性，即它们都是意向状态的对象。他认为，虚构对象是有属性或描述的，当然这些属性是意向性的。虚构对象的属性是“被描述具有的”，即因为如此描述或虚构，它才具有。由此所决定，这些属性不必然地存在于现实世界之中，而只存在于这样的世界之中，即让故事、神话等完成它们表征事物所用方式的地方。不同的世界可能会有相同的虚构对象。

对于虚构对象的非存在论描述，主要有四方面的反对意见，普赖斯特都一一给与了回应。首先，反对者认为，对虚构对象的非存在论描述显现了故事虚构的不协调。这种不协调性明显地体现在不协调的世界中，而且不能够完全一致。并且在不协调出现的地方，我们必须使作者所说的内容无效。尽管这种不协调在虚构故事中是可能的，但并不影响人们对故事情节的理解。普赖斯特认为，次协调逻辑方案能解决这种不协调性。因为在次协调逻辑中，矛盾并不蕴涵任何东西。我们可以运用这种逻辑使特定的故事情节与整个虚构故事相协调。第二，反对者认为，对虚构对象的非存在论描述是不完备的。普赖斯特认为，单纯的命题逻辑语义学无法解决这种不完备性。对虚构对象的多种可能情况的真值，我们可以运用意向算子语义学或意向谓词语义学来对其逻辑析取公式予以解释。第三，反对者认为，这种非存在描述适应于我们会很自然地想要说的有关虚构对象的其他事情的真。例如，让 a 成为任何一个真正的侦探，那么虚构对象 Holmes（h）比 a 较出名，这是真的。也就是说，更多的人听说过 Holmes（h）——其中“听说”只是一个意向谓词。在现实世界中更多的人满足公式 xHh，而不是 xHa。（H 表示“已经听说过”）。普赖斯特认为，关于其谓词显现为存在蕴涵的虚构对象的真，我们可以根据谓词逻辑的有关知识构造它们的逻辑公式来分析其真值情况，而且可以在现实世界中运用意向谓词语义学来给与这些虚构对象语义解释。第四，反对者认为，如果事物被表征为是（being）的方式被现实世界所实现，并且如果有一个唯一满足描述条件的对象，那么那就是被描述的对象。对于虚构对象的描述条件问题，普赖斯特认为，被描述的对象并不具有唯一性。在与现实世界部分相关的虚构对象描述过程里，它们的特征在现实世界和可能世界中表现有共同之处，但不完全相同。在这些世界中相同的名称并不指称完全相同的对象。例如，名称“拿破仑”并不指称现实的拿破仑。因而我们可以假设对不同的世界拥有不同的意向状态，使得虚构对象与现实世界中的类似对象区被开来，使之具有意义。

2. 抽象对象

抽象对象的形式主要有属性、关系、命题和数学对象等。什么是抽象对象呢？有一种观点认为，所谓抽象对象就是没有现实地进入与我、你、我们生活于其中的事物的因果链之中的对象。它的存在方式与虚构对象大不相同。抽象对象的标志在于：它必然没有实存的地位。普赖斯特认为，抽象对象有自己的标志。这标志不是事实的，而是反事实的。他说："更为成功的也许是反事实标准，它把前面两个建议结合在一起，强调：抽象对象是这样的对象，即如果它存在，那么它并不现实地与我们相互作用，反过来，一具体对象是这样的，如果它存在，那么它与我们有因果关系。"①

另外，他还认为，抽象对象与虚构对象并不是绝对分离的，因为后者也可能包含前者。普赖斯特在正面阐述自己观点的基础上，还反击了实在论者对非存在论尤其是关于抽象对象的指责。在此基础上，他针对抽象对象的五条反对意见逐一进行辩驳。

反对意见之一：如果某些对象不存在，它们就不可能进入与我们的因果关系之中。那么我们如何能指称或述及它们呢？普赖斯特从指称的角度对之进行反驳论证。普赖斯特承认，有些对象的述及、指谓的确依赖于指谓的人与被指谓对象之间的因果关系，后者至少要刺激前者。但在他看来，批评者的问题在于犯了以偏概全、忽视意向活动特殊性的错误。首先，非存在对象确实不进入与我们的因果关系之中，因为因果关系是一种存在蕴含（existence-entailing）关系。而指称不需要这种因果关系。并且，存在与对象无关。其次，非存在对象并不威胁到专名的命名、指称。根据命名的因果理论，一个对象被挑选出来并被命名、被谈论，这时因果关系确实进入到了一个名称指称的转换之中，但是这里所涉及的因果关系是体现在现实的说话者之间的。一个人能指向一个物理对象并与之因果地发生作用，但是他也能用一个摹状词来刻画它。而这其中非存在对象根本无法威胁到这种状况，限定摹状词被用来挑选、指称非存在对象。再次，非存在对象即使没有进入我们与周围事物的因果关系，我们也能靠我们的意向性帮助完成对它们的指称。在这种情况下，因果关系就不一定参与进来。挑选一个对象来命名可以由物理行为来完成，也可以由心理行为仅仅通过思考这个对象来完成。最后，非存在对象不是私人的，它们与存在对象一样是公开的。由于意想是一个心理行

① Graham Priest, *Towards Non-Being: the Logic and Metaphysics of Intentionality*, Oxford: Clarendon Press, 2005: 136-137.

为，它不会落入到维特根斯坦的私人语言论证当中。

反对意见之二：既然它们没有进入与我们的因果关系之中，我们怎么可能有关于它们的认知呢？普赖斯特认为，人们知道对象的方式多种多样，有些是因果性的，而有些则是非因果性的。因此有些对象，即使没有进入与我们有关的因果链，我们也能知道它们。普赖斯特认为，如果我们要知道非存在对象及其属性，我们可以通过三种方式来获得。首先，通过反省或内省我们可以知道它们。例如，通过反省我知道隔壁门口（非存在的）那个人是我所害怕的人；通过被告知我也可以知道此人害怕你；通过阅读知道虚拟对象，如关于福尔摩斯的知识是通过阅读有关小说而得到的。这些知道方式与认识存在对象的方式没有什么区别。其次，通过假说和确证我们可以知道一些非存在对象及其属性。我们形成一个理论，这个理论是有关这些非存在对象是如何被认识的、如何被人的行为实现的。并且，我们会根据理论评价的常规标准，如简单性、一致性、数据的充足性等，来评价这个理论。最后一种最不同的方式就是通过描述，我们可以知道非存在对象及其属性。他说："知道非存在对象之属性的最独特的非存在论方式是描述。一个对象（不管是存在的还是别的）是由于 CP 把属性归属于它而有这些属性的，……我们显然是由于我们知道 CP 进而据以推论才知道这些属性的。"①

反对意见之三：根据已知的描述，虚构对象和数学对象都是非存在对象。然而它们似乎相当地不同。例如，有关虚构对象我们能包装其为真，但对数学对象不能。因此，这如何能成这样呢？普赖斯特认为，首先，尽管数学对象和纯虚构对象都是非存在的，但是数学对象必然地是抽象对象，而纯虚构对象通常仅仅偶然地是具体的。因而它们之间会有所不同，但不是根本上的不同。其次，从认识论地位上来看，并非抽象对象的所有知识都是先天的，其中有些是先天的，也有些不是。例如，我们先天地知道概念"红的"（一个抽象对象）被概念"着色"所包涵，但我们并不先天地知道概念"离太阳一定距离的第三颗行星"与概念"维护生命的行星"是共外延的，尽管这体现的恰好是抽象概念之间的一种（抽象关系）。并非我们关于虚构对象的所有知识都是后天的。最后，描述原则（CP）对于我们了解自然数的属性和纯虚构对象属性都适用对于一类需要具体化的描述对象，我们通常将它们与虚构（构想故事）相联系起来进行思考；而对于需要从其中推论出结论的一类对象，我们通常会将它们与数学联系起来进行思考，因为数

① Graham Priest，*Towards Non-Being*：*the Logic and Metaphysics of Intentionality*，Oxford：Clarendon Press，2005：145.

学由演绎形成，其结果由逻辑规律所支配，没有任何后天的东西。

反对意见之四：我们经常运用数学来告诉我们有关具体对象（的任何事情），非存在对象如何能尽可能地告诉我们有关存在事物的任何情况呢？普赖斯特论证到，既然有关现实对象的事实可以近似于那些有关非存在对象的存在，那么有关非存在对象的事实就能够告诉我们有关存在对象的信息。在许多情况下，我们运用数——这一非存在对象来确切地告诉我们一个存在对象将如何体现行为。我们可以运用数学对象的事实来精确地推论有关物理状态的事实，因为这两者有相同的结构。数学对象之间获得某种关系，这能从它们的描述中先天地被决定；但是这种物理关系是同构的，而数学关系是一个后天事实。有关非存在对象的属性能够告诉我们有关存在对象的信息的这种解释仅仅依赖于在物理的大小属性和数学的大小属性之间有某种关联。这种解释无法依赖于存在的数的大小，它所依赖的一切都是在合适的世界里它们具有正确的实在。

反对意见之五：非存在论者表面上不是但事实上就是一个柏拉图主义者。对于非存在论实质上就是柏拉图主义，普赖斯特从三方面指出两者之间仍有不同之处。第一，非存在论与柏拉图主义之间如上所述的转换关系是对称的。如果仅认为非存在论是可以还原为柏拉图主义的，这种观点是回避问题实质的，至少没有进一步论证。他认为我们同样可以说，柏拉图主义可还原为非存在论。第二，在任何情况下，这两者的立场之间都有不同之处。关键在于，非存在论者赞同 CP（描述原则），而柏拉图主义者通常情况下不赞同 CP。前者主张 CP 的任何事例都描述了一个完美的对象（尽管可能是非存在对象）；后者通常并不认为：一种任意的描述使得一个存在对象被刻画。数字、集合、集合线条、点，所有这些都存在，但是没有理由假设任何古老的公理系统或故事使存在对象具体化。第三，柏拉图主义者倾向于说有关数学对象是现实地为真的，但是非存在论者并不这样认为。然而，这种意见上的不同是表面上的。非存在论者仍坚持认为：标准的数学对象在现实世界中具有它们描述的属性；相反地，柏拉图主义者能够坚持认为：数学对象在除了现实世界以外的所有世界中都具有它们相似的属性。

更重要的是，普赖斯特用最后一章的篇幅阐述了非存在论的这一最强硬的反对观点，并尝试了他的解决方案——多重指谓逻辑策略。

普赖斯特认为非存在论最大的难题涉及自我指称语义悖论家族中的指谓悖论。自我指称语义悖论是由支配我们的语义概念，特别是一些有关真值、满足条件、指谓的新原则所造成的。我们传统的指称理论认为每一个词项都具有一个指谓。常规的这些悖论通常通过次协调逻辑在现实世界中允许自相矛盾而最终被解决。

但是次协调逻辑策略对于非存在论者不是开放的。既然一个人能把一个对象按照他所喜欢的方式来具体描述之，那么，所有词项必须有指谓，并且可以假设一个词项有一个以上的指谓，即多重指谓逻辑策略。接着，普赖斯特运用一些逻辑公式对多重指谓逻辑进行了语义学解释，即多重指谓语义学。在多重指谓逻辑语境下，每一个词项的指称不再是一个单个词项，而是一个词项集合。例如，思考摹状词“一个红色的事物”，这指称了现实世界中的一些红色的事物，但是它应该也指称了一些非存在的红色事物，如在其他可能世界中的红色事物。很明显，在对多重指谓逻辑进行了语义学解释过程中，普赖斯特引入了可能世界语义学的内容，从而使得摹状词的指称问题、非存在对象的指称问题在其中得以解决。另外，普赖斯特阐述了这种多重指谓语义学的属性，并且对相关的语义悖论给出了他自己的修改意见。总之，普赖斯特通过它的多重指谓逻辑策略使得非存在论所面临的对象指称难题消失了。

3. 世界（worlds）

普赖斯特在《走向非存在》一书的第一部分介绍意向算子和意向谓词之后，就直接用很大的篇幅引入了世界语义学的内容。可能世界语义学的基本思想是通过可能世界的集合和在其上的可通达关系所构建的模型来规定模态命题真的条件，定义逻辑真（普遍有效）、逻辑衍推，证明系统的可靠性和完全性。17 世纪莱布尼茨在创建他的宇宙论中首先使用了可能世界概念，后来为了解决模态逻辑语义解释问题，坎格、欣迪卡、克里普克、蒙塔古等人构建了可能世界语义学。同样，普赖斯特引入了世界语义学是为意向算子语义学和意向谓词语义学提供逻辑基础。而在这本书的第二部分，普赖斯特把世界单独地作为一类非存在对象来思考，体现了他为非存在论辩护的严谨性。

在普赖斯特看来，虚构对象和抽象对象都与可能世界有关。因而他还讨论了包含可能世界在内的多世界（worlds）问题。在西方现当代哲学中，由于逻辑学的发展和普及，哲学家一般不再只承认一个世界，而承认有许多乃至无限的世界。大卫·刘易斯在《论可能世界的复多性》一书中，指出了可能世界具有孤立性、具体性、充裕性、现实性等主要特征。并且他认为，可能世界在诸多哲学问题讨论中的作用。他说：“最近 20 年来，哲学家提供了大量求助于可能世界以及居住于可能世界中的可能个体的分析。我发现这些记录给人的印象非常深刻。我认为很清楚，关于可能的事物的讨论廓清了逻辑哲学、心灵哲学、语言哲学和科学哲学——更不用提形而上学本身——中的许多问题。"[①]

从模态逻辑的角度看，至少有三种世界，一是现实世界，二是可能世界，三是不可能世界。非存在论也赞成多世界论，但所作的分类略有不同。普赖斯特说："在非存在论语境之下，明显的策略就是把现实世界之外的一切世界当作非存在世界。"[②]这也就是说，非存在论的世界图景包括两大部分，一是现实世界，二是非存在世界，它又包括各种可能和不可能世界。可能世界与不可能世界尽管是非存在对象，但并不能等同于抽象对象。例如关于福尔摩斯大侦探的故事所发生于其中的世界就是一种可能世界，但它不是抽象对象，因为其中充满这样的事物，如各种人物以及标准的物理对象。当然也可能有这样的可能世界，里面没有任何对象存在。这种世界也许可以看作是抽象对象。现实世界之外的世界的共同特点是什么呢？他说："一个人必须当即区分世界本身以及世界的数学表征"，"现实世界之外的一切世界都一无例外地具有非存在的地位。"[③]

怎样看待非存在世界的属性呢？他回答说："说一个世界是可能的，并不能由此衍推它是实在的，就像说一对象是可能的不能推论它是实存的一样。"[④]这是可能世界的基本属性，也是不可能世界的基本属性。因为把模态属性、地位归之于世界是一种逻辑的归属，而不是现实的归属。非存在世界除这一点不同于现实世界之外，其他的属性是没有什么区别的，我们表征它们具有什么属性，就有什么属性，这些属性也可能是现实世界的属性。他说："把这里所说的非存在世界的这些属性看作是它们在现实世界所具有的属性，这是没有什么问题的。"[⑤]

可能世界之所以是非存在对象，主要是因为其存在地位像纯虚构对象一样也是令人困惑的，即使没有非存在论的出现，这种困惑也会困扰人们。即使意向谓词所述说的非存在对象也是存在的，如"金山""宙斯"等是非存在的，也一定是存在的，不是存在于现实世界就是存于可能世界之中。因为意向语词所记录或描述的意向性是一存在的事实，而意向性是关系属性。既然是关系属性，那么意向

① 陈波，韩合林：《逻辑与语言》，北京：东方出版社，2005年，第628页。

② Graham Priest，*Towards Non-Being：the Logic and Metaphysics of Intentionality*，Oxford：Clarendon Press，2005：139.

③ Graham Priest，*Towards Non-Being：the Logic and Metaphysics of Intentionality*，Oxford：Clarendon Press，2005：139.

④ Graham Priest，*Towards Non-Being：the Logic and Metaphysics of Intentionality*，Oxford：Clarendon Press，2005：139.

⑤ Graham Priest，*Towards Non-Being：the Logic and Metaphysics of Intentionality*，Oxford：Clarendon Press，2005：140.

态度和它所关于的对象如果缺少任何一方，这种关系就不会存在。而这种关系同样可以存在于现实世界，也可以存在于可能世界之中。

二、普赖斯特的非存在论辩护拓展了对迈农主义的当代论争

迈农（A. Meinong，1853 ～ 1920）的非存在论渊源于中世纪非存在论的启发，但直接的成因却得益于他对布伦塔诺有关思想的继承和改造。迈农非存在论的理论前提是承认心理世界有不同于实在对象的意向对象的存在。现代的非存在论由于为迈农所首创，因此人们常把它称作迈农主义。

吉尔伯特·赖尔曾说过，如果迈农主义不死，任何东西都不会死。确实如此。近年来意向性“形而上学问题”的研究开始扭转原来的那种对迈农主义一概骂倒的倾向，而出现了新的转向。而罗素、蒯因、马里、帕森斯、泽尔塔等人则展开了对迈农主义的当代论争。罗素通过他的摹状词理论揭露和消解迈农非存在论中的问题。令非存在论感激不尽的是，尽管罗素作了那样的批评，但他最先引证迈农的论著并使之产生较大影响。蒯因在批判迈农的基础上指出，是否有非存在对象这一问题是可以根据罗素的摹状词理论来予以解决的。蒯因驳斥非存在论的另一根据是：没有办法对非存在的对象进行个体化，即无法说明两个非存在对象的同一与差异或独特的个体性。但在普赖斯特看来，非存在对象之间是有同一性和差异性的，因此可以个体化。他说：“不管是实存的还是不实在的对象，都极有可能对它们的同一性作出可感的说明。”拿实在对象来说，“对象是相同的，当且仅当它们在所有封闭世界中有现实的相同属性”。[①]

马里认为意向性要存在，必然有其对象，否则会因为缺乏对象而不能出现。而这里的对象既可以是现实存在的，也可以是编码了某些属性的对象，即非存在的对象。帕森斯在《论非存在对象》一书中，用古典的命题逻辑对罗素的理论作了批驳，进一步发展了迈农的抽象对象理论。一方面，他从本体论的角度对世界的存在作了分析。另一方面，帕森斯依据他的世界观和逻辑原则对罗素的观点进行了反驳，对迈农的观点作出了辩护。泽尔塔从内涵逻辑出发，通过深入分析作为意向语句的内涵，论证了意向对象包括非存在对象的存在性，提出了“揉合论”，形成了比较完备的抽象对象理论。他认为，意向状态所指向的不存在对象是

① Graham Priest，*Towards Non-Being*：*the Logic and Metaphysics of Intentionality*，Oxford：Clarendon Press，2005：112.

一种“抽象对象”，这种对象在特定的意义上也是存在的。

很显然、普赖斯特属于非存在论的支持者行列。普赖斯特运用与形式语义学有关的形式逻辑技术，使得意向性的形而上学观点具有严格的逻辑支持，从而给与这种观点精确性、可行性方面的论述。很明显，普赖斯特的非存在论辩护具有深刻的当代意蕴。他通过《走向非存在》一书为迈农主义进行了辩护。通过前面的论述，我们已经很清楚的看到，普赖斯特创造性地引入意向算子和意向谓词，对非存在论进行了逻辑语义学论证，有理有据地将谓词逻辑、模态逻辑、可能世界语义学、意向性理论、指称理论等融入了论证过程之中，这是在他之前的学者所未曾尝试的。因为，由以上的分析我们可以发现，有关迈农主义的论争者都各有所侧重。罗素的摹状词理论主要是用谓词逻辑的分析方法在消解迈农非存在论，马里、帕森斯侧重于从意向性角度来对非存在对象进行辩护，泽尔塔从内涵逻辑出发论证了抽象对象。而普赖斯特在逻辑分析的基础上，对非存在对象种类进行了严格的划分，还逐一驳斥了对各类对象的反对意见，最后还提出运用多重指谓语义学来为非存在对象辩护。

论实践范畴的客观行动维度*

在哲学领域中，行动主题总是在一定程度上与其他哲学问题纠缠在一起。尽管从苏格拉底以来西方传统中的哲学家已经说了很多关于行动的东西，但是，仅仅在最近几十年里，行动理论才逐渐被当作一个哲学分支。①目前，行动哲学家们已经逐渐意识到，在心灵哲学、语言哲学、伦理学或许多其他领域中，行动分析已经成为相关问题研究中不可回避的因素了。例如，在探究心灵的本质中就要求心理状态和行动之间关系的一种说明；对语言的研究则要求揭示各种言语行动之间关联的解释价值；在伦理学中，关于行动的问题在其每一个前沿研究中几乎都会出现。那么，马克思主义哲学中的实践范畴能否进行行动维度的思考呢?

一、逻辑行动主义方法论研究纲领中的实践范畴

逻辑行动主义方法论研究纲领的基本诉求是试图提供一种新型哲学方法论，推动一般哲学研究全面实现“行动论转向”。②它运用现代分析手段进一步确证了马克思的基本思想：“凡是把理论引向神秘主义的神秘东西，都能在人的实践中以及对这个实践的理解中得到合理的解决”，③故可以视之为社会实践论在现代逻辑与逻辑哲学获得长足发展背景下的一种分析性重塑与拓展，是所谓“分析的马克思主义”研究方向上的一项新工作。与以往分析的马克思主义学派不同的是，它不像后者那样主要关注政治、经济和社会领域，而是更多地关注其哲学基础。逻辑行动主义方法论坚持分析哲学传统所积淀下来的严格分析精神，故“逻辑行动主义”亦可称为“分析的行动主义”。其基本构架可展示如图：

图中是两个嵌套的三角形。中心圆圈代表认知与行动主体（subject），既可以是单个主体也可以是集体行动的共同体。外层三角形的三个角分别代表语言域、思想域和对象域，内层三角形的三个角居于主体与三个域之间，分别代表SA

---

* 原载于《马克思主义与现实》2016年第2期。

① Carl Ginet，*On Action*，Cambridge：Cambridge University Press，1990，preface.

② 逻辑行动主义方法论研究纲领由国内学者张建军教授首次原创性提出。具体详见张建军等：《当代逻辑哲学前沿问题研究》，人民出版社，2014年，第593-615页。

③ 《马克思恩格斯选集》第1卷，北京：人民出版社，1995年，第56页。

（speech action，言语行动），CA（conscious action，意识行动），OA（objective action，客观行动）。在这里，图中的虚线表示三个域之间没有直接连通的路径，必须以行动为中介；而实线表明三种行动是互相连通的。逻辑行动主义方法论研究纲领的宗旨是试图说明图形各构成环节的必要性与不可消去性，表明任何“神秘的”哲学问题的解决均需对三类行动负责的相互作用机理予以把握。

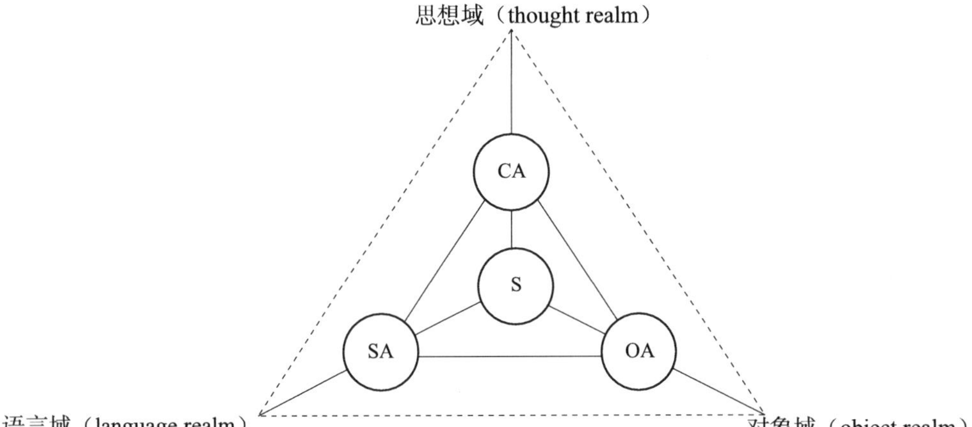

图1

图中的“言语行动”和“意识行动”概念，分别是塞尔理论和胡塞尔理论的核心概念，其共同特征是对“意向性”（intentionality）的把握。在传统哲学和心理学中，意向性是心理现象区别于其他非心理现象的一个独特的标志，它是主体的心理现象的本质特征。当代心灵哲学一般认为，意向性是指心灵经由心理内容对其对象的指向性或关于性。它展现了主体的心灵所具有的那种目标性、自觉的相关性和觉知性或自意识性。[①] 在此基础上，目前许多学者把“act”定义为“具有意向性的行为（behavior）”，但这种意义上的“act”是人与高等动物所共有的，而要区别属人的act与其他动物的act，则还需在意向性的基础上进一步加以限制。并且这种限制应考虑主体对意向性的自觉性，也就是主体在实施其act时应具有明确的目标指向性。用我国学界的常用术语，可称之为“自觉的能动性”。故作为高级智慧生物的人所能够区别于其他动物的act，应为具有自觉能动性的act，而不是自发的、盲目的act。这样，我们可以用act表示所有具有意向性的behavior，用action表示所有具有自觉能动性的act。从而action—act—behavior就构成一个

① 宋荣：《思维内容的心灵哲学探究》，北京：中国社会科学出版社，2012年，第9页。

清晰的种一属系列。[①] 很明显，人与其他动物的区别就在于人具有自觉能动的“客观行动”，亦即马克思所谓的“实践”。

值得注意的是，在马克思的文本中，他使用的“实践”一词乃是 Praxis，而非 Practice。Practice 所指的仅仅是物质感性向度，而 Praxis 既包含物质感性维度又包含理论理性维度，因而马克思的实践范畴在强调实践是人的感性活动的同时，更强调实践的主观能动性方面。尽管马克思没有对实践范畴下一个严格的逻辑定义，但从马克思的相关论述和他的思想实际来看，他的实践范畴是非常清晰明确的。例如，马克思在《关于费尔巴哈的提纲》中，就曾使用“客观行动”（gegenstandliche Tatigkeit）一词作为“实践”的同义词。

目前国内学者对实践范畴分析的宏观维度较多，如社会维度、物质生产维度、劳动维度等。但对实践范畴分析的内涵层面却重视不够，而且在对其进行主体维度的微观分析时，没有凸显出主体的内在心理状态如何关联于其外化的行动，甚至在一些基础问题上与当代西方行动哲学的分析传统和现象学传统出现了某种程度的断裂，显得不那么“与时俱进”。虽然“马克思和恩格斯的时代并没有系统的意识行动理论和言语行动理论，……但由于他们在西方哲学历史上第一次致力于‘行动论转向’，他们从‘实践’出发寻找解决以往神秘问题之途径的思路与方法，及其所获成果，无疑是值得我们在新的视角下着力挖掘与研究的”。[②] 正因如此，本文将结合逻辑行动主义方法论研究纲领的基本思想，力图为我们回到马克思、重新解读马克思的实践范畴分析提供新视角，同时也将实践范畴的哲学研究带入到当代行动哲学发展的时代潮流中。

当代西方行动哲学的核心问题主要有：①行动是什么；②行动如何被解释；③心理事件或状态如何关联于意向行动。目前的行动理论主要有三种类型：行动的优质理论，其强调主体例化（exemplifies）不同的行动 - 属性；行动的劣质理论，其强调不同描述下的单一行动；行动的成分理论（componential theory），其强调存在一个“较大的”行动，在这个“较大”行动的部分当中它具有“较小的”行动。[③] 当代行动哲学研究的主要特点体现在：①以行动主体内在状态的意向性特征为研究出发点，聚焦于意向行动研究；②继承自亚里士多德以来的行动哲学研究传统，充分强调行动的道德、法律、社会层面；③有关行动的哲学研究的分析

---

① 张建军：《当代逻辑哲学前沿问题研究》，北京：人民出版社，2014 年，第 604 页。

② 张建军：《逻辑行动主义方法论构图》，《在逻辑与哲学之间》，北京：中国社会科学出版社，2013 年，第 294 页。

③ Lynn Nadel，*Encyclopedia of Cognitive Science*，Wiley，2003：2571-2574.

传统和现象学传统已呈现融合趋势。

笔者认为，我们有必要而且应该将马克思主义哲学中的实践范畴与当代西方行动哲学进行相互沟通、相互吸收、相互借鉴，以促进实践范畴自身充分发展。逻辑行动主义方法论研究纲领的出现正是在这种背景下的一次重大尝试。它既体现了西方分析的马克思主义流派的逻辑分析精神，也融入了当代西方行动哲学的合理要素，同时还突出了马克思实践范畴的客观行动维度。那么，我们该如何理解这种客观行动维度上的实践范畴呢？

二、作为客观行动之实践的必备要素之一：必须是基于意图的意向行动

在西方哲学史上，亚里士多德对行动要素的思考是当代意向行动研究的重要来源。根据亚里士多德，严格意义上的行动要求“熟思”（deliberation）和“选择”（choice），不是所有自愿活动都是行动。一方面，只有以知觉描述为前提，通过行动的“引发机制”以及期望效力，才能逐渐形成严格意义上的行动。亚里士多德认为，知觉的三个核心是：①知觉对象；②存留“知觉痕迹”或“幻觉”；③幻觉的能力。这些被解释的知觉对象或幻觉对象是期望（desire）①的“引起”，这种期望在人类或动物行为面前提供推动力或强劲效力。另一方面，亚里士多德认为，熟思是一种特殊类型的思维，即一种“期望加工”活动，在其中，一个人的心灵寻找和评价趋向目标的可能路径。当最佳路径被确认时，熟思就终止了，这个人就会有一个意图来遵循这条路径，这样的意图被称为“选择”。在亚里士多德看来，如果给予行动一个意图，以及关于这个世界的合适信息，那么一个人就会发起（initiate）一个行动。这种把意图和信息转换为行动的“机制”就是所谓的“实践三段论”。②在亚里士多德看来，一旦实践三段论被考虑了，行动的所有关键元素也就被考虑了。从这里我们可以看出，他的这种行动观对后世学者从微观层面开展行动研究产生了深远而广泛的影响。那么，我们该如何进一步理解行动呢？

毋庸置疑，在行动本质中强调意向因素的重要性是合适的。因为当我们关心人类行动时，我们真正所关心是意向行动，也就是那种在行动中（in acting）存在意图的那些行动，或者只有那些被意向地执行的行为才是意向行动。戴维森明确指出：“或许……是意向（being intentional）是相关的区分标志”，“如果一个事件

---

① 这里的期望有三种类型：欲望（appetite）、激情（passion）和愿望（wish）。

② Terrell Ward Bynum，*Aristotle's Theory of Human Action*，UMI，1986，ch. 1.

是一个行动，那么在某些描述下……它是意向的”，并且“一个行动被执行具有某个意图，如果它被态度和信念以正确的方式被执行，其中这些态度和信念是理性化它的”。[①] 根据他的论断，如果给予适当的态度和信念，一个行动是被因果地解释的，并且是意向的。由戴维森等人所倡导的行动因果理论通常表达为CTA：一个事件e是一个意向行动，当且仅当e由适当的（理性化的）心理事项（以恰当的方式）所引起。而迈尔斯·伯兰德则定义“意向行动”为：在t期间S的Aing是一个意向行动，当且仅当①在t期间S的Aing是一个行动；并且②在t期间S具有一个行动计划P使得他的Aing被包括在P中并且他在Aing的过程中遵循P。[②] 他认为，意向行动是人们所理解的最高层次的行为，是人们在法律上和道德上主要负责的那种行动。若兰德·斯达德甚至认为，在其发生的自然现象当中意向行动是唯一的，因为它们应该发生。[③]

当然，对人类意向行动的理解依赖于对意图的科学解读。“意图”经常被给予一种准技术上的使用，常用英文单词“intention”来表示它的名词形式，用“to intend”或“intending”来表示它的动词或动名词形式。意图是功能上可具体化的心理状态。一般来说，意图必须：①设定该行动的目标或计划；②涉及趋向该行动的、因果地发起和信息上的更新过程；③当这个计划变得错误的时候，对决定错误和正确或损失控制提供一个标准；④对于目标成功提供标准，这有助于决定是否这个意欲的（intended）行动已经完成或脱离该计划的实施等；⑤在输出行为（身体上的运动）的反事实依赖性中发挥一种因果作用，其中这种依赖性是在意图和信息输入（作为与这种意欲的目标－状态相比较的、当前状态的知觉）上的。像许多其他心理状态一样，意图具有一种表征维度和一种态度维度。一个意图的表征内容可以被理解为一个计划（plan）。趋向计划的意欲（intending）态度可以被作为一种执行态度。计划纯粹地是表征的，并且不具有有关它们自己的任何动机驱动力（motivational power）。在这种意义上，人们可以拥有无数的趋向计划的态度。他们可以相信一个计划是完美的、欣赏它、希望它从未被执行，等等。一个被嵌入意图的计划确认一个目标并且提供行动－指向。在标准构念上，意图以依赖其表征内容的方式来指导行为。

---

① Davidson，*Essays on Actions and Events.* Oxford：Clarendon Press，1980：61，87

② Myles Brand，*Intending and Acting：Toward a Naturalized Action Theory*，MA：The MIT Press，1984：25.

③ Rowland Stout，*Things that Happen Because They should：A Teleological Approach to Action*，New York：Oxford University Press Inc，1996：1.

一般来说，所有意向行动是先前意图（prior intention）和行动中的意图（intention-in-action）的产品。先前意图是指先于一个行动被形成的意图，行动中的意图是指主体拥有一个行动中的这个意图并同时现实地正在执行这个行动。从意图的语言表达形式来看，区分先前意图和行动中的意图的理由之一就是，它们具有不同的意向内容（不同的“满足条件”）。塞尔认为，一个先前意图表达式的特有语言形式就是“我将做 A”，而行动中的一个意图表达式的语言形式是“我正在做 A”。先前意图的满足条件包括一个人的将要做 A（coming to do A），而行动中的意图包括一个人现在正在做 A（doing A now）。而且，先前意图和行动中的意图具有不同的意向对象。一个先前意图中的意向对象是一个完整的行动（行动中的意图 + 身体上的运动），而一个行动中的意图的意向对象仅仅是一个行动的身体运动成分，而不是这个行动本身。这样，一个行动（我正在 A-ing）中的意图的那个“A”内容仅仅指称一个身体上的运动。这种对行动中的意图和先前意图之间的区分核心就在于这样的观念：仅仅前者是行动的一部分。有效力的先前意图会引起行动中的意图，并且行动中的有效意图“呈现”并引起身体上的运动；与它们所引起的身体运动一起，行动中的意图构成行动。在塞尔看来，行动中的意图就是尝试（tryings）。[①] 他坚持认为，当一个人说“我正在举起我的胳膊”时，他表达他的行动中的意图内容，从而举起他的胳膊。如果我们想要切开从其满足条件中的意向内容，这个人能够说“我正在尝试举起我的胳膊”。这隐含的就是，行动中的意图呈现尝试（经常是成功的尝试）。这样，在对 A 的行动中拥有一个意图的一部分就是对 A 的尝试。当行动中的一个意图产生身体上的运动时，部分地依据它是一个尝试，它才如此做。当一个自主体成功地做他正尝试做的事情时，行动中的一个意图才是成功的。

意图的认知作用本质上与它们的内容相联系，因为意图作为一种心理状态必然具有布伦塔诺意义上的意向性特征。一方面，意图具有这样两个主要的认知功能：①它们确定（fix）被意欲的行动；②它们完成对这种意欲行动的指导和纠正（correction）。另一方面，在意向行动原因论中，意图是具有动机的。因为对 A 的一个成功执行的意图驱动这个 A-ing。在这里，A 是指一个具体类型的行动本身。这样，意图可以发起和动机上维持意向行动，指导意向行为，有助于自主体的行为时刻与其他自主体的相互作用。[②]

---

① John R. Searle，*Rationality in Action*，A Bradford Book，2003：44-45.

② Frederick Adams，Alfred Mele，*The Role of Intention in Intentional Action*，*Canadian journal of philosophy*，Volume19，Number 4，1989：511-532.

也正是因为如此，这种体现人的意向性特征的意图在行动哲学研究中被予以重视，以致于当代一些学者吸收之来重新解读马克思的相关思想。西方分析马克思主义代表人物乔恩·埃尔斯特曾明确指出，马克思区分人和其他动物是基于①自我意识；②意向性；③语言；④工具使用；⑤工具制造；⑥合作。[①]在阐述了人的自我意识方面的特征之后，他引用马克思的一段著名的、来自《资本论》中的段落来突出人的意向计划能力："蜘蛛的活动与织工的活动相似，蜜蜂建筑蜂房的本领使人间的许多建筑师感到惭愧。但是，最蹩脚的建筑师从一开始就比最灵巧的蜜蜂高明的地方，是他在用蜂蜡建筑蜂房之前，已经在自己的头脑中把它建成了。"[②]而在《1844年经济哲学手稿》中，马克思认为"动物的产品直接属于它的肉体，而人则自由地面对自己的产品。动物只是按照它所属的那个种的尺度和需要来构造，而人懂得按照任何一个种的尺度来进行生产，并且懂得处处都把内在的尺度运用于对象；因此，人按照美的规律来构造"。[③]埃尔斯特指出，在动物所执行的原型构造和人自由构造的一般能力之间，马克思也作出了一种类似的比较。很显然，这里所说的这种意向计划能力实质上展现的是人的客观行动的意向性方面，也就是当代被探讨的基于意图的意向行动的重要方面，这也充分展现了作为客观行动之实践的自觉能动性特点。

根据当代意向性理论研究的最新进展，主流哲学家的相关研究已经从传统的布伦塔诺论题的重新解读和对意向状态的微观分析，过渡到对意向内容的逻辑本质刻画和认知意向性问题的纵深挖掘，同时在意向主体的内在状态如何与意向行动相关联的解释方面也已展开了颇具成效的科学和哲学层面的研究，这也为我们深化马克思主义实践范畴的主体能动性方面的微观研究带来了新的启示。

三、作为客观行动之实践的必备要素之二：必须是具有目标指向的理性行动

当代研究表明，人类和其他动物能指导它们的行动趋向它们自己目标的实现，无论这些目标是近期的还是最终的。目前认知神经科学家、生物学家以及心理学家根据大脑（或计算机）的结构和机制，已经开始多视角地揭示这种指向目标的、意向行动的组织。无论个体的还是社会群体的认知能力（包括行动的计划和执行、

① Jon Elster，*Making Sense of Marx*，Cambridge：Cambridge University Press，1985：62-63.

② 《马克思恩格斯全集》第44卷，北京：人民出版社，2001年，第208页。

③ 《马克思恩格斯全集》第3卷，北京：人民出版社，2001年，第274页。

理解其他人的意图、合作和模仿）其本质上都是指向目标的。例如，目标表征在行动的计划和控制中拥有极其关键的作用，并且行动理解和模拟是在该目标上被执行的。理论的、经验的以及计算的研究显示，（社会）认知能力和被定位的行动之间存在一种密切关联，并且自主体（agent）系统是在进行一种参与的、模拟的和生产的过程。从推测角度来看，相同的预测机制能提供指向目标的行动的一种“与未来的联接”（linkage）和被要求社会地有所行动的一种“与其他人的联接”[①]。这些近期研究已经导致对认知科学和行为科学中基本概念的深刻再思考，并且基于行动的认知观正在多学科之间出现。在这种背景下，行动执行、行动的计划以及理解其他人的意图等方面的能力都被描述为本质上是指向目标的。

在这里，目标（常用英文语词为“goal”、“target”、“aim”）需要做进一步的逻辑分析。一般来说，目标是行动所指向、瞄准或要达到的对象或东西。存在对目标的两种区分。第一，在状态（to-be）目标和行动（to-do）目标之间存在不同。前者如一个政治家可能具有成为一个议员的目标，后者如一个农民可能具有耕种四十亩地的目标。第二，在工具目标（instrumental goal）和末端目标（terminal goal）之间存在不同。[②]这些区分对彼此都是直接相交的。例如，成为一个议员的目标可能是对某个其他目标是工具的，比如说成为总统。有时一个状态目标会是一种类型的行动目标，而一个行动的一个末端目标能够是另一个行动的一个工具目标，如成为一个议员能够是一个人竞选中的末端目标。

目标密切地关联于意图，并且是自我指称的。一个主体必须把目标看作他自己的目标，这种自我-指称性在先前意图中是内在固有的。因为在拥有一个目标的过程中，该主体表征他所意欲来做的事情到他自己。这样，在遵循一个计划的过程中，该主体也采取设定他自身的初始态度来获得一个属性。一个工具目标是在一个计划范围内所发生的一个目标，作为一个直接步骤趋向获得那个末端目标。一个末端目标对于一个主体承担完整的被计划的活动来说，它是该计划的最高层次的目标。其中的计划能具有子计划，并且这些子计划会相互作用、同时推进或相互支持。例如，我可能拥有学习成为一个木匠的计划，并且拥有为我的卧室打造家具的计划。这些计划是并行推进的并且彼此相互强化。但是，有时计划能彼此减损。假定我拥有成为一个木匠的计划和成为一个环球旅行家的计划。这些计

---

① Giovanni Pezzulo，Cristiano Castelfranchi，*Intentional action：from anticipation to goal-directed behavior*，*Psychological Research*，2009，（73）：437-440.

② Myles Brand，*Intending and Acting：Toward a Naturalized Action Theory*，MA：The MIT Press，1984：213.

划并不完全是不相容的，但它们倾向于相互妨碍了。这样就需要调整或修改原定计划，从而更有助于行动的最终完成。

作为客观行动之实践在根本意义上是具有上述目标指向性的理性行动。之所以说它是理性的，是因为：第一，这种行动是由基本的信念、期望所引起的，这表明这种行动必然是理性的。对于我们的行动来说，这里的信念和期望，无论作为原因或作为理由都会发挥功能作用；并且理性主要是服从信念和期望的事情，以致于它们“以正确的方式”引起行动。由于理性是遵守规则的事情，这些特殊的规则使得理性和非理性思想和行为之间作出区分。理性的整个系统只有与信念、期望相一致时才起作用。西方分析的马克思主义创始人之一乔恩·埃尔斯特曾指出：“信念和期望几乎不能是行动的理由，除非它们是一致的。它们必须不包括逻辑的、概念的或范式的矛盾。”①

第二，理性是一种单独的认知能力（separate cognitive faculty）。根据亚里士多德传统，理性的占有是我们作为人类的定义特征：人是理性动物。目前对于能力的流行术语是“模块”（module），但是一般的观念是，人类拥有各种特殊的认知能力，如视觉能力、语言能力等，并且理性是这些特殊能力之一，或许甚至是人类能力中最突出的。

第三，实践理性不得不以该主体的主要目的的一个清单作为开始，包括该主体的目标和基本期望、对象物（objectives ）和目的；并且这些本身都不受制于理性约束。赫伯特·西蒙曾写到：“理性整个地是工具的。它不能告诉我们往哪儿去；最多它能够告诉我们如何到达那里。……”②罗素甚至更简洁：“理性具有一个完全清晰的和简洁的意义。它标示对一个你希望达到的目的的正确手段的选择。”③

第四，日常生活中作为我们意欲做的行动，它们是有目的地被做的（done on purpose），从而这种行动被认为是意向的和具有目的指向的。因为人性的一个核心特征是，人们总是意向地或有目的地做事情。④为了质化一个行动，它必须来自于一个生物的意志、心灵或自我的运作。我们人类作为能有所行动的生命体，被看作是那种最典型的自主体。这主要是因为我们高度发展的那种有关行动的计划和选择过程的能力，并且我们能清楚说明我们的目的、信念和期望的内容，以及

---

① Jon Elster，*Sour Grapes：Studies in the Subversion of Rationality*，Cambridge：Cambridge University Press，1983：4.

② Herbert Simon，*Reason in Human Affairs*，Stanford，CA：Stanford University Press，1983：7-8.

③ Russell，*Human Society in Ethics and Politics*，London：Allen and Unwin，1954：VIII.

④ Alvin I. Goldman，*A Theory of Human Action*，New Jersey：Prentice-hall Inc，1976：49.

我们的行动理由。正因如此，戴维森说，“一个理由理性化一个行动，只有它导致我们看到该自主体所看到的某个东西或透过他所看到的东西，在他的行动中——某个特征、结果、或方面，这些都是该自主体所想要的、期望的、自豪的、坚持的、认真思考的、有益的、有义务的、或可赞同的。”①这种可理性化性是人类行动的独有特征。正是在这种意义上，我们上述所论述的基于意图的意向行动就是那些对于理性化解释来说是合格的那些行为。

从行动主体角度来看，理性行动具有目标指向说明了其行动的目的性。这是因为在人类行动的许多情况中，该主体能有意识地意识到他的行动。主体不仅能以一种有目的的方式来有所行动，而且能在很高程度上“控制”它的行动。并且一旦一个主体达到某种内在复杂性的层次，有意识的觉知出现能合理地被认为推动着更高层次的目标指向性和行为控制。当代有关理性行动的目的性本质研究认为，一个行动是有目的的，这是因为它具有一种专有功能（proper function）。根据米利肯的目的论方案，这种专有功能不是一般人所理解的常见的作用、效果，而是在特定的意义上可以把它理解为目的，或有目的的状态、属性，是“在物种的进化历史过程中，这个行为所已经拥有的无论什么有益的结果，都常常足以有助于说明在产生该行为机制的物种中的那种当下出现”，并且“‘规范的’和‘专有的’概念应根据……进化的历史来定义。”②在这里，米利肯强调的是，所谓“专有”是指“某某独有的”、“属它自己的”。在她看来，专有功能与再生的、被复制的个体有关，这些个体的祖先的某些影响有助于说明后代的生存。一个体要获得一种专有功能，他必须来自于一个已生存下来的族系。一事物的特有功能与它由于设计或根据目的而做的事情是一致的，它们的关系不是偶然的，而带有规范性。③

值得引起关注的是，当代绝大多数行动理论学者和行动哲学家都拒斥笛卡儿式二元论。他们认为，行为能由某种“心理材质”的工作所解释，这种假说要么是不可理解的，要么是不可检验的，要么方法论上是不可靠的。④一些行动哲学家认为，心理学在科学当中是唯一的，许多行为是指向目标的。因为这样的行为要求目的论解释，因而相比较于生理学科学，心理学必然运用一种非因果解释。因而心理学不可被还原到物理学。许多相关讨论有助于决定目的论规律的本质以及

---

① Davidson，*Essays on Actions and Events*（2nd）. Oxford：Clarendon Press，2001：3

② R. Millikan，*Language，Thought，and other Biological Categories*，Cambridge，MA：The MIT Press，1984：93.

③ 宋荣：《思维内容的心灵哲学探究》，北京：中国社会科学出版社，2012 年，第 269-270 页。

④ J. Ringen，*Behavior Theoretic Explanation：A Study of the New Dualism in the Philosophy of Action*，UMI，1971：3.

目的论规律和行动解释之间的关系。

四、结　论

综上所述，客观行动维度上的实践范畴不仅仅是逻辑行动主义方法论研究纲领中的研究核心之一，而且也是马克思主义哲学面对当代西方行动哲学、心灵哲学发展的前沿成果所需要予以关注的重要方面。鉴于此，笔者认为，作为客观行动之实践必备的两个基本要素是：①必须是基于意图的意向行动；②必须是具有目标指向性的理性行动。

笔者认为，当前马克思主义哲学中的实践范畴研究，一方面需要重视客观行动维度的实践范畴与其他行动范畴之间的逻辑关系。根据上述逻辑行动主义方法论研究纲领，意识行动和言语行动与客观行动之间不是平行关系，前两者属于非客观行动，但并非完全意义上的主观行动。客观行动体现的是主体与主体之外的实在世界之间的关系，而意识行动和言语行动体现的是主体与主体之内在状态或言语的关系，前者体现的是心灵对世界的合适指向，后者体现的是世界对心灵的合适指向或语词对世界的合适指向。正因如此，意识行动和言语行动都要通过主体的客观行动才能最终展现出来，即由主体之心理状态——言语表达——行动实现，从而进行言语交流和社会活动，最终完成社会实践。

值得注意的是，在这些行动范畴中，我们首先要端正对意向性观念的理解。因为如果我们不理解意向行动，那么要理解理性行动是不可能的；如果我们不理解人类的理性，那么理解行动的理性是不可能的。但是，如果我们不首先拥有对意向性的一般理解，那么理解这些观念也是不可能的。意向性不仅对于个体行动，而且对于社会行动来说，都是一种本质机制。正是在这一点上，塞尔不仅承认个体意向性，而且承认集体意向性，并据此引进了一种非常类似于马克思的“客观的社会实在”概念。在马克思看来，集体行动的主体是在个体主体的交往过程中形成的，也就是说任何实践都离不开“主体间性”。正是基于此，哈贝马斯发现，当代塞尔等人的言语行动理论对于发展马克思的社会实践论具有根本性价值。

另一方面，实践范畴研究还需要结合当代前沿科学研究成果，开展跨学科研究。行动问题（尤其是意向行动的本质问题）研究目前已经呈现出明显的跨学科特征。一是因为，它突破了认知心理学和神经科学的传统边界。这样的边界是在三种大脑功能当中不同的：知觉的、认知的和运动神经的。这三个系统实际上是相互作用来实现意向行动的。二是因为，在过去的几年里，在理解行动的指向目标的本质以及感觉运动能力的认知根源中，一种联合的、多学科的努力已经产生巨大进展，甚至出现了“自然化”行动的科学方案和策略。从现代科学的观点来看，这样自然化背后的精神是，行动理论中的哲学工作如何可能被转化为一种更相关的研究分支。①而神经科学成果和模式正在人工智能和心理学上产生重要影响，认知机器人和计算神经科学中对大脑结构和功能的经验研究已经取得了巨大进展。在这种意义上，科学共同体已经在两个方向上得以发展：神经科学家目前正在向更抽象目标（包括末端目标）上进行；同时传统认知科学家和人工智能学者已经研发出基于神经术语的方法论和概念。这两条路径对行动问题的研究，无疑会对深入解读马克思主义哲学中的实践范畴提供坚实的科学基础。

① Gordon Park Stevenson，*The Naturalistic Foundations of Intentional Action*，UMI，2001：3.

科学与心灵篇

心灵哲学中的思想实验*

思想实验（thought experiment）是用来研究事物本质的想象工具。思想实验体现了科学家和哲学家都富有幻想的能力。科学和哲学都与运用思想实验有关。在科学史上，我们可以列举许多这样重要且具有巨大影响力的思想实验，如牛顿的水桶、麦克斯韦的恶魔、爱因斯坦的升降机，薛定谔的猫。同样地，它们在哲学上也很重要。伦理学、语言哲学、心灵哲学中的有些内容都是基于思想实验的结果，如塞尔的中文屋、普特南的孪生地球等。我们知道17世纪有许多这样的思想实验者，如伽俐略、笛卡儿、牛顿、莱布尼茨。而在我们这个时代，量子论、相对论中思想实验也发挥着非常关键的作用。当代哲学、科学的发展都离不开它们。

一、心灵哲学中思想实验的历史渊源

从心灵哲学发展的历史进程来看，思想实验这种方法的运用古已有之。古希腊时期的自然哲学家们设计、运用思想实验，是为了通过推理来探求事实的实在。从广泛的意义上说，此时的思想实验与假说推理是同一的 。他们运用一系列的思想实验来解释、反驳、还原、怀疑、类比自然以及相关问题。例如，泰勒士认为灵魂是由水构成的，通过思考种子的潮湿来使人明确地相信之。[①]他的论证过程却遵循了思想实验过程。①为了显示：灵魂是由水构成的。②假设是这样——作为“思想实验”——即假设灵魂是由水构成的。③基于这样的假设，这种假设能自然地解释为什么所有的种子都有潮湿并且需要水来生长。④因此，可以断言：灵魂是由水构成的。这种具有解释目的的思想实验具有假说推理的特点，也代表了哲学家们最古老、最熟悉的运用。尽管当时的自然哲学家们的兴趣是实在方面，但是他们对实在的详细论证则广泛地依赖于运用这种思想实验的假说推理模式。对于他们而言，思想实验是一种研究实在、发展他们观念的有份量的方法论工具。而柏拉图在他的诸多理论中最完美地展现了古代哲学家运用思想实验的情况。柏拉图认为灵魂是一种非物质的实体。他运用他所想象的“理念世界”来解释灵魂的本质，以回忆说阐述灵魂的形成过程。他的《理想国》、洞穴假说、分割线隐喻

---

* 在高新民教授的指导下完成，原载于《福建论坛》2008年第8期。

① 亚里士多德，*De Anima*，A2，405bl.

等都充分体现了假说演绎推理模式的思想实验。

思想实验存在于整个中世纪。中世纪的思想实验往往是一种假说式的论证，或者是一种反事实类型的论证。一方面，中世纪心灵哲学家认真思考许多与思想实验有关语词，尤其是思考思想实验的“心理”（mentalistic）方面并且研究相关主题，如可构想性以及它与可能性的关系；内省的本质、范围、可靠性；可想象的心理机制；等等。另一方面，他们有意识地讨论他们科学方法的哲学。中世纪有关义务（obligation）的著作是他们建构思想实验和论证思想实验的真实实践的哲学反映。中世纪的思想实验运用的特点在于：它特别适合揭示概念上的不一致和不充分；它要求高度的严格性和逻辑论证；它被发现是一种精细的分析工具，似乎适合于研究先验真理；它用来对自然的必然真理给予严格而又纷繁复杂的研究；它仅是支持主要的推测或理论而不进行具体的实践和活动，与实践是相脱离的，与之相关的任何争论都是经院哲学的问题。

近代以来，许多哲学家都运用过思想实验。笛卡儿作为一位关键的转折性人物，拓展了认识论和心灵哲学。如同任何中世纪或当代哲学家一样，笛卡儿本人运用了许多思想实验，例如，他在身心交感论中关于心灵驻所的论述，他提出“动物是机器”的论断和刺激反应的假设等。当然，洛克的白板说、贝克莱的“存在就是被感知”的论述、拉美特利的“人是机器”论断、莱布尼茨的“单子论”、“前定和谐”的身心平行论等都运用了思想实验。更有人指出，康德的整个《纯粹理性批判》就是运用思想实验的典范，是未被人发觉的财富。还有人指出，贝克莱、休谟、康德都是认识论思想实验的杰出实践者。[①]

随着自然科学的现代发展，心灵哲学作为在哲学分化过程中产生的以各种心理现象及其本质、心理与物理关系为对象的哲学分支学科，在研究方法上，系统地、高屋建瓴地运用一切方法。自然科学中的一些研究方法，如作为与物化实验相对应的思想实验方法，也不例外。现代科学哲学家认为，思想实验是一种论证工具。思想实验常被运用在心灵的实验室中。它的特点在于：它是可想象的、涉及心理操作；它不是一种基于理论演算的仅有结果；或者因为缺少相关技术或者因为其本身在原则上不可能，它经常（但不总是）是不可能如物化实验那样得以实现。心灵哲学往往在分析的基础上，用这种从自然科学中移植而来的方法加上哲学所固有的思辨方法对诸问题作出哲学说明。

---

① Tamara Horowitz，Gerald J. Massey，*Thought Experiments in Science and Philosophy*，Rowman & Littlefield Publishers Inc，1991：122.

二、心灵哲学中的破坏性思想实验

现当代哲学家们持续争论这些特殊的思想实验的优点，如塞尔的中文屋，杰克逊的知识论证、普特南的“孪生地球”等。当然，存在许多划分思想实验类型的方式：科学的与哲学的，或规范的与事实的，等等。在这里，笔者将基于它们作为证据如何发挥其论证功能来进行划分，主要分为：建设性（constructive）思想实验与破坏性（destructive）思想实验。建设性思想实验是指可以被积极地用来建立一个理论或观点的思想实验。破坏性思想实验是指可以被消极地用来破坏一个理论或观点的思想实验。它通过反驳或质疑、推翻他人的理论观点来达到自己的论证目的。

心灵哲学中的思想实验以许多不同的方式被消极地运用。最简单的一种方式就是在一个理论中得出一个矛盾或质疑、否定该理论中的某个中心假设或前提，然后反驳它。我们可以称之为批判式的破坏性思想实验。例如，塞尔的“中文屋”论证就是典型一例。

尚克、图灵等人的强人工智能观认为：心与脑的关系就是程序与计算机硬件的关系，人脑不过是一台数字计算机，人心不过是一种计算机程序。塞尔则针对这一核心观点指出：“计算机程序永不可能替代人心，其理由很简单：计算机程序只是语法的，而心不仅仅是语法的。心是语义的，就是说，人心不仅仅是一个形式结构，它是有内容的。”[①] 为了说明这个观点，塞尔设计了这样一个思想实验：

设想一些计算机程序设计家们设计出一种能够使一台计算机模拟“理解”汉语的程序。例如，如果用汉语向这台计算机提一个问题，它会就这一问题运用自己的存储器或数据库，对这个问题给出合适的汉语回答。为了便于讨论，假设这台计算机的答案与一个地道的中国人的答案一样。那么，根据这种情况，能否说这台计算机已理解了汉语？能否说它完全和中国人一样地理解汉语？假设你被关在一间屋子里，屋内有满满几筐汉语符号，假如你（与我一样）对汉语一字不识，但给你一本用英语写的用来处理这些汉语符号的规则，这些规则是按照汉语的语法而不是语义，对符号的处理加以纯形式的规定的。比如，规则中可能有这样的话：“从一号筐中取出‘甲’符号，将它放在从二号筐中取出的‘乙’符号之后。”假设这时又有另外一些汉语符号被送进屋来，你根据相应的规则将汉语符号送出屋外。假如你根本就不知道送进屋来的这些符号就是屋外人的“问题”，你也不知

---

① 约翰·塞尔：《心、脑与科学》，杨音莱译，上海：上海译文出版社，2006年，第23页。

道你送出屋外的那些符号就是所谓的“问题的答案”。此外，假设那些程序设计家们善于设计程序，而且你又善于处理符号，这样，你的答案就同一个地道的中国人作出的回答没有什么不同。你被这样关在屋子里，你的汉字符号移来移去，用送出去的汉字符号回答送进来的汉字符号。按照我描绘的这种情况，你仅仅是摆弄这些形式符号，不可能学到哪怕一丁点儿汉语。[①]

塞尔的“中文屋”思想实验是建立在一种非常简单的逻辑真理之上的，即单纯的语法对语义来说是不充足的。它直接反驳了强人工智能观的核心，同时也论证了自己的观点。

另一种方式的破坏性思想实验就更复杂，它通过理解对方所构造思想实验的意图或观点来形成自己的思想实验，从而阐述自己的观点。我们可以称之为反思想实验（counter thought experiments）。如丹尼特就产生过一个思想实验反对F. 杰克逊的“黑白玛丽”的思想实验。

在心灵哲学有关感受性质问题上，F. 杰克逊创造了一个多次被讨论的“黑白玛丽”思想实验，旨在证明物理主义不足以解释感受性问题。他的思想实验是这样的：

玛丽从出生以来就被关在一间黑白房间里。房子里的一切都只有黑白两种颜色，但她可以通过黑白电视、网络（当然也是黑白色的）、手机等了解世界。通过学习，她成为了一位杰出的科学家，精通关于色彩和色彩知觉的一切科学知识。她不仅知道什么东西是什么颜色，而且知道什么颜色是什么光波波长，人的大脑如何处理颜色信息进而产生色彩知觉。总之，她对有关色彩和色彩知觉的物理知识、神经科学知识以及进化机制的知识等无所不通。终于有一天，玛丽被放出来了。在她看到一朵鲜红的玫瑰花、湛蓝的天空、碧绿的青草等时，睁大眼睛兴奋地说：“原来红色、蓝色、绿色是这个样子呀！”

杰克逊借这个思想实验提出了他的“知识论证”。它包括两个结论：一是“物理主义是虚假的”；[②] 二即感受性是副现象。

丹尼特认为，“黑白玛丽”是一个糟糕的思想实验，因为它经常使我们误解它的前提。他的反驳非常简单：杰克逊以及相信知识论证的人并没有真正地重视论证的前提，即玛丽拥有一切物理知识，而是仅仅想像她有很多很多物理知识，就断定她会学到新的知识。为此，丹尼特用他自己的思想实验来回答这个思想实验。

---

① 约翰·塞尔：《心、脑与科学》，杨音莱译，上海：上海译文出版社，2006年，第28页。

② 高新民：《心灵哲学》，北京：商务印书馆，2002年，第98页。

丹尼特对上面的思想实验作了延伸，它开始像杰克逊所述的那样，接着，监禁者放玛丽出来前，想对她玩个花招。于是，他让玛丽看一个蓝色的假香蕉。没料到玛丽一下子识破了诡计："你想骗我！香蕉是黄色的，而这个是蓝色。"监禁者目瞪口呆："你是怎么知道的？""很简单，我知道一切物理知识，而不是很多，其中包括色彩视觉的一切物理原因和结果。我很早就知道各种颜色的物体对我的神经系统的物理印象是什么了，因此我知道我会有什么思想，知道思考这或那的'纯粹倾向性'是什么，这不就是你所熟悉的感受性吗？因此，我早就有蓝色的经验了。令我吃惊的是，你竟用这种不入流的把戏骗我，太小看我了！"

丹尼特认为，他的这个后续的思想实验不是要证明玛丽没有学到新知识，而是证明我们通常的想象并没有证明她学到了新知识。"它没有证明任何东西，它只是通过哄骗你想象不是这些前提所要求的东西而泵出这样的直觉：她学到了一些东西。"①

在他看来，玛丽知道一切物理知识，就隐含着她知道大脑对种种色彩的一切反应倾向，而知道了这些，就知道了感受性。丹尼特否认原初的思想实验现象，他的反思想实验在破坏杰克逊的思想实验中是有效的，但就此而言它似乎同样看似合理。为了有效，反思想实验根本不需要看似合理。一个好的反思想实验仅仅需要有效地反驳即可。

三、心灵哲学中的建设性思想实验

心灵哲学中思想实验也能是建设性的。存在许多方式使得一个思想实验对一个理论提供积极的支持。其中之一就是提供一种说明使得一个理论的主张清晰而有证据力度。在这样的案例中思想实验是作为一中气发式帮助来服务的。一个结果已经可以很好地确立，但是这个思想实验能导致一种令人满意意义上的理解。这些建设性的思想实验，目的是要确立某种积极肯定的东西，它们不像破坏性的思想实验，试图去推翻一个已存在的理论或观点。

一方面，建设性思想实验往往在有争论的问题上能更好地证明自已的理论观点。例如，普特南的"孪生地球"思想实验、柏奇的"关节炎"思想实验等。

在心灵哲学有关心理内容个体化问题上，存在着外在主义和内在主义之争。在普特南看来，内在主义在本质上就是一种意义实在论。它强调：意义是存在的，

---

① 刘占峰：《解释与心灵的本质》博士学位论文，武汉：华中师范大学，2007年，第127-128页。

而且只能存在于人的心灵之中。对此，普特南明确提出：意义不在头脑之中。为了证明这一观点，他设想了一个思想实验，即孪生地球案例：

假设有两个地球，一个是我所生活的现实的地球，二是作为此地球的分子对分子复制品的地球，此即孪生地球。再假设有两个人，一个是生活在现实地球上的我，一个是孪生地球上的作为我的复制品的另一个我。普特南认为，地球人和孪生地球人尽管有相同的大脑结构、心理结构，但他们在用“水”表示他们星球上的相应的物质时，其所指是不同的，即尽管两种物质都叫水，但地球上的水是H_2O，而孪生地球水则是XYZ。这一来，两个人在看到他们各自星球上的水时尽管用的是同一个词“水”，但它们的意义是不同的。这说明内容是由环境而个体化的。

普特南的孪生地球案例已成了语言哲学、心灵哲学中的一个重要的、经常被讨论的话题，具有广泛的影响。普特南自认为，上述思想实验是驳斥内在主义、证明外在主义的一个重要的根据。因为如果两个心理状态完全相同的人，他们所说的“水”的意义是不同的，即一个指的是H_2O，一个指的是XYZ，那么，“不管怎么说，‘意义不在头脑之中’”。[①]

另一方面，在心灵哲学有关他心问题、人工智能等抽象问题阐述上，建设性思想实验能通过具体形象的描述与分析有利于读者理解作者新颖别致的思想观点，甚至成为一种理论基础和重要根据。例如，希施洛普的关于“暹罗”连体人思想实验，论证了他心问题根源于直接认识的不对称性；查默斯的怪人论证说明了感受性质是非物理的；图灵的“图灵测试”则不仅是指导后来计算机发展的重要理论基础，而且提出了关于智能的一种新颖别致的、有极高应用价值的见解。

著名数学家图灵在20世纪50年代提出了“图灵测试”。对于究竟什么是智能，计算机能否表现出智能这类问题，图灵试图作出新的回答。他认为，正确的问题应该是：某种可构想出的计算机能否表演“模仿游戏”？一台计算机能以无法与人脑的回答相区别的方式回答提问者的问题吗？也就是说，判断计算机有无智能，不应看其内部细节和过程，而应看它的实际表现。机器如果能完成人需要用智能完成的行为，如果能像人一样回答提问，那么也应认为它有智能。[②]图灵所说的模仿游戏是这样设计的，它由三个人来做，一个是男人（A），一个是女人（B），

① 普特南：《“意义”的意义》，李绍猛译，载陈波，韩林合主编：《逻辑与语言》，北京：东方出版社，2005年，第464页。

② 图灵：《计算机与智能》，载博登编：《人工智能哲学》，上海：上海译文出版社，2006年，第56-57页。

还有一个提问者（C），其性别不限。C在与A、B分开的第三间房子里。他的任务是，提出问题并判定参加游戏的两人中哪一个是男性，哪一个是女性，他以X和Y分别称呼A和B。游戏是这样进行的：

C：X，请你告诉我，你的头发长度，可以吗？假定X实际上是A，那么A必须做出回答。A在游戏中的目标是，尽量使C作出错误判断。于是，他可能回答说："我的头发是瓦盖式的短发，最长的一束大约长9英寸。"为了不让提问者从声调中得到帮助，这些回答是写出来或打印出来的。第三个游戏参与者（B）的目标是帮助提问者。对她来说，最好的策略或许就是如实回答。她在回答时，可以加上这样的话："我是女性，别听他的！"但是这种做法无济于事，因为那个男士也可以运用同样的方式。

图灵认为，在这里就可提出关于智能的哲学问题："如果在这个游戏中用一台机器代替A，会出现什么情况？"在这种情况下做游戏时，提问者作出错误判断的次数，和他同一个男人和一个女人做这一游戏时一样多吗？这些问题实际上就是这样的问题："机器能够思维吗？"图灵断言：计算机肯定能通过上述测试，即让C分辨不出他是男性还是女性。因此他的结论是：有智能就是能思维，而能思维就是能计算，所谓计算就是应用形式规则，对（未解释的）符号进行形式操作。他说："一台没有肢体的机器所能执行的命令，必然像上述例子（做家庭作业）那样，具有一定的智能特征。在这些命令之中，占重要地位的是那些规定有关逻辑系统规则的实施顺序的命令。"① 通过"图灵测试"图灵使读者能形象地理解人工智能的相关问题，他的观点也成为了计算机科学的理论基础和人工智能中乐观主义的重要根据。

另外，在心灵哲学中还有一种建设性思想实验，它主要是借助类比方法来构建其内容的，从而使读者能非常贴切地体会到其主旨。例如，当代意识研究领域引用率最高、影响最大的思想实验恐怕就是内格尔的"蝙蝠"：蝙蝠是会飞的哺乳动物，但它没有视觉，它的行动是通过回声定位系统调整的，因此它们的大脑肯定是通过处理回声的信息来分辨距离、大小、形状、运动和构造特征的。那么，假设蝙蝠和人一样有意识，我们有可能理解它的感受性吗？科学有可能研究它的意识吗？

内格尔的回答是："我们永远不可能奢望用我们的语言提供对……蝙蝠的现象学的详尽描述。"对于成为一只蝙蝠可能是什么样子的思考似乎把我们引向了这样

---

① 图灵，《计算机与智能》，载博登编：《人工智能哲学》，上海：上海译文出版社，2006年，第88页。

一个结论，即有这样的事实，它们不存在于能用人类语言表达的命题的真理之中。我们即使不能陈述或理解这些事实，也能被迫认识它们的存在。”①

内格尔用“蝙蝠”与人作类比，是想论证意识经验具有“主观的观点”，即第一人称的特征。这样一种类比论证的方式使原本看不见、摸不着的“意识经验”非常形象立体地刻画给读者了。

四、心灵哲学中思想实验的局限性

当然，对于思想实验的价值仍存在争论。但对于科学中的大多数思想实验而言，它们仍然是被乐意接受的。思想实验被认为给我们提供有关我们物理世界的信息。② 同时思想实验，就像具体实验一样，提供有关世界的证据；并且它所提供的证据来建立或怀疑科学论断，从而具有证据上的重要意义。③

哲学家则更多的是批判之。他们担心我们的直观真正地有多可靠。这些反对意见可能我们会遇到，但它们表明了对思想实验价值的一个持续的争论。在一种更一般水平上，争论主要是关于这些非常人为的例子的有效性的。概而言之，心灵哲学中思想实验的局限性主要表现在：

第一，心灵哲学中思想实验的形成条件过于理想化，往往假设一些不真实的条件。如塞尔的“中文屋”论证。为此，思想实验者要充分考虑思想实验对理想化条件的依赖，并保证这些理想化条件不影响它们与真实世界相关，只要某类真实的、或“真正可能的”实验与此思想实验之间存在一种特定的关系。而且这种特定关系的特点需要包括以下几点：论证必须相关于心灵哲学中已经发生的某些假说的检验；在论证过程中运用的许多假设必须被心灵哲学中具体理论发展过程中发生的经验观察所支持；思想实验必须具有充分的细节描述；并且思想实验的结果应该与该学科中被接受的具体理论相关。

第二，心灵哲学中有些思想实验的构建运用了归纳、类比等逻辑方法，并不能保证其论证结果的必然性。如内格尔的“蝙蝠”论证，普特南的“孪生地球”思想实验等。因为归纳、类比等逻辑方法中所使用的核心推理模式是归纳推理，

---

① 高新民：《心灵哲学》，北京：商务印书馆，2002 年，第 111-112 页。

② John D. Norton，*Are Thought Experiments Just What You Thought*?，in *Canadian Journal of Philosophy*，Vol. 26，No. 3，September 1996：333-366.

③ James W. Mcallister，*The Evidential Significance of Thought Experiment in Science*，in *Studies in History and Philosophy of Science*，Vol. 27，No. 2，1996：233-250.

而归纳推理的前提和结论之间的逻辑关系是或然的，归纳所得的结论是或然的，不能从真前提必然的推出真结论。运用这些归纳方法的任何一个思想实验是一个真正的（可能被伪装的）论证，它开始于以经验为基础的前提，接着运用推理的归纳规则获得它的结论。这仍然是非常冒险的。实际上，有时思想实验的作用并不是为了阐明一个理论观点的真或假，而是为了显示该理论的解释潜力。任何思想实验的特征在于，它给予它自身实验的味道，可能在心理学上它是有帮助的，但严格地说它是多余的[①]。Mohanty 本人拒绝许多分析的思想实验，因为这些思想实验是仅基于逻辑可能性而不是头脑中印象异常清晰的（eidetic）可能性[②]。

第三，心灵哲学中有些思想实验运用民间概念影响了论证结果的可靠性。如感受性问题等。丹尼特认为，它们运用民间概念，因此它们不可避免地是保守的。一些民间概念的含糊性往往会使思想实验者缺乏知识或能力运用想象方式来分析完成任务；或者在其分析中制造了一个错误或忽视了一个相关变量；或者通过推导得出了正确结论，而此结论留下了尚未解决或无法解决的问题，但思想实验者以为这些问题被思想实验已解决。

当今的思想实验仍然是论证使用的合适形式，而且依赖于计算机模型，使得它们更加重要。我们有充分理由相信，尽管有些思想实验存在一定的局限性，但从整体上看，思想实验在心灵哲学中仍具有重要且深远的方法论意义。

---

① James Robert Brown，*Thought Experiments*，in *Stanford Encyclopedia of Philosophy*，2007：8-9.

② Tamara Horowitz，Gerald J. Massey，*Thought Experiments in Science and Philosophy*，Rowman & Littlefield Publishers Inc，1991：269.

思维语言：福多心灵哲学思想的逻辑起点*

在福多早期的哲学思想中，他继承了民间心理学的传统，认为心理状态是典型地有意向的，或至少涉及认知的心理状态是如此；同时他也接受了当时流行的新观念。这种新观念认为心理过程典型地是计算的[①]。福多的思维语言假说直接受到了阿兰·图灵的观点的启发。图灵在他的“计算机器和智能”中介绍了符号加工工具能思考的观点。在这种认知的符号加工观点日益成为争论的焦点并且尚无统一观点的背景下，思维语言假说（LOTH）被提出并得以发展。与此同时，纽厄尔和西蒙指出，根据像数字计算机一样的内部构造，心理状态能够被理解。人类心理过程是由分散的内在状态（符号）系统所构成的，这种内在状态是由中央处理器操作的。感觉状态用作此系统的输入，根据规则为加工提供“数据”，并且机器操作用作此系统的输出。这种观点，也称为“古典主义”，是人工智能、计算机科学、信息加工心理学等领域的范式。直到 20 世纪 80 年代，与之相竞争的联结主义观点才获得支持。作为一种古典主义，LOTH 是在信息加工心理学的这种总趋势下出现的，并把心灵看作符号加工工具。

一、什么是思维语言

福多在 1975 年出版的《思维语言》一书中最先明确提出思维语言概念。在此书中，他强调心灵的表征理论（RTM），同时对 LOTH 不同方面的论证是分散的。

第一，思维语言是一种思维媒介的语言。

在《思维语言》这本书的第一章中介绍了他关于 LOTH 的主要论证。基本上是这样的：有关高级认知不同方面，我们最科学的理论和模型假设了一个框架，这个框架要求一个计算的 / 表征的媒介使得这些理论和模型为真。更明确地，他分析了信息加工模型的基本形式是为了说明认知现象的三种类型：作为知觉信念确定的知觉，作为假说形成和确证的概念学习，作为对在一套参数选择情形下被执行的可能行为结果进行表征和评价的一种形式的决策。他正确地指出所有这些

---

* 原载于《山东师范大学学报》2009 年第 2 期。

① Jerry Fodor, *The Elm and the Expert*: *Mentalese and its Semantics*, Cambridge, MA: The MIT Press, 1994: 1-2.

模型把信息加工作为在表征之上被定义的计算加工。接着他得到结论：在至少把信息加工作为计算加工方面，如果这些模型是正确的，那么必定存在一个 LOT，即使没有详细说明它，在其中这些模型也是被定义的。因此，我们必须接受这种这样一种观点：心灵具有一种思维语言①。

在福多看来，心理语句是心灵语言或思维语言中的单元。所谓思维语言（LOT）就是人脑中直接作为思维媒介的语言，类似于计算机能够加工的机器语言。更重要的是，思维语言具有语义性。从思维语言自身的组成单元与结构等方面看，思维语言是天赋的、普遍的，作为一种语言，它有近似于自然语言的地方，如有特定形式的词汇、记号或标记、惯用语或公式，它们也可按一定的语法规则组成为句子。所不同的是，它的语词有指称力和丰富的表现力，能表示世界上纷繁复杂的现象。它的句子有意义，其意义作为整体是由原子部分的语义属性，以及产生它们的整个句法结构的语法规则所决定的，而且句子具有真值条件或相互之间的逻辑关系。

第二，思维语言是心理表征的无穷集合。

在《心理语义学》一书中，福多明确了 LOT 在他的心灵表征理论中的核心地位，并对 LOT 进行了长篇讨论。在此书的序言中，他说："尽管有关意向实在论的其他看法毫无疑问是可能的，但是我更倾向于在一种称为思维语言假说（或者，另一种说法，RTM）的问题上打赌。与意向实在论本身相比较而言，不是哲学家的认知心理学家可能会对 LOT 的地位更感兴趣些。因此在第一章中我将对 LOT 作概略的介绍，并且我已经增加了一个附录，在其中对 LOT 进行了长篇讨论。"②

接着，福多指出了 LOT 在他的心灵表征理论中的地位。在他看来，心灵表征理论的核心是"思维语言的假定"：思维语言是心理表征的无穷集合。心理表征有两种功能作用，一是作为命题态度的直接对象，二是作为心理过程的范围。更明确地说，心理表征理论是下述两个论断的合取。第一个论断是关于命题态度本质的：对于任何有机体 O 和任何关于命题 P 的态度 A 来说，存在着一种（计算的/功能的）关系 R 和心理表征 MP，因此 MP 意指 P，并且 O 有 A，当且仅当 O 具有与 MP 的 R。第二个论断是关于心理过程本质的：心理过程是心理表征标记的

① Jerry Fodor，*The Language of Thought*，Cambridge，MA：Harvard University Press，1975：27.

② Jerry Fodor，*Psychosemantics*：*The Problem of Meaning in the Philosophy of Mind*，MA：The MIT Press，1987：xii.

因果序列。[①]这里很明显地说明了，如果我们理解心理表征，那么我们同时也在理解思维语言，并且是在命题态度和心理过程中整体性地把握思维语言。

第三，思维语言具有句法结构和语义性。

在附录中福多系统地论述了LOTH。在他看来，首先，LOT想要把命题态度标记解释为对符号标记的关系。例如，根据相信P就是对意指P的符号标记产生了某种关系。其次，LOT主张具有内容的心理状态典型地具有句法结构——特别是要素构成的结构——那适合于它们所具有的内容。第三，心理状态的句法结构反映了在它们的意向对象之间的语义关系，也就是说，心理状态是被构造的实体。对此，福多进行了三方面的论证。①方法论论证，在其中他提出了原理P。②心理过程论证。心理表征在运用它们的理论过程中，一方面对心理状态意向内容的具体化提供一种符合规定的符号，另一方面心理符号组成心理过程的范围。福多进一步指出，这种心理状态转换的机制是计算的，并且，没有LOT的代价就是没有思维理论。③思维的生产性和系统性论证。福多在简要进行了思维的生产性论证之后，具体地对思维的系统性展开了论证。一方面，他指出：由于自然语言具有组合语义学，存在某种语言能力所具有的属性，思维也具有这样的属性。因此，思维也必定具有组合语义学。另一方面，他明确提出LOT解释思维的系统性。语言能力所具有的属性是理解和产生语句的能力所固有的一部分。这种能力是系统的，那是因为语句具有要素构成的结构，并且这种系统性是语句而不是语词的属性。同样，认知能力也是系统的，并且那必定是因为思想具有要素构成的结构。在此基础上福多指出，我们需要解释思维的系统性所显示出来的是意向实在论加上LOT。LOT所体现的是，拥有一个思想就是与被构造的一系列表征相关。LOT解释思维的系统性，而仅有意向实在论是不能解释的[②]。

二、思维语言就是心理语言

思维语言作为福多心灵哲学思想的逻辑起点，为福多的心灵哲学思想向纵深发展奠定了良好的基础。一方面，思维语言的“复合性原则”提出使福多的心灵哲学思想走向深入。根据福多和皮利辛的观点，从思想（thought）系统性和复合

---

① Jerry Fodor，*Psychosemantics*：*The Problem of Meaning in the Philosophy of Mind*，MA：The MIT Press，1987：16-17.

② Jerry Fodor，*Psychosemantics*：*The Problem of Meaning in the Philosophy of Mind*，MA：The MIT Press，1987：135-154.

性角度看，建立作为一个法则论（nomological）事实的思想系统性是一个遥远的措施（one step away）。如果，理解一个句子的能力与理解其他句子的能力系统地关联，这是一条规律的话，那么，类似地，思考一个思想的能力与思考许多其他思想的能力系统地关联，这也是一条规律。因为理解一个句子正是思考它所表达的思想/命题。因此，根据RTM，思考某个思想正是标记头脑中表达相关命题的一个表征，例示某些表征的能力与例示某些其他表征的能力系统地关联。但是，接下来这个事实也需要一个充分的解释。LOTH提供的传统解释是，假设一个具有组合句法的表征系统，正如同在语言系统性解释的情况中一样。然而，思想不仅是系统的，而且是复合的。系统地关联着的思想也总能以这样一种方式语义地相关：这样的思想似乎是从相同的语义元素中复合而成的。例如，思考句子"约翰爱这个女孩"的能力与思考句子"这个女孩爱约翰"的能力是关联的，但不是与思考句子"质子是由夸克构成的"或"2+2=4"的能力相关联。为什么会这样？LOTH所给予的答案是，在假设一个组合句法之外，还假设一个组合的语义，这样，一个心理语句的一个原子成分（大约地）使得相同的语义有助于任何复杂的心理表达。这就是福多和皮利辛所谓的"复合性原则"①。

另一方面，心理语言（Mentalese）及其语义学的详尽阐述，使福多的心灵哲学思想引起广泛关注。在《榆树与专家》一书中，福多继续对心理语言及其语义学进行了阐述。在谈到心理过程是计算的相关问题时，福多强调思维的计算理论蕴含着心理表征的媒介必定是类似语言的，即LOT，并且认知加工是在LOT中发生的。再者，他主张心理语言的信息语义学，认为语义原子论是对信息语义学的一种论证，并应被包含在其中。他认为语义整体论是错误的，因为它与具有意向的心理规律是不相容的。他认为，语义理论应该是外在主义的、信息的并且是宽泛的。[3] 在此基础上，福多强调指出，心理语言不具有音韵学或标准拼法，但是可以假定它们具有许多其他的非意向的、非句法的属性，或者可能具有神经学的属性。而且，心理语言的类型/标记区分的一致不应该依赖于类型—同一理论的真。对于心理语言来说，这种类型/标记的特征化是功能的、反事实的②。在《我们用心理语言思考吗？对Peter Carruthers论证的评价》一文中，福多对自己的心理语言观进行了有力地辩护。Peter Carruthers反对我们用心理语言思考。他坚持

---

① Jerry Fodor，Zenon Pylyshyn，*Connectionism and Cognitive Architecture*，in S. Pinker and J. Mehler，eds，*Connections and Symbols*，MA：The MIT Press，1988：3-71.

② Jerry Fodor，*The Elm and the Expert*：*Mentalese and its Semantics*，MA：The MIT Press，1994：105-110.

认为所有有意识的思维是用（可能是用）英语进行的，因而英语是有意识思维的语言，并且他否认英语具有原子论语义学，进而否认有意识的思维具有原子论语义学。他从心理语言与格赖斯方案在语义学方面之间的关系、与功能定义的概念之间的关系以及与语义整体论之间的关系进行了论证。但福多对之进行了逐一反驳。他通过对格赖斯的语言沟通理论和语言意义理论分析入手，指出尽管心理语言理论（Mentalese story）需要格赖斯的沟通理论，但不需要他的任何自然语言意义理论，因为心理语言理论在本体论上先于自然语言意义。心理语言表达的意义至少部分地由它们的功能（推理）角色决定的，对此，福多拒绝将心理语言有关思维的理论同化到意义的功能角色理论中，因为他相信功能角色语义学是天生地整体论的，而整体语义学与任何意向实在论都是不相容的，且在有关意向心理状态方面整体语义学本质上是不现实的。在此，福多仍坚持心理语言语义学是原子论的信息语义学①。

三、思维语言假说的当代发展

有些学者也针对当代认知科学、心理学、语言学等学科的发展对 LOTH 作了进一步的论证或修改。Ansgar Beckermann 认为，存在 LOT，并且 LOT 具有完全可理解的意义。LOT 的存在不同于所有常规语言，它仅仅是一种发生的语言，而不是被说的、也不是被理解的或听到的。许多神经生物学家试图解释头脑中基于 LOTH，某种演算真正地发生。如果许多物理结构存在于一个系统中，这个系统能被当作某些语句类型的标记并且具有某些真之条件，那么在这个系统中就存在一种内部语言，即 LOT。[6] 可见，在思维语言的倡导者们看来，思维语言不仅是客观存在的，而且在我们的心理生活中起着不可或缺的作用，因此是我们全面而科学地解释心理现象的一个条件。这些作用本身也可作为思维语言存在的根据。

当前，LOTH 作为一种假说，是关于思维和思想本质的一个经验主义的论题或假说。根据 LOTH，思维是在心理语言中进行的，即：在相应有机体的头脑内物理地实现的符号系统中进行的。它主要体现如下三方面内容：

（A）心灵的表征理论：

（1）思想（thought）的表征理论：对任一命题态度 *A*，存在一种唯一的且与

---

① Jerry Fodor，*In Critical Condition*：*Polemical Essays on Cognitive Science and the Philosophy of Mind*，MA：The MIT Press，1998：63-73.

众不同的心理关系 *R*，而且对于所有的命题 *P* 和主体 *S*，*S AS P* 当且仅当存在一个心理表征 #*P*# 使得：① *S* 对 #*P*# 产生 *R*，并且② #*P*# 意指 *P*。

（2）思维（thinking）的表征理论：心理加工，特别地思维，由心理表征的标记（tokenings）的因果序列所构成的思维。

（B）当每一（A1）出现时，有一类心理表征，它们构成命题态度的直接“对象”，它们属于一个表征或符号系统，这种系统是这样的：

（1）系统的表征具有一个组合的句法和语义：结构复杂的（分子）表征是由结构简单的（原子）成分系统地构成的，并且一个分子表征的语义内容是它的原子成分和它的句法 / 形式结构共同的语义内容的一个功能，并且

（2）关于表征（当每一（A2）出现时，这种表征构成心理加工范围和思维）的操作对于由这种组合句法所定义的表征的句法 / 形式结构是有原因地敏感的。

（C）功能唯物主义（functionalist materialism）。如此刻画的心理表征，在某种适当的水平上，是功能地可刻画其特征的实体存在。这些实体存在是被具有命题态度主体的物理属性所实现的（如果这个主体是一个有机体，那么这些正在实现的属性大概就是在有机体的头脑或神经系统中的神经生理属性）[①]。

当然，对 LOTH 持反对意见者，仍不乏其人，而且反对者主要关注 LOT 的语义、解释功能及其关键特征方面。在心理语言是否具有组合语义学问题上，福多持肯定态度并且提供了其生产性论证，但是 Stephen Schiffer 却指出了福多论证过程中有关前提和步骤中的两个问题，并且提出了自己的观点。他认为：仅仅在 RP（reduction principle）为真的充分条件下，组合语义学能解释 M 的生产性和系统性；即便 M 没有组合语义学，解释 M 的生产性和系统性也是可能的。在联结主义和思维语言的关系上，Paul Smolensky 认为对联结主义来说，接受许多对传统认知科学较基础的计算原则是及其重要的，而且联结主义的认知体系也是解释思维系统性的基本策略。但福多在后来的著作中之指出，Paul Smolensky 的方法仍然无法解决思维系统性的相关问题[②]。对于 LOT，语义学如何运作的？ Robert Stalnaker 不主张正在作假设（LOT）是很清晰的，而且他也不确信会有一种方式来理解这种假说使得它既是独立存在的又是正确的。福多认为 LOT 语义学应该是窄的、必须避免意义整体论的威胁，在这样的 LOT 语义学中的语词与它们的指谓

---

① Murat Ayde，*The Language of Thought Hypothesis*，in *Stanford Encyclopedia of Philosophy*，2004：2-3.

② Barry Loewer，Georges Ray，*Meaning in Mind*：*Fodor and his critics*，MA：Basil Blackwell Ltd，1991：181-199，201-224.

之间的关系应在因果关系中被解释。对此，Robert Stalnaker 试图在福多的心理语义学方案的不同部分之间寻找一些张力，但是他建议放弃对窄语义学的要求[①]。

对 LOTH 的反对意见也体现了它正接受严峻的证伪挑战。从 LOTH 的解释功能上看，许多 LOT 理论学者注意用 LOTH 去解释：①自然语言是如何被习得的，②自然语言是如何被理解的，或者③用这样的自然语言的表达如何才能是有意义的。他们所不满的是，在这三种情况下这些解释或者产生一种倒退，或者这些解释本身是毫无理由的。说其产生倒退是因为相同种类的解释应该被提供给这样一些问题：LOT 如何被习得，如何被理解，或者如何才能是有意义的。说其毫无理由是因为：如果一个成功的解释能被提供给 LOT，而不产生一种倒退，那么它能够并且应该被提供给自然语言现象，而无须引入一个 LOT。从联结主义者的反对观点上看，他们认为：① LOT 系统不能处理某些认知任务，如知觉模式再认知；②一旦 LOT 系统被物理地损坏或者作为一种对吵杂的或退化的输入的反应，它们并不显示其适度的退化；③ LOT 系统太严格、过于具有确定性，因此它们不便于对人类能力构造模型来满足多样的软约束（soft-constraints）；④ LOT 系统在生物学上是不现实的；等等。[②]

四、思维语言假说的未来发展

目前关于 LOTH 的争论仍然在继续。我们最低限度地所需要的是：什么情况下 LOTH 为真？为什么为真？不幸的是，即使到今天，某些思维语言的关键特征仍未被解释。思维语言的未来发展仍需要迫切解决以下重要问题：

1）思维语言中符号本质和计算的理解

对 LOT/ 符号加工观点要求一种对符号本质的看似合理的描述，即思维语言中的符号概念（notion of symbol）存在分歧。LOT 方案和联结主义方案经常被当作思维的形式（format），或表征媒介的竞争理论。一个符号的概念明显地是 LOT 方案的关键，不幸地是，这个方案缺乏一个被广泛接受的符号化心理状态的概念，而这种心理状态往往被假定为认知的基础。

根据古典计算理论，计算是完全由以下几方面决定的：思维语言中原始符号

---

① Barry Loewer，Georges Ray，*Meaning in Mind*：*Fodor and his critics*，MA：Basil Blackwell Ltd，1991：229-236.

② Murat Aydede，*The Language of Thought Hypothesis*，in *Stanford Encyclopedia of Philosophy*，2004：17-21.

的类型特征；思维语言中的语法——就是能在语言中产生复合标志的篇章结构的规则，包括句子；能期望可以描述认知过程或者是预知行为的规则或者是运算法则。而心灵的计算理论主要包括：应用计算模型、算法技术为心灵建立各种各样的特征模型，并试图将这些模型现实化为各种智能机器，创造人为的“心灵”；根据一些计算机产品模型的特征为理解心灵的特征提供一种单向的隐喻，试图揭示心智的本质，从而达到对人类心智科学合理地认识。“思维就是计算”是福多心灵计算理论的核心所在。

福多认为，“心灵就是大脑内的计算机”，“思维就是计算”。命题态度或意向状态是有机体与心理表征的计算关系。心理过程是意向状态出现在人脑内的因果过程，它是一种计算过程，是与用计算来加工思维语言句子有关的过程。计算机是句法机，存在着控制输人、输出行为的句法原则。计算可多样实现。每当意向过程发生时，大脑中具体实现的计算机制就会接受思维语言中的一个句子作为输入，进而根据运算，产生一个新的句子作为输出。

对此，福多本人也已经质疑之，而且这种计算几的中枢系统会公然挑战计算解释，因为中枢系统系统是被假定为在其中发生沉思和计划的系统，它被当作LOT所具有特征的首要领域是合理的。但是，如果这些中枢系统不是以计算来开始运作的呢？更进一步地，如果LOT无法使这些中枢系统系统特征化，很难以理解我们为什么应该相信LOT运用于模块中。可见，由福多本人提出的认知心灵的计算解释的范围仍广受质疑。自福多的《思维语言》出版以来，仍然有许多领域在研究LOT。尽管LOT方案不再是“城中的唯一游戏”，但仍是一个重要的、引人注目的有关概念思维的建议。

2）思维本质的思考

当前诸多的心灵哲学家是在认知科学、计算机科学、人工智能研究成果上，主张：思维是一种信息加工过程，亦即是计算过程。福多的思维语言假说体现了其“自然化”的思维观：思维就是计算。根据福多关于心灵的计算理论，每当意向过程发生时，大脑中具体实现的计算机制就会接受思维语言中的一个句子作为输入，进而根据运算，产生一个新的句子作为输出。当然，从信息加工理论来看“思维就是计算”无可厚非，但也应看到，仅仅着眼于计算机类比，只看到计算机科学和人工智能等学科在认识思维中的作用，而忽视对人的思维过程的客观观察和实验，轻视神经科学和生物学等学科的作用，尽管可以合理地提出思维语言假说，但不可能使之成为真正的科学理论，不可能使思维语言模型成为人的思维的现实的、真正的工作模型。那么，思维究竟是什么？

有关思维定义的近期观点在以下两方面之间存在明显不同：一方面，对思维的一种一般定义，其中包含所有的智能认知活动；另一方面，对思维的一种较具体的定义，其中仅包含认知活动的“最”复杂形式，如推理、决策和问题解决。显然，从逻辑的观点看，我们可以对思维进行外延定义和内涵定义。事实上，在大多数专业心理学家所作的思维定义中，他们主要关注词项“思维”的意义的外延方面，并且特别地关注相关实验任务以便经验地获得思维的可分析方面。他们对思维概念的定义可能涉及这些内容：表征和范畴化、演绎、归纳、问题解决、创造性、智慧等。这也就是思维心理学所采用的一般研究思路。所以，一方面我们需要从科学心理学角度对思维作进一步研究，另一方面，我们需要从哲学高度来深思本体论意义上的思维究竟是什么。如果从各种词典和百科全书的条目中我们试图要找到一个较有内涵的定义的话，笔者认为：思维是内在符号活动的一个序列，这些内在符号导致创新、观念或结论的产出、评价。

笔者认为，对思维语言的进一步研究的较合适的方案就是：把计算机模拟与神经科学的实验观察、把主观内省与客观观察结合起来，在人用“思维语言”思维时，借助脑电图、微电极技术、分子生物学、脑化学的技术与手段以及今后可能出现的更先进的技术，辅之以认知心理学的实验和观察材料，研究神经元是如何连接的，例如当我们想到某个词时，借助有关的技术揭示神经元是如何连接的。在此基础上，心灵哲学再综合人类学、语言学、心理语言学、进化论等有关学科的成果，加以高层次的概括、整合和抽象，发展和建构关于思维语言及其与思维的关系、思维语言与自然语言的相互关系的哲学理论。

思维语言假说的当代论争*

J. 福多（Jerry Fodor）是当代最具影响力的心灵哲学家之一。现任美国新泽西州罗格斯大学哲学系教授，同时也是该校认知科学中心成员。他关注心理学的哲学问题，其中包括认知结构、心理语义学和认知发展的理论和实验研究。他在1975年出版的《思维语言》一书中最先明确提出"思维语言"概念，并在其后许多论著如《心理语义学》（1987年）、《榆树与专家》（1994年）等著作中加以进一步的阐发，形成了比较系统的理论。他的思维语言假说（LOTH）在心灵哲学、语言哲学、认知科学等领域备受关注。LOTH作为一种假说，是关于思维和思想本质的一个经验主义的论题或假说。根据LOTH，思维是在心理语言中进行的，即：在相应有机体的头脑内物理地实现的符号系统中进行的。它主要体现在：思想（thought）的表征理论、思维（thinking）的表征理论、组合的句法和语义的表征或符号系统；心理表征具有功能唯物主义；等等①。根据当前科学心理学等领域的新证据和新进展，福多的思维语言假说引发了一系列的当代论争。

一、思维语言假说的主要反对观点

福多的思维语言假说既然是一种假说，那么就自然具有假说的方法论意义。我们知道，假说是对求知现象或规律性的一种猜测性解释。而科学假说作为假说的一种类型，作为科学发展的基本形式，是根据已有的事实陈述和相关的科学理论，对未知事物或规律性所作的猜测性解释。它具有尝试性与猜测性，是一个由初步假定，经充实完善到验证、发展的逐步进化过程。对LOTH持反对意见者，仍不乏其人，而且反对者主要关注LOT的语义、解释功能及其关键特征方面。

在心理语言（mentalese）是否具有组合语义学问题上，福多持肯定态度并且提供了其生产性论证，但是Stephen Schiffer却指出了福多论证过程中有关前提和步骤中的两个问题，并且提出了自己的观点。他认为：仅仅在RP（reduction principle）为真的充分条件下，组合语义学能解释M的生产性和系统性；即便M

---

* 原载于《南昌大学学报》2009年第2期。

① Murat Aydede, *The Language of Thought Hypothesis*, in *Stanford Encyclopedia of Philosophy*, 2004: 2-3.

没有组合语义学，解释M的生产性和系统性也是可能的。[①] 在联结主义和思维语言的关系上，Paul Smolensky认为对联结主义来说，接受许多对传统认知科学较基础的计算原则是及其重要的，而且联结主义的认知体系也是解释思维系统性的基本策略。但福多在后来的著作中之指出，Paul Smolensky的方法仍然无法解决思维系统性的相关问题。[②] 对于LOT，语义学如何运作的？ Robert Stalnaker不主张正在作假设（LOT）是很清晰的，而且他也不确信会有一种方式来理解这种假说使得它既是独立存在的又是正确的。福多认为LOT语义学应该是窄的、必须避免意义整体论的威胁，在这样的LOT语义学中的语词与它们的指谓之间的关系应在因果关系中被解释。对此，Robert Stalnaker试图在福多的心理语义学方案的不同部分之间寻找一些张力，但是他建议放弃对窄语义学的要求[③]。

Larry Hauser对LOT具有无可争议的生产性进行了反对心理语言的七个方面的论证：①从低于人类的生物、亚人称的系统（subpersonal system）和野性的人类方面进行了论证；②计算器论证；③现象学论证；④爱因斯坦式的反对论证；⑤经验可接受性论证；⑥可检验性论证；⑦简单性论证。[④]

Peter Hacker认为，头脑中的符号系统观念（LOTH）是基于一个根本的概念混淆，因而在字面上是毫无意义的。这种观念的运用越清晰，则会有越多的理由显示，这种思维语言观念越变得荒谬。理由有三：①语言的运用本质上是一种标准化的活动。掌握一种语言的某人必须知道这些语言表达的正确运用，而参照正确标准的合规则的语言运用仅仅能在社会实践中找到。②头脑或脑细胞运用一种语言是不可能的：一个人不能有意义地说头脑或脑细胞遵循传统习俗。而只有当这些传统习俗被用在一个社会共同体中，使人受到教育和学习、纠正错误、解释和证明行为时，才能说这个人遵循了传统习俗。③谈论脑地图（cerebral maps）是毫无意义的。因为这些地图仅仅是在合适的传统习俗存在条件下某物的地图。因而没有表征传统习俗就没有表征地图。而智能、运用符号的生物没有运用这种表征，就没有表征传统习俗。因为语言运用才有意义，而意义假设了传统习俗的存在，进而传统习俗蕴含着相应的社会实践活动的存在。就脑细胞而言，一种社会

---

① Barry Loewer，Georges Ray，*Meaning in Mind*：*Fodor and his critics*，Cambridge，Massachusetts：Basil Blackwell Ltd，1991：181-199.

② Barry Loewer，Georges Ray，*Meaning in Mind*：*Fodor and his critics*，Cambridge，Massachusetts：Basil Blackwell Ltd，1991：201-224.

③ Barry Loewer and Georges Ray，*Meaning in Mind*：*Fodor and his critics*，MA：Basil Blackwell Ltd，1991：229-236.

④ Larry Hauser，*Doing without Mentalese*，in *Behavior and Philosophy*，Vol. 23，1995：42-27.

实践在概念上是不可能的。因此，假设头脑运用一种语言或运用一个符号系统在字面上是不可想象的[①]。

对 LOTH 的反对意见也体现了它正接受严峻的证伪挑战。从 LOTH 的解释功能上看，许多 LOT 理论学者注意用 LOTH 去解释：①自然语言是如何被习得的，②自然语言是如何被理解的，③用这样的自然语言的表达如何才能是有意义的。他们所不满的是，在这三种情况下这些解释或者产生一种倒退，或者这些解释本身是毫无理由的。说其产生倒退是因为相同种类的解释应该被提供给这样一些问题：LOT 如何被习得，如何被理解，或者如何才能是有意义的。说其毫无理由是因为：如果一个成功的解释能被提供给 LOT，而不产生一种倒退，那么它能够并且应该被提供给自然语言现象，而无须引入一个 LOT。

从联结主义者的反对观点上看，他们认为：① LOT 系统不能处理某些认知任务，如知觉模式再认知；②一旦 LOT 系统被物理地损坏或者作为一种对吵杂的或退化的输入的反应，它们并不显示其适度的退化；③ LOT 系统太严格、过于具有确定性，因此它们不便于对人类能力构造模型来满足多样的软约束；④ LOT 系统在生物学上是不现实的；等等[②]。

二、思维语言假说的主要支持观点

依笔者看来，思维语言假说的确有不成熟、不完善乃至错误的地方，且缺乏充分、可靠的科学和实验根据，有些观点值得谨慎地对待和冷静地商榷，如它认为思维语言是先天的、普遍的，是习得母语的基础等。但又应看到，它对思维以自然语言为媒介这一传统的、常识性观点的否定则是发人深省的，也有其合理性，因而支持其观点的学者仍然占主导地位。

对 LOTH 的支持论证主要体现在福多本人及其思想的追随者的论文和著作中。一方面，福多对之继续加以论证、充实和完善，并提出了所谓的“复合性原则”。根据福多和皮利辛的观点，根据 RTM，思考某个思想正是标记头脑中表达相关命题的一个表征，例示某些表征的能力与例示某些其他表征的能力系统地关

---

① Ansgar Beckermann，*Can there be a Language of Thought*，in R. Casati，B. Smith and G. White（eds.）*Philosophy and the Cognitive Sciences*，Proceedings of the 16th International Wittgenstein Symposium. Wien：Hölder-Pichler-Tempsky，1994：207-209.

② Murat Aydede，*The Language of Thought Hypothesis*，in *Stanford Encyclopedia of Philosophy*，2004：17-21.

联。LOTH 提供的传统解释是，假设一个具有组合句法的表征系统，思想不仅是系统的，而且是复合的。系统地关联着的思想也总能以这样一种方式语义地相关：这样的思想似乎是从相同的语义元素中复合而成的。一个心理语句的一个原子成分（大约地）使得相同的语义有助于任何复杂的心理表达[①]。

在《榆树与专家》一书中，福多继续对心理语言及其语义学进行了阐述。在谈到心理过程是计算的相关问题时，福多强调思维的计算理论蕴含着心理表征的媒介必定是类似语言的，即 LOT，并且认知加工是在 LOT 中发生的。再者，他主张心理语言的信息语义学，认为语义原子论是对信息语义学的一种论证，并应被包含在其中。他认为语义整体论是错误的，因为它与具有意向的心理规律是不相容的。他认为，语义理论应该是外在主义的、信息的并且是宽泛的。在此基础上，福多强调指出，心理语言不具有音韵学或标准拼法，但是可以假定它们具有许多其他的非意向的、非句法的属性，或者可能具有神经学的属性。而且，心理语言的类型 / 标记区分的一致不应该依赖于类型—同一理论的真。对于心理语言来说，这种类型 / 标记的特征化是功能的、反事实的[②]。

在《我们用心理语言思考吗？对 Peter Carruthers 论证的评价》一文中，福多对自己的心理语言观进行了有力地辩护。Peter Carruthers 反对我们用心理语言思考。他坚持认为所有有意识的思维是用（可能是用）英语进行的，因而英语是有意识思维的语言，并且他否认英语具有原子论语义学，进而否认有意识的思维具有原子论语义学。他从心理语言与格赖斯方案在语义学方面之间的关系、与功能定义的概念之间的关系，以及与语义整体论之间的关系进行了论证。但福多对之进行了逐一反驳。他通过对格赖斯的语言沟通理论和语言意义理论分析入手，指出尽管心理语言理论（Mentalese story）需要格赖斯的沟通理论，但不需要他的任何自然语言意义理论，因为心理语言理论在本体论上先于自然语言意义。心理语言表达的意义至少部分地由它们的功能（推理）角色决定的，对此，福多拒绝将心理语言有关思维的理论同化到意义的功能角色理论中，因为他相信功能角色语义学是天生地整体论的，而整体语义学与任何意向实在论都是不相容的，且在有关意向心理状态方面整体语义学本质上是不现实的。在此，福多仍坚持心理语言

---

① Jerry Fodor，Zenon Pylyshyn，*Connectionism and Cognitive Architecture*，in S. Pinker and J. Mehler（eds），*Connections and Symbols*，MA：The MIT Press，1988：3-71.

② Jerry Fodor，*The Elm and the Expert: Mentalese and its Semantics*，MA：The MIT Press，1994：105-110.

语义学是原子论的信息语义学[①]。

另一方面，有些学者也针对当代认知科学、心理学、语言学等学科的发展对LOTH作了进一步的论证或修改。如Ansgar Beckermann认为，存在LOT，并且LOT具有完全可理解的意义。LOT的存在不同于所有常规语言，它仅仅是一种发生的语言，而不是被说的、也不是被理解的或听到的。许多神经生物学家试图解释头脑中基于LOTH，某种演算真正地发生。如果许多物理结构存在于一个系统中，这个系统能被当作某些语句类型的标记并且具有某些真之条件，那么在这个系统中就存在一种内部语言，即LOT[②]。

三、结论评价

毋庸讳言，由于LOTH主要是基于一些类比和想象的方法而提出的一种科学假说，因而我们应该辩证地对待LOTH，它的发展仍需要作进一步的检验。

1.思维语言的未来发展需要解决的两个问题

目前关于LOTH的争论仍然在继续。我们最低限度地所需要的是：什么情况下LOTH为真？为什么为真？不幸的是，即使到今天，某些思维语言的关键特征仍未被解释。思维语言的未来发展仍需要迫切解决以下两个重要问题：①思维语言中符号概念本质的理解。对LOT/符号加工观点要求一种对符号本质的看似合理的描述，即思维语言中的符号概念存在分歧。LOT方案和联结主义方案经常被当作思维的形式，或表征媒介的竞争理论。一个符号的概念明显地是LOT方案的关键，不幸地是，这个方案缺乏一个被广泛接受的符号化心理状态的概念，而这种心理状态往往被假定为认知的基础。②计算解释的看似合理性。对此，福多本人也已经质疑之，而且这种中央系统会公然挑战计算解释，因为中央系统是被假定为在其中发生沉思和计划的系统，它被当作LOT所具有特征的首要领域是合理的。但是，如果这些中央系统不是以计算来开始运作的呢？更进一步地，如果LOT无法使这些中央系统特征化，很难以理解我们为什么应该相信LOT运用于模块中。可见，由福多本人提出的认知心灵的计算解释的范围仍广受质疑。自福多

---

① Jerry Fodor，*In Critical Condition*：*Polemical Essays on Cognitive Science and the Philosophy of Mind*，MA：The MIT Press，1998：63-73.

② Ansgar Beckermann，*Can there be a Language of Thought*，in R. Casati，B. Smith and G. White（eds.）*Philosophy and the Cognitive Sciences*，Proceedings of the 16th International Wittgenstein Symposium. Wien：Hölder-Pichler-Tempsky，1994：207-219.

的《思维语言》出版以来，仍然有许多领域在研究LOT。尽管LOT方案不再是“城中的唯一游戏”，但仍是一个重要的、引人注目的有关概念思维的建议。

2. 关注思维语言与自然语言的区别

语言的奥妙在于它与人类的大脑、心理、认知，还有客观世界以及人类的社会生活实践、文化积淀融合在一起，难解难分。人们对语言和思维两者关系的争论由来已久，至今仍无定论。在通常意义上我们对思维与语言的关系有这样的几种理论观点：①思维决定论：语言是由思维决定的。②“萨丕尔－沃尔夫假说”理论：该理论认为，语言对思维有决定性的作用，思维相对于语言而存在，即语言决定论和语言相对论。③相互作用论则认为，语言是思维的工具，语言的发展推动思维的发展，思维对语言也起很大的作用。很明显，在这几种观点中所说的语言仍然是自然语言。自然语言作为一种特定的符号系统，音或形是其固有的特征，而以音或形表现出来的符号如字、词、句表面上能进入人脑为思维接受、理解和加工，但事实并非如此。因为书面语言的字词句只有经过复杂的能量转化，变成没有形体特性的信号或形式，才能为思维所把握。如首先书写符号以光性刺激的形式屈折地射入网膜感光层，使那里的感受细胞发生化学反应，经过复杂的感光－换能系统的作用，光能变成了神经电信号，中途又经过复杂的能量转换，变成能为中枢视觉皮层接受和整合的能量形式，最后形成一定的神经元连接或构型，储存在记忆中或呈现在思维面前，以声音形横式表现出来的字词句也要经过复杂的能量转化、形式变换，才能为思维理解和加工。可见，自然语言不能直接地、原封不动地进入人脑而成为思维的直接对象和媒介。

神经科学的有关理论也告诉我们：大脑内并没有形象的表象、图画，以及以声音和特定形状表现出来的自然语言的字词句，只有神经元及其各连接方式或构型。从现象上说，我们借助内省和想象的作用想到字词句甚至或画面时，好像有自然语言的字词句，它们好像按比例缩小而出现在思维面前。其实不然，我们内省和想象中所出现的有形象或有声音特性的东西，从客观的观察和实在的存在上来说都是神经元的某种连接或构型，即是思维语言假说所说的物理符号。另外，从逻辑上说，如果坚持思维以自然语言为媒介，必然碰到无穷后退，即如果我们的大脑里有以音形特性表现出来的自然语言的字词句，那就得假定大脑内还有一个“小人”在那里听或看那些字词句，就象肉身的“大人”看纸上的或听别人说的字词句一样，如果有“小人”，那么还得推测“小人”的脑子里有“小人”，如此递进，以致无穷。由上看来，思维中被储存、提取和加工的媒介不是自然语言，而是某种或某些别的呈现方式，不妨把它们称之为思维语言。它们也有字词句，有规则有句法，但在存在形式或表现形态上、在结构和载荷信息的方式上以及在储存、传输、转换的方式上都不同于自然语言，而类似于计算机的“机器语言”。

福多所提出的思维语言就是一种心理语言而不是自然语言。尽管福多坚持思维语言独立于我们所说的任何一种语言，而且自然语言的表达能力要依赖于思维语言的表达能力，而不是相反，但是我们能否就认为思维语言仅仅是思维与语言之间的关系桥梁或媒介呢？我们能否根据思维语言形成思维、逻辑、语言之间稳定的三角关系呢？诚然，思维和语言的关系一直是心理学、逻辑学、语言学、哲学等学科共同关心的问题，但笔者认为：思维与语言的关系可以放到一个多学科、跨领域的背景下考察，借助 LOTH 重新审视思维与语言关系的本质。

总之，思维语言假说有许多值得我们思考和借鉴的地方，思维语言假说的诞生及其发展最大的意义在于：它标志着对心灵尤其是思维的认识朝着由肤浅向纵深、由抽象向具体、由模糊笼统向精确化方向又迈出了重要的一步，促进和推动了思维研究的方法论变革，不仅是认识发展的必然，而且也为认识的进一步发展提供了条件。

19世纪科学中心在德国形成的原因初探*

根据日本科学史家汤浅光朝的研究，世界科学中心转移的大致路线为：意大利（1540～1610年）—英国（1660～1730年）—法国（1770～1830年）—德国（1810～1920年）—美国（1920年至今）。回眸科技史，我们可以发现世界各国的科学发展是不平衡的。而19世纪科学中心为什么会在德国形成呢？本文将就此进行具体探讨。

一、科学发展的内在要求与德国民族精神的有机结合

科技发展到19世纪，越来越依靠理论的综合和指导，科学研究越来越需要转化为技术，从而转化为现实生产力。这就需要社会文化氛围中不仅孕育着浓厚的科学探索的精神，也要有立足现实、勇于实践的现实主义精神，而19世纪形成的德意志民族精神中正好蕴涵了这两种精神。

18世纪末，在法国发生资产阶级革命的同时，德国发生了资产阶级的哲学革命。这场革命自康德开始到黑格尔完成，其重要结果是产生于包含丰富辩证法思想的德国古典哲学。19世纪初开始的德国大学改革使神学家退出大学舞台，哲学家和人文学者成为大学改革的领导者，这为德国科学技术的发展提供了强大的思想武器。康德哲学中强调“理性批判”，提倡用理性思维去把握世界“使人重新回到世界中心的地位”①；黑格尔哲学中强调“自由精神”，认为自由精神是日尔曼的民族精神。这种批判精神、创新精神和自由精神对于科学的发展来说是极其可贵的。因而在19世纪的德国，科学发展较少受到压制和阻碍，而有着一种自由、批判、创新和活跃的学术氛围。

另外，由于包含丰富的辩证法思想，德国古典哲学中又强调理论和实践的统一，再加上由于对宗教的批判，世俗化的倾向也逐渐兴起。这样就使德国科学技术领域又出现了一个重要的特点，即充满着哲学唯物主义和现实主义精神。于是，19世纪德国的科学思想中出现了两方面的情况：一方面，强调科学的非功利性、非经验性，注重基础研究；另一方面，又强调科学的现实性、有用性，注重开发

---

* 原载于《求实》（增刊）2002年S2期。

① I. B. Cohen，*Revolution in Science*，The Belknap Press of Harvard University Press，1985：248.

和应用研究。这使得 19 世纪德国的科学技术成就中既有重大的先进的理论建立，如赫尔姆霍兹的能量守衡定律，克劳修斯的热力学第二定律，普朗克的量子理论，爱因斯坦的相对论等；又有实验科学的繁荣，如维勒、李比希在有机化学领域取得的辉煌成就，西门子公司的一系列发明等。这表明，善于将本民族精神的优点与当时科学发展的特征结合起来，能促使本国科学技术的发展结出累累硕果。有资料表明：1850 ～ 1913 年德国经济平均增长率为 2.6%，其中“技术进步”所作出的贡献占 42%。如果没有科学技术的作用，则德国经济年平均增长率仅为 1.5%。①

二、良好的社会环境的形成

经济上的工业化、政治上的统一和社会的城市化，为科学技术的发展形成了一个良好的社会环境。19 世纪初的德国仍是一个四分五裂、贫穷落后的农业国。但经过 1806 年普法战争失败后，开始进行了经济、政治和社会改革，这为科技的发展提供了一个良好的社会环境和坚实的政策后盾。

经济上的工业化不仅提出了对发展科学技术的需要，提供了科学技术的应用场所，也为科技发展提供了强大的物质手段。在 19 世纪的德国，虽然资产阶级“出世太迟了”，资本主义发展很不充分，但通过一条自上而下的改革道路，实现了农业资本主义化。1850 年第一家钢犁问世，到 19 世纪末，德国已有 1200 家农机厂，拥有工人 23 000 人。作为后起的资本主义国家，德国首先通过学习英法，大量引进先进科学技术，发展电气、化工、钢铁等新兴行业，工业资本成倍增长。工业平均增长 19 世纪 60 年代为 2.7%，70 年代 4.1%，80 年代 6.4%②；德国在世界工业总产值的比重也显著改变，19 世纪后 30 年，英国和法国的比重分别从 32% 和 10% 下降为 18% 和 9%，德国从 13% 上升到 16%③。19 世纪末，德国已经在以内燃机和电力学为标志的第二技术革命中处于领先地位，为建立新兴化学工业和电气工业创造了有利条件。可见，工业化的形成既产生了对科技的需求，也为进一步发展科学技术积累了资金。

政治上的统一也产生了对科学技术的极大需求，这为科学技术的发展提供了稳定的政治环境和政策保证。经济上的发展，建立统一市场的要求，必然需要一

① 小威廉·贝拉尼克等：《科学技术与经济发展——几国的历史与比较研究》，北京：科学技术文献出版社，1988 年，第 114 页。

② 维纳·洛赫：《德国史》（第 2 卷），北京：三联书店，1959 年，第 633 页。

③ 科佩尔·S. 平森：《德国近现代史》，北京：商务印书馆，1987 年，第 640 页。

个强有力的统一的政府。1871 年俾斯麦完成了德国的统一。为了巩固政权，统治者必然要大力发展经济，这就需要借助科学技术。当时的德国资产阶级在经济上是强大的，有着强烈的发展经济的欲望，但在政治上是弱小的，容克占据着政治上的统治地位。由于政治上的无权，德国资产阶级也只好通过科技创新来保持经济上的强大优势，而容克政府认为只要能保证资产阶级的利润不断增加，资产阶级就愿意放弃他们在政权方面的要求。由于经济利益上的一致和政治上的考虑，从普鲁士到统一后的德国的历届政府都在科学技术的发展方面投入了大量的财力物力。

社会的城市化为进行科学实验、技术创新提供了开放的便利的条件，加速了科学中心的形成。城市化是工业革命后引发的一场乡村和城市的大变革，是人类由农业社会向工业社会过渡的历史过程。由于科学技术的应用，工业化的形成，城市成为工业生产场所，使非农业生产人口迅速发展。这些城市继而又成为了科技传播、学术交流、文化融合的重要场所，因而为科学实验、技术应用与创新提供了便利的条件，为科学教育、学术争鸣等形成了良好的学术氛围。

三、有效的科技政策的实施

第一，组织严密且行之有效的科研体制。

为了推动科研事业的发展，德国政府不惜巨资迅速建立起一个成功的从基础理论到应用研究的科研体系。其科研体系大致分为三个部分：一是国立科学院、研究所和国家扶持的各种学术团体，如国立化工研究所、机械研究所、物理研究所、化学家协会等；二是以大学为基础建立起来的科研中心。最初在吉森、柏林、哥廷根等大学建立起来，19 世纪 80 年代后几乎各大学都先后建立起规模不同的科研中心，技术学校和工艺学校也设有研究部和技术部；三是由企业家创办的研究所和实验室。在政府的支持下，机械工业和化学工业中的大企业也都先后建立科研所和试验室。他们资金雄厚，设备完善，主要研究应用技术。

值得一提的是，企业支持的科研中心。这类科学研究能为企业创造明显的商业价值。染料工业是一个很好的例子。德国合成染料工业虽然是后起的，靠模仿英国和法国起家。但是，这些企业大都是大学化学系毕业生自己建立或者与染料商人合作建立的，也就是说，很多都是从科学家到企业家。因此，他们不仅自己从事科学研究，也能与大学的化学家进行合作，或者用化学家为其进行科学研究。这样企业和大学的积极合作就不断为企业带来有价值的发现。19 世纪 60 年代后期，茜素研制成功并投入生产后，使企业认识到科学研究的商业价值，同时也为企业积累了财富。70 年代后期，德国的企业越来越依靠科学了，1877 年德国还颁布了统一专利法。80 年代开始，各染料企业相继建立了自己的工业实验室，这就使得科学研究内化于企业发展之中，促进了科学研究直接转化为生产力。

另外，德国领导者的开放思想对科研的发展也有很大的促进作用。威廉三世和洪堡都认为，科学无禁区，科学无权威，国家必须保护学术自由。这样就使得科学研究和学习探讨比较独立，很少受到政治和宗教的干扰，也使得大学里的两种教师（同时又是科学研究者）——教授和收费讲师，在学术研究上是自由平等的。在 19 世纪的德国科学史上，德国的科学家受到压制、排挤和迫害的例子是几乎没有的。当时的科学逐渐成为一种职业，科学家逐渐成为职业的科学家。而他们对德国，乃至世界的影响都是深远的，也难怪科学史家 J. D. 贝尔纳说，19 世纪下半期科学的最大进步是在德意志，德语是科学上的国际语言，德国教授所建立的科学帝国对整个世界都发生了相当大的影响。

可见，正是因为当时经济政治的发展强烈需要科学技术，所以德国政府才建立起这样一种独立而又系统的科研体系，从而使德国成为当时居领导地位的科学大国。

第二，管理完善且松紧有度的教育体制。

科学技术的发展关键在于人才的培养。德国政府深刻地认识到这一点，因而非常重视教育，其完善的教育体制也是其科技发展取得重大成就的重要因素。有研究表明，科学中心的转移与教育中心的转移有密切联系，往往是教育中心形成后一段时间就会形成科学中心。

早在 19 世纪初，德国政府就注重发展教育，当时德国已经实行了强制性的初等义务教育制；40年代末，普鲁士学龄儿童入学率就达82%，60年代达到97.5%。而英国到 1903 年才达到 88%。在此基础上，德国还迅速发展了中等教育（包括技术教育），在传统的文科中学增开了数学和自然科学常识课程；另外还发展起一种新型中学——实验学校，开设了大量的自然科学课程。并且还办起了许多工艺学校、职工学校和业余技校等。

在发展中小学教育，提高一般劳动者文化水平的同时，德国还尤其发展了作为科学专业教育的高等教育。威廉三世早在 1809 年就批准建立了柏林大学；1851~1855 年，后来德意志帝国领域内的在校大学生为 12 400 人，1913 年增至 77 484 人，平均每万名居民中有在校大学生 11.6 万人。由于政府重视知识和人才，受到大学教育的人普遍得到高度尊重，并享有极高的声望。此外，在 19 世纪后半期，德国政府又建立了 11 所高等技术院校，这为德国培养了大批科技专门人才。

综上所述，19 世纪德国科学中心的形成，一方面是由于适应了科学发展的内在要求；另一方面也是德国当时的经济、政治、文化、教育等需要发展的客观因素使然。历史是一面镜子。回顾历史，是为了更好地抓住今天的机遇。在当今“科学技术是第一生产力”的社会条件下，探讨 19 世纪德国科学中心形成的原因，对于我国发展科学技术，实现科教兴国战略无疑具有重要的借鉴意义。

略论科学技术决定论*

科学技术决定论是当代的一种哲学思潮，主要有技术悲观主义和技术乐观主义两种表现形式，它的基本内核是强调科学技术决定一切，只承认科学技术的作用，认为只有科学技术才是社会进步的决定因素和动力，否认生产关系的作用，而认为科学技术直接决定社会发展。

一、技术悲观主义学者的主要观点

技术悲观主义者在其理论基础上或者以“技术决定论”，或者以“人性与自然性相统一”为出发点，通过对技术化过程所带来的社会动机、全球问题、人类困境的揭露，来表明当代世界的危机状态，他们的结论往往具有较浓厚的悲观色彩。18 世纪法国的卢梭被认为是近代西方第一个全面系统地批驳科技进步能够带来财富的启蒙思想家。他认为，人一旦拥有了知识、智慧，灵魂就变得肮胀、邪恶，“我们的灵魂正是随着我们的科学和艺术之臻于完美而越发腐败的”。他竭力主张以自然的、善良的天性代替文明的罪恶，清除智慧和技艺，“返归自然。”19 世纪以来，在技术发展、技术革命导致社会发生巨变、技术的作用和功能异常突出的情况下，现代西方学者开始对现代技术进行哲学反思，在揭示技术与社会的相互关系中表现出技术悲观主义倾向，如历史主义的“西方没落论”、新托马斯主义的“原子时代恐惧论”、存在主义的“技术框架论”、法兰克福学派的“技术奴役论”、现象学派的“欧洲科学危机论”等。德国存在主义创始人海德格尔把人类命运的悲惨境况归为技术发展所带来的恶果。他把技术的本质理解为“框架”（gestell），即把人、物，乃至整个自然界都纳入某种规范系统中去将之展现出来的方式。他强调说：“技术在本质上是人靠自身力量控制不了的一种东西。”① 如果人不想让技术的急剧运动带来灾难，就必须转向自我，摆脱框架。法兰克福学派以其突出的“社会批判理论”著称于世。其代表人物法国的马尔库塞认为，正是技术的进步成了压抑和摧残人性，干预人的自然生活的主要力量，正是技术的操纵，使个人成了没有反抗性和批判性，只满足于物质追求的“单面人”，社会成了没有反对派，

---

* 原载于《理论月刊》2003 年第 2 期。

① 黄万盛：《危机与选择》，上海：上海文艺出版社，1988 年，第 110 页。

没有反对思潮的“单面社会”,“使整个的人(肉体和灵魂)都变成了一部机器,甚至只是机器的一部分。”[①]

人类进入20世纪,在西方发达国家出现了一批技术哲学家、技术评论家等,这其中不乏悲观论者,以法国雅克·埃吕克的“技术自主论”和美国J.里夫金的“熵增技术论”的影响最大。现代技术哲学家埃吕克以其代表作《技术的社会》的出版,使他成为技术决定论(技术自主论)的突出代表。他认为,技术作为一种具有特殊力量的权威,已经在自行其事。他说,现时没有一种东西能和技术抗衡,道德、公众、舆论、社会结构,乃至国家都对技术无能为力。美国社会学家J.里夫金等在《熵——一种新的世界观》一书中,把物理学中的熵定律扩展到社会、经济、生活领域,对人类未来得出了一种完全的悲观主义结论。他们认为,人类文明的进程,其实是一个不断衰亡的过程,“自从我们来到这个世界以后,不论我们作出什么努力,世界总是在堕落之中。”[②]20世纪60年代末诞生的世界性组织罗马俱乐部,以“全球问题”和“人类困境”为研究对象,通过“全球模拟”方法,组织大量学者、专家,以系列报告形式阐述了他们的观点。《增长的极限》的基本倾向是,将矛头指向科技进步,认为人类摆脱目前困境的唯一出路是消极地停止增长,它把人类生态环境的恶化归之于技术进步。

二、技术乐观主义学者的主要观点

技术乐观主义学者针对技术悲观主义思想也提出了自己的观点。他们夸大科技对社会的积极作用,认为科技的发展使人类社会不断进步,人类能够克服由于科技进步而造成的问题,也足以制止危机的发生。他们在面临新科技革命挑战时,表现出乐观的情绪,认为:科技能挽救一切。

美国的物理学家、赫德森研究所所长赫尔曼卡恩(Herman Kahn)对《增长的极限》中的一些观点持反对意见。他认为,各种增长因素实际上很少长期按指数增长,而是按“8”形增长,即在增长曲线到达某一转折点后,将转为下降。而朱利安林肯的《没有极限的增长》论证得出资源没有尽头,生态环境会日益好转。丹尼尔·贝尔则对工业社会(资本主义社会)的前途作了分析和探索,提出了“后工业社会”的概念。他的“后工业社会论”作为一种历史观,是科学技术决定论

① 马尔库塞:《反革命与造反》,北京:商务印书馆,1982年,第15页。
② J.里夫金:《熵:一种新的世界观》,上海:上海译文出版社,1987年,第232页。

的典型表现。在他看来，当前西方社会发生的巨大变化，其根源都出自科学技术，它是制约社会发展的唯一决定因素。这与科技知识占据社会中心地位这一观点相适应，贝尔认为：知识阶级将日益取代工人阶级而起到社会先锋作用，他们不但成为推动社会生产发展的主要力量，而且也将成为推动社会发展的主要政治力量。

阿尔温·托夫勒在《第三次浪潮》一书中认为，人类迄今已经历了两次文明的浪潮。托夫勒把今天西方社会的政治、经济、文化、心理上遇到的一切困惑归结为第三次浪潮和第二次浪潮文明之间的冲突。他采纳贝尔的观点，把 1956 年美国白领工人超过蓝领工人的数量看作是第三次浪潮文明开始的标志。他认为，在第三次浪潮时代，微电子技术工业、宇宙工业、海洋工程和生物工程这些低能耗工业将取代浪费能源的第二次浪潮工业，并终将改变“工业化就是征服自然、就是社会进步”的思潮，走上人与自然和睦相处协调发展的道路，根除以往的对抗状态。美国社会学家奈斯比特在其著作《大趋势———改变我们生活的十个新方向》一书中，研究了科学技术的迅速发展和社会的信息化给社会生活带来的变化，把工业化社会之后的美国未来发展趋势归纳成十个方面，其中他肯定了新技术革命为经济发展注入了新的动力，强调了信息在经济发展中的作用，指出了知识更新在信息社会中的第一重要性地位。

三、对科学技术决定论的若干思考

由以上分析可以看出，技术悲观主义者和技术乐观主义者都抛开了特定的社会制度，生产关系来考察科学技术的发展及其社会后果，这两种思想观点往往是对立的，但其前提则是一致的：一切都仅仅是由科学技术决定的。笔者认为，科学技术的作用是双重的，它既可以为人类造福，也可能带来灾难；既能够以建设性的方式被利用，也能够以破坏性的方式被利用。人类的发展，社会的进步，不仅要依靠科技进步，而且要改善社会经济制度、文化传统等。我们相信科学技术的力量，但是科学技术的发展本身也还是取决于社会的发展。而任何社会的发展最终取决于社会生产力和生产关系、经济基础和上层建筑的矛盾运动。对于科学技术决定论，笔者有以下观点：

第一，科学技术作为人类能力的发挥，就其本质而言，它是一种推动社会前进的决定性力量。在马克思和恩格斯的理论中，技术是作为直接生产力对社会发展起决定性作用的。它的这种决定性作用表现为工艺革命的生产力革命，还实现着生产关系的革命，它不过是经济决定社会发展的典型的、突出的、更本质的表现而已。马克思主义历来重视科学技术，它从不同的侧面对之进行了原则性的考察研究。他们指出："社会的劳动力，首先是科学的力量。"[①]科学"是历史的有力杠杆……是最高意义上的革命力量。"[②]概而言之，一方面作为一种"精神生产"、"智力劳动"，科学能够变革人们的思想观念和思维方式；另一方面，大工业把科学技术并入生产过程，使生产成为科学的自觉运用，从而大大提高了劳动生产率。马克思主义的科技观承认科学技术对社会的发展起决定性的作用，但并不认为它是决定社会发展的唯一因素，也不认为它能直接决定社会的发展状态，科学技术对社会发展的影响是归根到底意义上的或原始意义上的、最重要的决定性作用；社会诸领域对科学技术的发展起巨大的制约作用，这种作用是能动的反作用，它延缓或加速科学技术的发展。科学技术对社会诸领域的决定性作用与社会诸领域对科学技术的能动的反作用既对立又统一，形成了历史变迁的矛盾运动。

第二，"科学技术是第一生产力"这个马克思主义观点，进一步批驳了科学技术决定论。正如马克思所说，自然界没有创造出任何机器，它们是人手创造出来的人类头脑的器官，是物化的知识力量。因此，科学技术同时又是一种物质力量，是直接的生产力。随着科学技

术转化为生产力的时间日益缩短，科学、技术和生产三者一体化的发展趋势也就日益明显。正如邓小平所说：马克思讲过科学技术是生产力，这是非常正确的，现在看来这样说可能不够，恐怕是第一生产力。"科学技术是第一生产力"的观点的提出，不仅是对马克思科技观的进一步发展，而且也是对新科技革命的科学总结，指明了科学技术在社会主义现代化发展中的重要作用。

第三，辨证地对待科学技术在社会发展中的地位。如何进行历史性的选择，是善待科技进步，还是拒绝科技进步；是积极乐观地对待科技进步所带来的后果，还是消极悲观地对待科技进步所带来的后果？这里需要科学的态度和理性的精神。科技自从降临至人间，就对人类社会存在和发展发挥着重要的作用，在近代机械世界观下工业实践所进行征服自然的革命中，科技带来巨大社会物质财富，也带来了对自然极其深重的破坏，人们向自然界竭力索取资源，使人与自然的矛盾到了岌岌可危之境地。历史已经证明，人类社会的发展要求把改造自然和保护自然辨证统一起来，科技发展应体现为满足人类现存和可持续发展双重的需要，这就要求我们对自然规律进行更深刻更系统的认识，更好地运用科技这一锐利的武器

---

① 《马克思恩格斯全集》，第 19 卷，北京：人民出版社，1972 年，第 375 页。

② 《马克思恩格斯全集》，第 19 卷，北京：人民出版社，1972 年，第 372 页。

推动社会发展。在社会主义现代化建设过程中，我国正由农业文明向工业文明过渡，一方面以现代市场经济和工业化文明为途径去提高我国现代化程度，同时，我们也将不可避免地可能要面对一个技术异化的世界。我们要清楚地看到，西方马克思主义的社会批判理论是基于当代资本主义制度，对科技革命及其发展作出了负面地评价，而我们应立足于社会主义制度下，应对科技发展作出积极地正面判断，正确地理解科学技术的全面内涵，在现代化进程中，克服科技的片面异化，将传统文化和现代文化、人文精神和科学精神相结合，实现科技发展与社会进步的“双赢”效应。

反常与理论发展*

科学本质上是一种解题活动。如果说科学问题是科学思维的出发点，那么科学理论就是科学思维的最终结果。科学理论在认识上的重要性在于它们为科学问题提供了合适的或合理的解答。科学理论的功能是消除含混性、揭示事物发展的客观规律以及表明事物是可以解释的、可以预测的。对不同类型的科学问题的解答，也正是科学理论的解释功能、预测功能的综合体现。从认识论的角度来看，科学问题和科学理论有可能形成一种科学知识的发展结构。而从科学动力学的角度来看，科学发展、知识增长主要是出于科学问题和科学理论的相互作用。

科学的发展主要是通过科学理论的发展来体现的，科学理论作为科学认识较成熟的形态、科学认识发展的结果，在整个科学探索事业中占据着中心的位置，而在科学中发现的问题则必须放在整个科学探索事业的背景中才能被理解。因此，科学问题从最初的提出到最终解决都影响着、甚至有时还决定着科学理论的发展。当然，作为科学问题的一种类型—反常，也不例外。

反常是科学哲学领域里的一个基础性问题。许多哲学家或科学哲学家认为，寻找反常和解决反常往往是科学探索事业存在的理由。反常的出现、存在乃至最终被解决，曾经引起许多哲学家和科学家的特别关注，并且他们在各自的领域里也曾展开过对反常的具体论述。但是，这些论述都具有很大的片面性。本文力图通过对反常的历史考察来对反常进行规范，以便阐述反常在理论发展中的作用。

毫无疑问，反常是科学认识主体（主要是科学家）在自然科学领域进行科学研究活动中不可避免会遭遇到的一类问题。对于科学家而言，发觉反常是他们科学发现的首要环节；而反常的存在则使得他们不得不充分发挥自己的主观能动性去寻找解决反常问题的途径；反常的最终解决则会促进他们所坚持的科学理论进一步发展，或者会迫使他们放弃已有理论，提出新理论，或者会促使他们在多个相互竞争的理论当中作出合理的选择。

那么，反常究竟是什么？反常具有什么样的基本特征？反常又有哪些类型？反常在科学理论发展过程中又有何作用？对此本文将展开具体论述。

---

* 在张大松教授指导下完成的硕士毕业论文，2001 年。

一、反常的历史考察

在科学哲学史上，经验主义、证伪主义、历史主义等哲学流派都曾对反常进行了研究。他们都试图从自己的角度来规范反常，并且对反常在理论发展过程中不可替代的作用进行了探讨。

1. 经验主义的反常观

无论是古典经验主义者培根、休谟，还是逻辑经验主义者卡尔纳普，他们都是从自己的理论立场来思考反常的，尽管他们都没有明确地提出反常概念，但是他们对那些具有否定意义的事例的使用，已经表明了他们的反常观。

1）培根："相反事例"与"反面事例"

弗·培根是近代归纳法的创始人，他无论是在谈及人类理解力，批判亚里士多德的简单枚举法时，还是在阐明自己的归纳法时，都曾对具有否定性意义的"相反事例"、"反面事例"等给予了足够重视。

培根在谈及人类智力会出现错误时指出了反面的事例在建立任何真的原理中的地位。他说："人类智力还有一种独特的、永久的错误，就是它较易被正面的东西所激动，较难被反面的东西所激动；而实则它应当使自己能对两面无所偏向才对。实在说来，在建立任何真的原理当中，反面的事例倒还是两者之中更有力的一面呢。"[①]对于推崇归纳法的培根来说，由演绎法所得的一些原理或公理要想获救或保存下来，则需要在当它们面临"有些前所未察和前后不知的相反事例偶然撞来"时能够改正其本身。

培根一方面在批判亚里士多德的简单枚举法时强调了"相反事例"对它的威胁；另一方面，他在阐明自己的以系统实验方法为基础的排除归纳法时也加强了对"反面事例"的考虑。他说："在确立公理当中，必须规划一个有异于迄今所用的、另一个形式的归纳法，其应用不应仅在证明和发现一些所谓第一性原则，也应用于证明和发现较低的原理、中级的原理，实在说就是一切的原理。那种以简单的枚举来进行的归纳法是幼稚的，其结论是不稳定的，大有从相反事例遭到攻袭的危险；对于发现和论证科学方术真能得用的归纳法，必须以正当的排拒法和排除法来分析自然，有了足够数量的反面事例，然后再得出根据正面事例的结论。正是这种归纳法才是我们的主要希望之所寄托。"[②]

---

① 培根：《新工具》，北京：商务印书馆，1999年，第23，24页。

② 培根：《新工具》，北京：商务印书馆，1999年，第82页。

培根的反常所指称的是具有否定意义的事例，他明确地阐述了这样的相反事例在其归纳法中的地位。然而，他的分析缺乏这些相反事例与理论发展的直接联系。

2）休谟："相反的事件"与"相反的经验"

休谟的反常观是建立在怀疑主义或不可知主义的理论基础上的，他以心理上的习惯或信念来理解具有否定意义的"相反的事件"和"相反的经验"。

休谟认为，相反的事件由于没有得到足够的经验支持，不应该成为信念所偏爱的对象。他说："由于一个事件被看到了很多次，就会使这件事在想象中加强和固定下来，产生出我们称之为信念的那种情绪，并使它的对象比相反的事件更为我们所偏爱；因为后者没有得到次数相等的支持，而且在我们将过去移到未来时也不会那样经常地出现在思想中。"①

休谟在论述"神迹"时指出，"一个聪明人"总是使他的信念与证据成比例，并且把相反的经验与其所确信的证据之间进行对比，以便增加他对事件的确信度。他说："……他（聪明人）权衡相反的经验；他考察哪一方是为较多的经验所支持的，他以怀疑和犹豫来对待他所倾向的一方；……一切或然性都假定一种相反的经验和观察，……如果与一百次齐一的实验相反的只有一次，这就会合理地产生一种颇为有利的确信。在一切存在着相反的实验的场合，我们都必须平衡相反的实验，并从实验较多的一方扣除较少的一方，以便知道证据占优势的精确力量。"②

显然，休谟对反常的理解是基于"相反的事件"、"相反的经验"的观念上的，并且具有怀疑论色彩。值得肯定的是，休谟在思考反常时，在一定程度上涉及了具有否定意义的"相反的事件"、"相反的经验"与认识主体的联系。

3）卡尔纳普："反例"与"否定的实例"

卡尔纳普作为逻辑经验主义学派的杰出代表，他所理解的反常仍然是具有否定意义的事例。

卡尔纳普认为，任何时候都不能达到对一个规律的完全证实，但却存在一个简单的方法来证伪它，人们只需要找到一个反例。他说："如果一个规律说，所有是P的对象也是Q，而我们发现有一个对象是P而不是Q，这个规律就被驳倒。一百万个肯定的事例对于证实这个规律来说是不充分的；一个反例对于证伪来说却是充分的。……驳倒一个规律是容易的；而找到强有力的确证是极端困难的。"③

---

① 休谟：《人类理智研究》，北京：商务印书馆，1997年，第51页。
② 休谟：《人类理智研究》，北京：商务印书馆，1997年，第101-102页。
③ 卡尔纳普：《科学哲学导论》，广州：中山大学出版社，1987年，第21页。

他在《定量归纳逻辑系统概要》中阐述全称推理时曾专门考虑了否定的实例被考察的场合。他的论述如下：

……让 e′ 是“M_1”与“¬ M_1”的一个个体分布，其中 S 个带有作为下标的基数 S、和 S-S_1 的 in。这样，e′ 断定的是：已观察过的有 S 个个体的样本中包含 S_1 个否定的实例（非白天鹅）。在这种情况下，显然不能把定律原来的形式 1 作为假说，因为 e′ 和 l 是 L- 排斥的。我们改用相应的限定定律（$D_{37\text{-}26}$）l′，它断定所有不属于 e′ 中描述的个体都具有性质¬M（“所有没有观察到的天鹅都是白的”）。因此，对于 L^{π}，有 $C^{※}$（1′，e′）≌（S+k-1，S_1+W_1）/（N+k-1，S_1+W_1）。这表明 $C^{※}$（1′，e′）随着 N 的增加而减少，并且随着反例数 S_1 的增加而增加而减少得更多。①

由上可以看出，卡尔纳普将反常作为他所考虑的反例、否定的实例同等对待，仍然没有脱离传统意义上的反常观。但是卡尔纳普却定量地刻画了反例或否定的实例对科学定律或理论的确证度的影响，这是值得肯定的。

2. 迪昂－蒯因整体主义的反常观

迪昂－蒯因整体主义的反常观突出的特点是，他们将“反例”、“相反的证据”、“反面证据”等置于被检验的科学理论整体中来进行考察，并且还将这些具有否定意义的事例与科学认识主体联系起来，强调人的客观态度和批判态度。

迪昂认为，物理学中的实验从来也不能够宣判一个孤立的假设不适用，而只能宣判整个理论群不适用。他说：“物理学家从来也不能使一个孤立的假设经受实验检验，而只能使整个假设群经受经验检验；当实验与他的预言不一致时，他获悉的是，至少构成这个群的假设之一是不可接受的，应该加以修正；但是，实验并没有指明应该改变哪个假设。”②

根据他的这一整体论思想，在科学检验过程中，如果应出现的观察结果没有出现我们并不能必然地否定前提中的某一假说，而只能否定所有假说和初始条件的合取。为恢复与观察的结果一致，科学家可以随意改变出现在前提中的任何假说。但是迪昂认为，当相反的证据出现时，理论中的哪一个假定应予以修改的决定应该留给科学家的健全理智作出判断，而作出健全判断的必要条件是，科学家

① 江天骥：《科学哲学名著选读》，武汉：湖北人民出版社，1988 年，第 176 页。

② P. 迪昂：《物理学理论的目的和结构》，北京：华夏出版社，1999 年，第 209 页。

要有不偏不倚的客观态度[①]。

蒯因继承和发展了迪昂的整体论思想，并且进一步强调了反例或反面证据与科学理论和科学家的联系。作为一名坚定的经验论者，蒯因拒斥先验认识，他认为，既然一切知识都以某种方式保持着与经验的联系，因而当遇到顽强不屈的经验反例时，我们理论的任何部分、任何陈述在原则上都可以被修正，甚至包括逻辑数学命题，这样就使得科学理论总是面对经验、面对批评，从而为科学扫清道路。正如他所说的那样，“对于出乎意料的反例作出解释完全是科学进步的另一步骤，在适当的时候出现这种进步，也可能不出现这种进步”[②]。

蒯因还指出，科学家在面对反例时会采用批判的眼光来看待他的理论。他说：“一个科学家认为他的实验是对他的新假设专门做出的检验，……，此外，也有这样的情况，他没有预想的假设，但刚好碰巧发现异常现象。这种情况即是他碰巧发现观察范畴的一个反例，而根据他当时的整个理论，这个观察范畴应该是真的。因此，他以批判的眼光看待他的理论。”[③]

3. 证伪主义的反常观

波普和拉卡托斯作为证伪主义学派的代表，都从各自的角度对反常问题进行了探讨。波普通过“潜在证伪者”、“否定的证据”这样一些具有反常意义的一些概念来体现他的证伪原则，并且首先将它们与科学理论联系起来。拉卡托斯则不仅给予反常一定的界定，而且还在科学研究纲领发展的不同阶段上对反常问题进行了探讨。

1）波普：“潜在证伪者”与“否定的证据”

波普的反常观首先体现为将具有反常意义的“潜在证伪者”、“否定的证据”与科学理论联系在一起，尽管他没有直接提出反常的概念。波普是反归纳法的，他认为科学理论不能被证实，只能被证伪，即通过“潜在证伪者”、“否定的证据”这些具有否定意义的经验事实或事件来检验科学理论，对理论进行一次性证伪。而且在波普那里，反常对科学理论的拒斥性特征通过“潜在证伪者”、“否定的证据”这些具有否定意义的经验事实或事件来体现的。

波普对潜在证伪者给予了极大的关注和重视。他将陈述分为两种：一种是全称陈述（在波普那里，科学理论是全称陈述，是记号或符号的系统）；另一种是

① 陈波：《蒯因哲学研究》，北京：生活 · 读书 · 新知三联书店，1998 年，第 167 页。

② W. V 蒯因：《真之追求》，北京：生活 · 读书 · 新知三联书店，1999 年，第 14 页。

③ W. V 蒯因：《真之追求》，北京：生活 · 读书 · 新知三联书店，1999 年，第 12，14 页。

单称陈述，也就是基础陈述。在此基础上他进一步指出：一个理论应该被称作“经验的”或“可证伪的”，如果它把所有可能的基础陈述明确地分作下面两个非空的子类。第一类，那些和理论不矛盾的（或理论“允许”的）基础陈述组成一类；第二类，所有那些和理论不一致的（或理论排除的、禁止的）基础陈述组成一类，我们称这类为这个理论的潜在证伪者类。如果一个理论的潜在证伪者类不是空的，那么它是可证伪的。他认为，全称理论虽不是从单称陈述中推论出来的，但是它们可被单称陈述反驳，而且和理论 t 相矛盾的一个基础陈述还可以称作 t 的一个潜在证伪者。

在波普那里，否定的证据或反例在理论检验过程中是首要的寻找对象，它们是构成旧理论遭遇反驳的最有力的潜在证伪者事件，也是对旧理论“证伪”的有力证据。他认为，科学的本性就在于它是可证伪的。所有的理论都是假说，所有的理论都可以推翻。他强调对一个理论的“否定的证据，例如否定的事例或反例，反驳和尝试性反驳—简言之，批判”①。他认为：“一种严格的经验检验总是要力图找到一种反驳，一个反例。在寻求反例的过程中我们必须运用我们的背景知识，因为我们总是试图首先反驳最冒险的预测。”②同时他也指出，一个理论告诉我们的观察事实越多，禁止的这种事实也越多—也就是说，和它不相容的可观察事实越多。因而可以说，一个理论的经验内容是由那些和该理论相矛盾的观察陈述或基础陈述的类决定的（并且等同于这个类）。

无论是“潜在证伪者”，还是“否定的证据”都体现出了波普的证伪原则所蕴含的极强的否定思想。因为它们对科学理论都具有否定的意义。波普认为归纳法是不存在的：我们决不能根据事实证明理论，除非用反驳和‘否证’的方法。波普认为，理论是能被与之相矛盾的事实陈述所证伪的，理论一经证伪就应被抛弃。科学的任务就是要不断提出假说并证明它，但这种证明不是证实，而是证伪，即证明该假说是假的。只有不断地通过这些具有否定意义的证据来证伪，科学才能发展。“我们不要求科学系统能在肯定的意义上被一劳永逸地挑选出来；我们要求它具有这样的逻辑形式：它能在否定的意义上借助于经验检验的方法被挑选出来；经验科学的系统必须有可能被经验反驳”③。他的证伪原则用逻辑形式表示为：$((T \rightarrow e) \wedge \neg e) \rightarrow \neg T$。这也就是说，当一个经验事实的反例（$\neg e$）使得一个刚确立的或尚未确立的理论（T）被证伪，这就使得新旧理论的转换如同走马观

① 波普：《猜想与反驳》，上海：上海译文出版社，1986 年，第 21 页。
② 波普：《猜想与反驳》，上海：上海译文出版社，1986 年，第 343 页。
③ K. Popper，*The Logic of Scientific Discovery*，New York：Basic Books，1959：10.

花一样频繁变换，即：一遇到经验事实的反驳或否定，就淘汰掉一个理论。因此，波普的证伪原则所包含的“反常观”强调“否定的证据”即否定的经验事实，反驳和尝试性反驳。

2）拉卡托斯：“反证据”与“反例”

拉卡托斯认为反常只能在科学研究纲领的“保护带”中起作用。他根据波普的证伪思想给反常下了定义，并且将反常与反例、反证据等同看待。他反对波普的一次性证伪思想，认为在科学研究纲领发展的不同阶段，反常对理论的作用也不同。

拉卡托斯将反常放在他的科学研究纲领的“保护带”中来进行考察。他的科学研究纲领由四个互相联系的部分组成：一是由最基本的理论构成的“硬核”；二是由许多辅助性假设构成的“保护带”；三是保卫硬核的反面启示规则——“反面启示法”：四是改善、发展理论的正面启示规则——“正面启示法”。在拉卡托斯看来，反常必须只在辅助“观察”假说和初始条件构成的“保护带”中引起变化。他将反常定义为：“如果陈述A是理论T和一个假定其他情况都相同条件的合取的潜在证伪者，我们就可以说，由陈述A描述的一个事件对于理论T是一个反常。”①

在此基础上，拉卡托斯还将反常与反例、反证据等同看待。他在论述牛顿万有引力理论作为成功的研究纲领的一个经典例子时，指出：“当这一理论最初产生时，它被淹没在无数的‘反常’（说是‘反例’也行），并受到支持这些反常的观察理论的反对。”②在阐述他的正面启发法时又谈到：“即使进步最快的、最一贯的研究纲领，也只能慢慢地消化它们的‘反证据’：反常是永远不会消除的。”“纲领的正面启发法使科学家不被大量的反常所迷惑。一科学家的注意力专注于按其共同纲领正面部分规定的指示来建立他的模型，他不管实际的反例，即可资利用的材料。”③

拉卡托斯不赞同波普的一次性证伪原则，并认为反常在科学研究纲领的不同发展阶段中所起的作用是不同的。他认为，一个科学研究纲领当它处于进步阶段时，反常可以转化为已有理论的确证证据。一个进步的科学研究纲领并不会轻易地被反常所否定；反常的出现、解决只能促进理论修改和完善。如他所述牛顿的万有引力理论最初产生时，面临许多反常，但牛顿论者主要通过推翻据以确立

① 拉卡托斯：《科学研究纲领方法论》，上海：上海译文出版社，1986年，第37页。
② 拉卡托斯：《科学研究纲领方法论》，上海：上海译文出版社，1986年，第67页。
③ 拉卡托斯：《科学研究纲领方法论》，上海：上海译文出版社，1986年，第69-70页。

“反证据”的那些原先的观察理论，十分顽强而巧妙地将一个又一个的反证据变为证认的证据。在这一过程中，他们自己造成了新的反例，但他们随后又解决了。他们“把每一个新的困难都变成了他们纲领的新胜利”①。而当一个研究纲领进入退化阶段时，反常才会成为对它不利的东西，日益增加的反常，越来越使科学家疲于应付。这时他们不再藐视反常，而是不得不把注意力集中于反常。“只有那些从事于试错法练习的科学家，或从事于其正面启发法停滞下来进入退化阶段的研究纲领的科学家，才全神贯注于反常”②。另外，拉卡托斯并不认为否定或否证一个退化研究纲领的是观察和实验的反例或反常。因为任何观察陈述或实验报告都不能单独地否证一个理论，即使有上百个已知的反常，我们也不能认为这个理论就此被否证了。

4. 历史主义的反常观

在历史主义学派中，库恩指出了反常与科学发现、科学危机的关系，同时给反常进行了具有心理主义色彩的界定。费耶阿本德则在他有关理论发展的韧性原则和增生原则阐述过程中将反常作为反面事实或反例来考察。劳丹则第一个将反常界定为未能解决的经验问题，与传统的反常观划清了界限，并且比较具体地对反常进行了考察。

1）库恩：“预期的违反”

库恩指出反常是一种对预期的违反，它是科学发现的首要环节，并且反常的出现，无法被旧范式解决，它会导致科学危机，引发科学革命。

库恩认为，“常规科学即解难题”，而反常则是对这样一种常规科学的预期的违反（violations of expectation）。他说：“当那种为使某一反常符合（常规科学）的反复失败会促使危机出现的时候，反常或预期的违反不断受到一个科学共同体的关注，在这个过程当中所体现出来的这种方式需要详细的研究。”③反常在他那里被提到了突出的地位。

库恩认为，反常与科学发现存在着密切的关系，而且是科学发现的首要环节。“发现开始于感到反常，即发觉（recognition，自然界不知怎么地已经违反了由规

① 拉卡托斯：《科学研究纲领方法论》，上海：上海译文出版社，1986 年，第 67 页。

② 拉卡托斯：《科学研究纲领方法论》，上海：上海译文出版社，1986 年，第 73 页。

③ T. S. Kuhn，*The Structure of Scientific Revolutions*，Chicago：The University of Chicago Press，Second Edition，1970：8.

范引起并支配常规科学的预期”[①]，库恩通过对氧的发现、X射线的发现和莱顿瓶的发现三事例的分析，指出了它们所共有的特征：事先觉察的反常，逐步而又同时涌现的观测上和概念上的认识，以及经常受到抵抗的范式范畴和范式程序的必然变化。在这里，科学主体“开始感到反常”成为科学发现的第一重要环节。于是，对反常的觉察就开辟了一个调整范式的时期，一直调整到最初的反常现象成为预期现象为止。正如库恩所说：“一接着它（指科学发现——笔者）继续或多或少地对反常区域进行扩大探索。并且仅当范式理论被调整以致反常的东西成为了预期的东西时它才结束。”[②]到这时发现就完成了。

在库恩那里，反常的不断积累且又无法被范式解决，从而会引发科学危机，导致科学革命。在他以范式的发展为主线提出的科学发展模式（前科学—常规科学—科学革命—新的常规科学……）中，随着科学的发展，不断出现范式所不能解释的反常，反常积累到一定程度，使人们对范式的信任发生怀疑，便出现了危机。他指出：“当一种反常达到看来不仅仅是常规科学的另一疑难的时候，（已有范式——笔者）向危机和非常科学的过渡就开始了。此时，这种反常就这样被同行们更普遍地认识了。这个领域的越来越多的关注。如果它仍然继续反抗，尽管它通常情况下并不反抗，那么许多人就会形成这样的观点：它的解决是他们学科的主要问题。”[③]因而这种严重反常的存在就构成了对已有范式的威胁，从而形成了科学危机，这时就需要用新的范式来取代旧的范式以解救危机，科学革命便发生了。

另外，库恩在谈论科学革命的性质和必然性的过程中，明确指出只有第三种现象即已被认识的反常现象才引起新理论。而且他还提出了这类反常现象的特征。他说：“一科学家面临第三类现象，即已被认识的反常，其特征是它们顽固地拒绝被已有范式吸收。唯独这类现象才引起新理论。”[④]很明显，库恩已经论及了反常具有拒斥性的特征。

2）费耶阿本德：“反面事实”与“反例”

费耶阿本德所理解的反常是被作为与理论不一致的经验事实或反例来处理的。他无论是在阐述其理论的韧性原则，还是阐述增生原则过程中，都对反常给予了

---

① T. S. Kuhn，*The Structure of Scientific Revolutions*，Chicago：The University of Chicago Press，Second Edition，1970：52.

② T. S. Kuhn，*The Structure of Scientific Revolution*，Chicago：The University of Chicago Press，Second Edition，1970：53.

③ T. S. Kuhn，*The Structure of Scientific Revolutions*，Chicago：The University of Chicago Press，Second Edition，1970：80.

④ 库恩：《科学革命的结构》，上海：上海译文出版社，1986年，第80页。

充分的重视。

费耶阿本德在阐述自己的韧性原则时指出，即使理论与经验事实相冲突，即使理论处于反常的海洋之中，科学家在一定时期也应置大量反常于不顾而坚持一种理论。他把这种做法叫做“韧性原则”。他说：“我要把从大量理论中挑选一个的忠告——它指望导致最富成果的结晶和信奉这一个理论，即便它遭遇的那些困难相当可观也罢——称作韧性原则（principle of tenacity）。”[①] 费耶阿本德认为，应该把理论的形成和发展看成是一个历史过程。理论最初总是不完善的，是有着许多问题待解决的。随着理论的发展完善，它可以适应起初不能解释的那些反例。而这就需要对理论的信任。此外，“事实”难于直接与理论相比较，一个事实是否意味着对理论的反驳和证伪，不仅取决于理论本身，

还取决于许多相应的辅助科学。但这两者往往是不协调的。所以，遇到一个反例，就不见得一定是所选择的那个理论出了毛病。费耶阿本德举例说，如第谷没有观察到哥白尼预见到的恒星视差，就不是由于哥白尼理论的错误，而是观察手段和光学理论（如望远镜视力）等还没有达到一定的水平。根据韧性原则，理论面对反例时不是被抛弃、倒是要促使科学家坚持理论而“发展方法，容许他们在面对那些清晰而不含糊的反驳事实时仍然能保存自己的理论。”

费耶阿本德在阐述他的增生原则过程中对于反常给予了充分的重视。他认为，“事实”与理论不一致，决不是抛弃理论的一个理由，而是发展更多的理论的原因。当理论 T 遇到反例时，“我们能使用其他一些理论，T′、T″ 等，它们强调指出 T 的困难，而同时答应提供它们解决的手段”，所以，“我们必须得准备接受一个增生原则（principle of proliferation）”[②]。为了解决理论 T 的困难，便引进 T′、T″ 等，作为 T 的发展，以便消除反例。结果，理论越来越多，这就是理论的增生原则。

可见，费耶阿本德的韧性原则是为了说明：科学家为了坚持和发展理论，哪怕在理论遇到了十分明显的不一致事实时，也不应该放弃理论；增生原则则是为了说明：为了消除这种不一致，消化这种反常，科学家必须创造新的理论，以此来作为旧理论的一个替身。因此，科学的发展，允许各种不同的理论并存，科学知识应该是“各种知识越来越增长的海洋。”

由以上可以看出，尽管费耶阿本德在阐述其两原理时都曾提到过反常，但是

---

① 拉卡托斯等：《批判与知识的增长》，北京：华夏出版社，1987 年，第 276 页。

② 拉卡托斯等：《批判与知识的增长》，北京：华夏出版社，1987 年，第 279 页。

不难理解，他的反常所指的是与理论十分不一致的事实，或者是反例。他对反常的理解仍然没有脱离拉卡托斯等人所指的范围。

3）劳丹：“未能解决的经验问题”

劳丹将自己的反常观与传统观点相对比，分析了反常的特点，界定了自己的反常概念，并且将反常与反例进行了区别，同时还着重分析了反常在理论发展中的重要作用。

劳丹将反常界定为“某一理论虽然未能解决，但却已为此理论的一个或多个相互竞争理论解决的经验问题”。他在对有关反常问题的传统观点进行分析之后，提出了自己的有关反常的特点：一是反常的出现使我们对显示出反常的理论发生怀疑，但不一定非得放弃此理论；二是反常未必与产生反常的理论不一致。在此基础上，他对反常作出了更精确的定义：“每当一个经验问题P为一个理论所解决时，那么P从此对同一领域中不能解决P的任何理论就构成了反常。”①

劳丹还对反常与反例进行了区分，同时也指出了两者之间的联系。他说：“一个理论的反例未必是反常问题。……一个理论T所不能解决的问题，仅当能为T的竞争理论所解决时，才构成T的反常，显然，某些反例是满足这一定义的，但也有许多反例并不满足。……一个反例仅在它被某一理论解决时才能看作是严重的反常。”②

劳丹将反常问题与概念问题同等重视，两者在科学理论进步性方面都存在着不可忽视的重要性。因为在他看来，科学上不只存在着已解决的经验问题，还存在着反常问题和概念问题。他认为，如果一个理论解决的经验问题越多，于这一理论便越有利，那么一个理论如产生反常问题和概念问题，也就应该对它不利。而且劳丹提出：“科学的目的是不断扩大其解决经验问题的范围，不断缩小反常问题和概念问题的范围。”③

劳丹着重分析了反常在理论发展中的重要作用。首先，他认为，反常必须被放置在竞争理论当中。一个理论的任何反常的重要性在很大程度上取决于该理论与其竞争理论之间的竞争状况。因此，对任何似乎构成了一个理论的反常的重要性的评定都必须放在该领域的诸多竞争理论之中进行。其次，他指出了被观察到的实验结果与理论预测之间的差异度是决定反常重要性的一个因素。最后，他分析了反常所特有的属性对理论发展的影响。反常已存在时间的长短以及它对理论

① 劳丹：《进步及其问题》，北京：华夏出版社，1999年，第32页。

② 劳丹：《进步及其问题》，北京：华夏出版社，1999年，第32页。

③ 劳丹：《进步及其问题》，北京：华夏出版社，1999年，第32页。

给出的解答所表现出来的抵抗力，使理论总是面临威胁，从而不得不作出内部调整，最终使理论与反常获得一致。

5. 评价

通过上面对反常的历史考察，我们可以看出这些科学哲学家都曾对反常予以特别的关注，他们都试图从自己的立场来规范反常，都是从反常具有否定意义的角度来考虑的，并且还将反常与科学理论的发展联系起来。尽管如此，他们在一些问题上仍存在很大分歧。具体有以下几点：

（1）关于反常的界定。对于“什么是反常”，主要有四种观点：第一种观点认为，反常应归于事例范畴，如培根、卡尔纳普、波普、拉卡托斯的观点；第二种观点认为，反常应归于事实范畴，如费耶阿本德的观点；第三种观点认为，反常应归于经验问题范畴，如劳丹的观点；第四种观点认为，反常应归于心理学范畴，如库恩的观点。

（2）关于反常的基本特征。培根、卡尔纳普、波普、拉卡托斯等都提出了反常具有否定意义的特点，是一种与已有观察、实验、理论不一致的否定性证据。拉卡托斯还指出对反常在科学研究纲领发展的不同阶段应采取不同的方式对待，这体现出了反常在时间上的可待解性。库恩则明确地提出某些反常对已有范式的拒斥性特征。劳丹则更清楚地提出了反常的两个特点，其中，第一个特点点明了反常对已有理论具有质疑性，但是劳丹的第二个特点却是含混的，因为他没有确切地指出反常在理论发展的何种时期存在不一致。总之，他们都没有系统、规范地论述反常的特征。

（3）关于反常的基本类型。由于上述各家对反常界定问题上的意见不一致，使得反常的类型没有一个统一的分类。他们往往用相反事例、潜在证伪者、反证据、反例、反常现象等来指代具体情况。

（4）关于反常与反例、相反事例、反证据等的关系。培根、波普虽然没有直接提出过“反常”概念，但是他们在使用反例、相反事例、反证据、潜在证伪者时，已经是在否定意义上来使用它们的，并且还具有了反常的初步特征。而拉卡托斯则将反常与反例、反证据等同看待，库恩、费耶阿本德也是如此。只有劳丹明确地区分了反常与反例，并且指出了一个反常在何种条件下才能称为严重的反常。

（5）关于反常的出现与科学发现。培根、卡尔纳普、波普、拉卡托斯、费耶阿本德等都没有论及这方面的问题。库恩是第一个明确阐述反常与科学发现关系的科学哲学家。尽管他的理论具有心理主义的色彩，但是在反常问题上，他提出了“发现开始于感到反常”，并且在具体阐述一些科学发现时，将反常与科学主体联系起来考虑问题，突出了反常对新理论的助发现功能。而劳丹则从认识论的角度肯定了反常在认识上的重要性，但仍然没有像库恩那样具体分析反常的出现。

（6）关于反常与理论发展。培根是在阐述自己的归纳法时论及反常的，与理论发展没有多大的联系。波普则认为一旦出现反常就应该立即抛弃理论，这体现了他的一次性证伪思想。拉卡托斯则将反常在科学研究纲领不同阶段上的作用进行了具体分析。库恩通过分析范式内部反常的出现、不断积累，导致科学危机，最后不得不用新范式取代旧范式，从而引发科学革命。而费耶阿本德则主张通过理论的韧性原则和增生原则来消除反常问题。劳丹则将反常放在竞争理论中来进行考察，而且还将反常与研究传统联系起来。总之，虽然他们都对反常与理论发展的关系进行了探讨，但是由于他们各自所使用的术语不同，如“科学研究纲领”、“范式”、“研究传统”等，到底是指称单个具体理论还是

理论体系，没有统一观点，从而难以有条理地、全面地阐述反常与理论的关系。

以上分析表明，反常是科学方法论研究中不可忽视的重要问题，前人的研究提出了许多值得肯定的观点，同时也留下了诸多值得进一步探讨的课题。

二、反常的基本特征与类型

通过第一部分对反常的历史考察，我们知道，对于反常的诸多问题仍然没有一个统一的说法。那么，反常到底是如何出现的呢？它该如何界定呢？它又有何基本特征、何种典型类型？对此，笔者将展开具体阐述。

1. 反常出现的原因

反常的出现总是和科学发现紧密联系在一起的。科学发现意味着人类认识客观世界和改造客观世界的进步，而科学发现的过程就是发现问题和解决问题的过程。对于一般问题，科学家常常在已有理论内部顺利地解决，不会给予它们特别的关注。而对于反常问题，则往往激励着科学家充分展开创造性思维，大胆质疑已有理论，为科学创造提供必要条件。因此，反常的出现有其深刻的原因。

第一，实践活动与已有理论的不一致。

人的认识活动都是在一定历史条件下实践活动的产物，随着事物的发展和实

践的深入，认识也会随之变化。当实践活动与已有理论不一致时，就出现了问题。当科学中某种新的事实和现象被发现，而已有理论解释不了这种新的事实和现象时，已有理论就会面临挑战或危机。例如，20 世纪初，β 衰变中电子所带走的能量小于原子核所释放的能量这个实验事实，曾使能量守恒定律面临危机，为了解决这个难题，出现了波利的中微子假说以及后来关于中微子的发现。此外，当某些新事实和现象已经不能被已有理论所预言或解决，这些就成为了亟待解决的反常事实和反常现象。例如，黑体辐射、光电效应等新的实验事实与经典物理学的能量连续理论不相容，使经典物理学面临严重危机。

第二，同一领域内理论与理论之间的不一致。

反常问题并不仅仅产生于实践活动与已有理论的不一致，而且还会产生于同一领域内相互并存的多个理论之间的差别和对立。在科学中，对于同一领域内的许多新事实或现象，常常可以建立起多种理论或假说来对它们进行解释。这样就在同一领域内解决同一实际问题时会出现对它的不同解释，甚至会出现相互竞争的若干理论。这种理论之间不一致体现在：或者是由于事物的复杂性，人们对同一现象产生了不同的看法，如地心说和日心说，燃素说和氧化说，光的波动说和微粒说的争论；或者是由于先后建立起来的理论之间出现不一致，比如卢瑟福的原子模型，它对电磁理论就构成了反常，这一反常直到量子力学建立才得以解决。

第三，某一理论自身的逻辑困难。

在自然科学中，某一理论内部存在的逻辑上的困难主要表现为或者是逻辑推理上的不严密；或者是在逻辑上不能自洽，甚至从同一组前提出发却导出了相互矛盾的命题，从而造成科学中的“悖论”或“佯谬”。这些逻辑困难往往会构成反常问题。例如，在发现了电子和原子核的存在以后，卢瑟福为了解释相关的现象，曾在经典电动力学的基础上提出原子的“小太阳体系”模型。但是，经过深入地进行逻辑分析，他发现：根据经典动力学理论，在这种模型下，绕核旋转的电子必将不间断地向外辐射电磁波而连续地丧失其能量，电子的轨道半径必将越来越小，最后必将会绕一条螺旋轨道迅速地掉落在核上，其寿命不会超过 10^{-8} “秒。而这又显然与现存物质由原子构成的假说相矛盾，从而构成反常。

2. 反常及其基本特征

从反常产生的原因分析中不难看出，从科学哲学角度来思考的“反常”，是就科学领域内的问题而言的，它具有特定的规范和特殊的意义。笔者认为：反常是科学认识主体（主要是科学家）在科学探索活动中发觉的一种对已有理论具有拒斥性的有待解决的科学问题，通常也可称之为“反常问题”。它具有以下基本特征：

第一，反常是科学问题。

科学问题是指在某种已经完成了的科学知识（经验上的已知事实）基础上，为解决应该而有可能知道的未知知识所提出的问题。它具有探索性、混沌性、可解决性、可变异性可待解性等特征。在传统意义上，科学问题通常可分为常规问题和非常规问题。常规问题是在维持已有理论的前提下提出的科学问题，它的解决将使已有理论更加充实和完善；而非常规问题则是指运用已有理论框架无法解决的科学问题，它的解决往往导致科学革命，新理论代替旧理论。反常作为科学问题，它的出现本身就是对已有理论的触动、冲击、质疑，是科学家由已知向未知的挑战。无论在常规问题还是在非常规问题中都存在反常，它的解决可以修改已有理论，也可以变革理论。

第二，反常具有主客体的统一性。

反常问题的提出既具有主体性又具有客体性。这种主体性主要体现为提出反常需要科学认识主体的参与，正如汉森所说：“自然科学家不是从假说‘开始’的，……他们是从令人惊异的反常开始的。”[①]客体性则体现为存在大量的与已有理论不一致或相偏离的事例或现象等，它们都是不依赖科学认识主体而客观存在的经验事实。正是它们的存在，才使得科学家充分发挥自身的主体能动性和创造性，质疑已有理论，才使得反常与理论产生了联系。

第三，反常对相关的已有理论具有拒斥性。

反常对理论的拒斥性是指反常能对已有理论形成一种否定性力量，并且使已有理论有被否证的可能性。通过第一部分对反常的历史考察，可以看出，尽管诸位哲学家对于反常的界定意见不一，但是有一点是共同的，那就是他们都是在反常对理论具有否定性意义上来使用的，而且这些反常使得已有理论总是面临严峻的挑战，因为“他们总是顽固地拒绝被已有范式吸收”。

由于科学理论具有明显的韧性，反常的出现和存在，促使科学家采取必要的科学手段来维护已有理论，这样就使反常与已有理论之间形成了拒斥局面。反常的这种拒斥性主要体现在：反常对单个理论的辅助部分或核心部分的拒斥；反常对相互竞争理论中某个或某些理论的拒斥。

第四，反常具有可待解性。

---

① N. R. Hanson，*The Logic of Discovery*，In P. Achinstein：*The Concept of Evidence*，Oxford：Oxford University Press，1983：54.

反常可待解性具有三层含义：一是指反常需要解决；二是指反常有可能解决；三是指反常的解决需要时间。由于反常对已有理论具有拒斥性，为了维护已有理论，科学家需要通过各种手段、方法使反常最终能与理论一致。当一个反常问题在科学家主观上确信需要被解决之后，如果客观上已经具备了解决条件，那么反常是能够解决的。但是，如果当前客观上尚不具备解决它的条件，从而在当前一段时间里很难解决或无法解决，则会存在一个时间上的长短问题。最终反常何时被解决仍是不确定的。所以，科学家们“只好把反常现象列举出来，但放置一边而不管它们，希望到了一定的时候，它们会变成对纲领的认证”。可见，由于反常具有这种可待解性，使得科学家们不得不花费或长或短的时间来解决它。

3. 反常的典型类型

反常可以根据不同的标准进行不同的划分。在本文里，笔者主要根据反常在科学理论发展中影响力大小将反常分为弱反常和强反常两类。

弱反常是针对科学理论的“保护带”而提出的，能使已有理论通过不断调整而吸收之的一类反常。如普劳特关于原子组成的假说的发展中所面临的反常。弱反常的出现，不会引起已有理论发生根本性变化，只需要对已有理论进行内部调整或修改，通过增加辅助性假说等方式来吸纳或解决这类反常。弱反常具有两种表现形态，第一种是当前可解决型弱反常。由于反常具有可待解性，科学家在确定需要解决的弱反常之后，如果当前已经具备了解决之的客观条件，那么这类弱反常是可以解决的。而且它们的解决充实了已有理论，也提高了已有理论的确证度。弱反常的另一种表现形态是搁置型弱反常。由于已有理论自身的韧性，为了维护已有理论，在当前尚不具备解决弱反常的客观条件下，科学家只好将它们暂且搁置起来，等待将来解决。这种搁置型弱反常的存在有利于已有理论自身的不断完善和自身辩护能力的不断增强。

强反常是指触及科学理论的“硬核”，能引发科学危机并最终导致科学革命的一类反常。例如，在血液循环说发展过程中，英国医生哈维列举的 16 个问题都是在盖伦学说中无法解决的强反常问题。强反常通常表现出对已有理论的强烈的反驳性，它使得引起强反常的经验事实成为已有理论的否证证据，从而给已有理论毁灭性打击。强反常的存在往往最终导致科学理论的变革，因为它无法被已有理论所解决，只有通过科学革命建立新理论才能从根本上解决它。

另外，还有一种特殊的反常问题，即悖论或佯谬（物理学上的悖论常译作佯谬）。一方面，它反映了已有理论自身的逻辑矛盾。正如潜科学研究者所认为的那样，悖论在理论系统中存在着潜科学价值，“相对于原有理论系统，悖论是逻辑矛盾；相对于新理论系统，悖论是科学胚芽”[①]。另一方面，作为根本性的科学问题，悖论往往触及已有理论的一些基本原理或基础。如热力学第二定律悖论、吉布斯佯谬、双生子佯谬、薛定谔猫佯谬触及了各自相对应已有理论的一些基本原理，它们使已有理论进一步完善，严密。再如集合论悖论、光速悖论、光度佯谬引力佯谬触及了各自相对应已有理论的基础或理论内核。

三、反常在理论发展中的作用

科学理论在创立之后，在各种契机和动力的作用下，开始其发展历程。发展是理论的本性，是理论的生命力所在。理论发展的根据，在于认识是一个过程，是一个不断深化的和拓宽的过程；在于认识本身并非最终目的，其目的是为了有效地实践和改造世界。理论发展主要有“积累”式和“革命”式两种基本形式，在这两种形式，反常对理论发展都具有不可替代的推动作用。一方面，在理论修改过程当中，反常的最终被解决，使引起反常的经验事实成为已有理论的确证证据，从而使得已有理论进一步完善；另一方面，反常的存在成为形成科学危机、引发科学革命的内在动力，从而促进理论的更替。

1. 理论发展的两种基本形式

在科学哲学史上，对于科学理论的发展，不同的哲学流派存在不同的观点。在此，笔者主要分析几种具有代表性的观点。

在逻辑经验主义者那里，科学理论的发展是通过理论的归并来实现的，即理论发展的“中国套箱”观。E. 内格尔在《科学的结构》中谈到：“一个相对自足的理论为另一个内涵更大的理论所吸收，或者归化到另一个内涵更大的理论，这种现象是不可否认的，而且是近代科学史一再出现的特征。”[②]内格尔把这两种类型的归化加以区别。第一种类型是同质归化；另一种是异质归化。他指出任何成功的理论归化必须满足形式的与非形式的两方面的条件。“一个理论被吸收到第二个具有更大范围的理论中，这揭示着科学的进步很像形成一套不断扩展的中国套箱”[③]。逻辑经验主义者的这种理论发展的“中国套箱”观，其特点在于新理论 t2

---

① 拉卡托斯：《科学研究纲领方法论》，上海：上海译文出版社，1986 年，第 73 页。

② 转引自刘大椿：《科学哲学》，北京：人民出版社，1998 年，第 280 页。

③ 约翰·洛西：《科学哲学历史导论》，北京：华中工学院出版社，1982 年，第 195 页。

没有抛弃旧理论 t1，而是把 t1 纳入处，如开普勒行星运动三大定律被纳入牛顿力学理论。同 t：相比，t：具有更多的内容，被归化理论 t1 只是作为 t2 的部分内容而存在，同时，t：还获得了更多证据的支持，具有更强的预测力。

证伪主义者波普认为，科学发展是不断推翻现行的科学理论，而由另一种更好的理论取代之，即理论发展的“不断革命”观。“问题‘试探性理论’消除错误一新的问题”，是波普的科学进步图式，这个图式周而复始，永无止境，科学于是处于“不断革命”之中。波普说：“理性的方法不外乎是试探和错误——猜想和反驳，大胆提出理论，尽我们的一切可能表明它们都错了，如果我们的批判未获得成功，就暂时接受它们。”[①]显而易见，波普所说的科学理论是暂时的，它随时都可以被一次否证。当一个经验事实的反例使得一个刚确立的或尚未确立的理论被证伪，这就使得新旧理论的转换如同走马观花一样频繁变换，即：一遇到经验事实的反驳或否定，就淘汰掉一个理论。

历史主义者库恩在有力地批驳了逻辑经验主义和证伪主义的理论发展观之后，建立了一种富有创新性的科学革命的结构理论。他强调科学进步中的理论革命，而且这种革命意味着放弃一种理论结构，并代之以另一种不相容的理论结构，即理论发展的“范式更替”观。库恩“强调科学革命同时是对旧理论的否定和对新理论的肯定”[②]。在他看来，一门科学在进入常规科学以后，从此它就依照：常规科学（已有范式）—科学革命—新的常规科学（新的范式）这样的模式不断地循环发展了。

由以上几种具有代表性的观点可以看出，逻辑经验主义的“中国套箱”观侧重于强调科学理论的积累性；而证伪主义的“不断革命”观，历史主义的“范式更替”观都侧重于科学理论的变革性。因而，他们的理论发展观都具有片面性。

笔者认为，理论的发展，既表现为某一理论的进化运动，又表现为新旧理论之间的更替。无论是哪一种发展形态，都是通过两种具体形式实现发展的，即“渐进积累”式和“突飞革命”式（以下简称“积累”式和“革命”式）。某一理论的进化运动，看起来主要是“积累”式发展，实际上也包含着“革命”式发展；新旧理论之间的更替，看起来是一种“革命”式发展，但也包含着“积累”式发展。“积累”式发展与“革命”式发展的划分，只具有相对的意义。这样，“积累”和“革命”就构成了理论发展的两种基本形式。

---

① 转引自李醒民：《科学的革命》，北京：中国青年出版社，1995 年，第 59 页。

② 周昌宗：《西方科学方法论史》，上海：上海人民出版社，1986 年，第 355 页。

理论的“积累”式发展，顾名思义，就是理论知识、理论观点、理论内容在数量方面增加和进化。这实际上是理论的一种量变，是发展中的理论处于一种量变状态：通过“积累”式发展，理论在内容上会得到进一步完善，使理论达到一个新的层次，跃上一个新的台阶。“积累”式发展有两种具体的表现形式，即“增加”和“修改”。“积累”式发展中的“增加”形式，一是表现为向广度拓宽，二是表现为向深度进发。它以原有的知识和理论内容为基础，向横、纵两个方向发展。理论的“积累”式发展中的“修改”形式，是指人们为了提高理论的解题能力，为了提高理论的精确度，在理论的基本概念与基本命题保持稳定的情况下，对理论系统作出某种的调整。这两种并存表现形式所实现的发展都是在不触动理论的根本观性质和根本特征、不触动理论的根本观点和根本内容的条件和限度内发生的。这种不触动理论内核、不改变理论性质的“增加”或“修改”，都是理论的一种量变状态。

理论的“革命”式发展是指理论知识、理论观点、理论内容在根本问题上的全面更新和突破。它是理论的一种质变，是发展中的理论处于一种质变状态：人类认识史表明，理论的发展同任何事物的发展一样，并不一直是平稳的、缓慢的、积累式的，而是“既包含有缓慢的进化，也包含有迅速的飞跃”①。列宁在考察了19世纪末20世纪初自然科学的历史发展状况之后指出：“自然科学进步得那样快，正处于各个领域都发生那样深刻的革命变革时期，”“因此，现在的任务就是要注意自然科学领域里最新革命所提出的种种问题。”②自然科学领域中的革命已经引起许多科学家和哲学家的重视。著名的科学史家和科学学家贝尔纳认为：“许多科学观念的改变就总合成为一场科学革命。”③

爱因斯坦也曾提出：科学发展过程中不仅有进步，而且有革命，亦即“科学的进步会引起它的基础的深刻变革”④。

2. 反常与理论修改

在科学理论发展过程中，由于反常的存在，使得理论自身总是面临威胁。反常对理论的积累式发展的推动作用，主要体现在理论“积累”式理论发展的“修改”形式当中。

科学理论之所以要进行不断地修改，是由于理论因种种主客体条件的局限性

---

① 《列宁选集》，第2卷，北京：人民出版社，1972年，第394页。
② 《列宁选集》，第4卷，北京：人民出版社，1972年，第610，608页。
③ 贝尔纳：《历史上的科学》，北京：科学出版社，1983年，第210页。
④ 《爱因斯坦文集》，第1卷，北京：商务印书馆，1976年，第172页。

而存在某些缺陷，一方面是由于研究者的认识能力具有局限性，人的认识手段、理论水平受到所处时代的限制；另一方面是由于研究对象的性质、关系的暴露往往是个历史的过程，人们不可能一蹴而就地获得完善的认识。

理论总是具有一定的韧性，即使它遇到大量的反常，科学研究者也不会轻易放弃理论。对于一个理论来说，出现“反常”总是说明理论自身还有问题。为了消除反常的威胁，迫使理论作出相应的调整，以提高理论自身的解释能力，科学家力图通过各种手段、方法来“消化”反常，使之成为对该理论的确证。拉卡托斯曾指出，一个科学研究纲领当它处于进步阶段时，反常可以转化为已有理论的确证证据。一个进步的科学研究纲领并不会轻易地被反常所否定；反常的出现、解决只能促进理论修改和完善。

如他所述，牛顿的万有引力理论最初产生时，面临许多反常，但牛顿论者主要通过推翻据以确立“反证据”的那些原先的观察理论，十分顽强而巧妙地将一个又一个的反证据变为证认的证据。在这一过程中，他们自己造成了新的反例，但他们随后又解决了。他们“把每一个新的困难都变成了他们纲领的新胜利”①。

这种通过消除反常而对理论进行修改、辩护的方式具有双重意义：克服理论因未解释某个事实所面临的困难；同时又为理论提供一个新的确证证据。

针对反常而进行的理论修改主要是通过增添辅助性假说来实现的。科学家相信，对于这些“反常”，他可以在不触动理论核心部分的条件下，对辅助性假说进行调整（这种调整不能是特设性的），以便使反面事例与调整后的理论一致起来，从而把“反常”消化掉。例如，1894 年英国化学家拉姆塞发现了惰性气体氩。氩的原子量介于钾元素和钙元素之间，但那里没有空位。1895 年拉姆塞又发现了另一种惰性气体氦。氦和氩的性质相似，而与周期表中已发现的其他元素的化学性质相差甚远，这使得元素周期理论面临反常的威胁。对此，拉姆塞提出了新的辅助性假说：氦、氩等元素在周期表中组成一个新族，即零族，它们的化合价为零，从而维护了理论的核心内容。

再如，普劳特关于原子组成的假说的发展，就是一个在无数反常中进步的“研究纲领”。普劳特认为，一切元素都是由氢原子组成的，因此，一切元素的原子量应是氢原子量的整数倍。这一学说在 1815 年提出后不久，许多化学家发现存在例外或反常。柏采留斯和其他人发现，有些元素（如铅、钡等）的原子量就与普劳特的理论不一致。这些结果对普劳特派化学家来说构成了非常严重的反常。

① 拉卡托斯：《科学研究纲领方法论》，上海：上海译文出版社，1986 年，第 67 页。

然而，到了 20 世纪初，随着同位素的发现以及对它的研究，原先的反常得到了说明，那些反常元素只不过是几种同位素的混合。这样，原先构成普劳特假说的反常现在就转变成了支持这一理论的确证性证据，并使得这一理论获得了新的发展。

由此可见，在反常与已有理论相拒斥的过程中，科学家们总是希望反常问题最终能与学科中相应理论一致。正如劳丹所说："经验告诉我们，一个问题在确信能被解决之前，理论内部有时会做出若干次的调整。……某一理论可能解决不了任何给定的反常问题，在人们合理地得出这一结论之前，总会花费一定的时间和努力，使理论与反常获得一致。"①这样，科学家们总会运用各种科学手段、方法，通过对理论的修改使某一理论的反常能够转变成支持该理论的确证性证据，从而推动理论的发展。

3. 反常与科学革命

为了解决反常，当采用理论修改方式仍无法有效地吸收反常时，理论的核心部分就会面临更严重的挑战。此时，反常的存在成为引发科学危机、导致科学革命的内在动力，从而促进理论的更替。反常在理论的"革命"式发展中的作用是通过反常与科学危机、科学革命之间的联系来体现的，这种联系用图式表示为：已有理论—反常—科学危机—科学革命—新理论。

已有理论在创立之后，总是会面临一些反常经验事实的挑战。其中有些搁置型的弱反常和不断出现的触及理论内核的强反常，它们或者在量上越来越多，或者有的非常顽固，既不能被已有理论排除，又不能被同化，或者有的打击到已有理论的基本原理或基础，使得已有理论疲于应付，以致趋于瓦解；与此同时，可能解决这些反常的各种假说相继出现，这样就形成了已有理论的危机。例如，托勒密体系的危机、燃素说的危机。科学危机的出现，就标志着已有理论已经无法调整，最终将导致科学革命的到来。正如库恩所指出的："危机的意义就在于，它可以指示更换工具的时机已经到来。"②也就是说，科学革命已经到来。

反常引起科学革命并推动理论发展的情形，在科学史上不乏其例。例如，由麦克斯韦电磁理论所引起的关于以太的反常问题，使得已有理论与其他各种假说形成了危机局面，从而引发了一场物理学革命。

---

① 劳丹：《进步及其问题》，北京：华夏出版社，1999 年，第 41 页。

② T. S. Kuhn，*The Structure of Scientific Revolutions*，Chicago：The University of Chicago Press，Second Edition，1970：76.

到 19 世纪末，人们对于以太的兴趣剧增，那时已经很清楚，麦克斯韦的电磁理论已获得奇迹般的成功，而且他的理论似乎可以证明，以太是可以观察到的，1887 年，迈克尔逊以及稍后和他一起工作的莫雷提出了一个简单而又直接的方法来测量地球相对于以太的绝对运动。因为如果光通过以太的速度为 c，那么从相对于以太运动着的观察者看来，光的速度应当不同于 c。由于地球约以 30 千米 / 秒的速度相对于太阳运动，因此可以合理地认为，地球至少在某一时期以 30 千米 / 秒的速度相对于以太而运动。地球上的观察者应能感受到“以太风”。然而迈克尔逊 - 莫雷实验实验却得到了反常结果。其结果显示：在真空中，光速是各向同性的，也即在真空中，无论光的运动状况如何，光速是始终不变的，这一结果确定无疑地揭示出决不可能存在牛顿绝对时空观所要求的参照系和计时系统。这对于牛顿的绝对时空观显然是一个严重的强反常。许多物理学家达 50 年之久一再重复相同实验，但都无一例外地给出了负结果。为了既能“拯救以太”，又能解释迈克尔逊 - 莫雷的实验结果，物理学家们提出了许多不同地假说。如洛伦兹 - 斐茨杰收缩假说，以太曳引假说，以及各种光的发射理论等。但是这种种假说几乎都没有可被接受的实验基础。由于出现了许多竞争假说试图解决的经典理论与实验结果的不一致，从而形成了牛顿理论的危机局面。但在当时的时代背景下，只有爱因斯坦认识到，要最终解决这一反常问题，必须对传统的绝对时空观念进行彻底的变革，建立新的时空观念。这最终促成了物理学中的一场革命，从而使得物理学得到了进一步的发展。

由此可见，在理论的“革命”式发展中，反常的存在已经触及已有理论的“内核”，从而引起了科学危机，导致了科学革命的到来，并有力地促进了理论的发展。

后　记

这本书是我的第一本论文集，它呈现了15年来我的学术成长历程。自从2001年我留校从事逻辑学的教学和科研工作以来，我一直在追问自己：文科出身的我该如何扬长避短地做逻辑？显然，我选择了一条非常艰难的路，但我没放弃，只因为我喜欢逻辑。尽管有人说：女人做哲学难，女人做逻辑更难。

2007年进入心灵哲学领域，我曾经质疑过自己。完全理性的逻辑领域如何与心灵哲学相结合？经过高老师的耐心指导，我结合自己的逻辑背景，终于找到了一个突破口：心理内容问题。于是，我执拗地坚持下来，终于守得云开，完成了两本专著《思维内容的心灵哲学探究》（2012年）和《心理内容：探索心灵世界的新维度》（即将出版）。

2014年我申请到南京大学哲学系从事逻辑学博士后研究工作。在那里，我的学术视野得以进一步拓展。结合自己的留学研修经历，我继续追问：既然我们可以谈论"逻辑的数学传统、语言传统、科学传统"，为什么我们不可以谈论"逻辑的心灵传统"？这正是我目前努力思考的研究方向。

本书收录的文章分为五个部分——命题与态度篇，是我从逻辑学教学实践中切入心灵哲学的第一个基点，主要强调命题在心灵哲学研究中的基础性地位；指称与意向性篇，是我努力尝试进行逻辑学与心灵哲学紧密结合研究的第二个基点，力图明确心理指称是语言指称的基础，意向指称是语义指称的基础；心理内容篇，是我的国家社会科学基金青年项目的研究主题，也是我进入当前西方心灵哲学3C（content，causation——consciousness）领域的第一块入门砖，力图阐述心理内容是主体的心理状态所具有的内容，即心灵关涉对象的方式；非存在与形而上学篇，是我对形而上学问题的初步思考，主要关注"存在"、"非存在"范畴的理解、非存在对象的把握，以及对实践范畴的客观行动维度的分析；科学与心灵篇，主要收集了我的学位论文，以及我从科技哲学角度理解心灵哲学的一些文章，尝试寻找逻辑哲学、科技哲学、心灵哲学中的共同旨趣。

本书所收录的文章曾在《哲学研究》、《哲学动态》、《自然辩证法研究》、《科学技术哲学研究》、《光明日报》、《马克思主义与现实》等刊物上公开发表。在此，谨对发表这些文章的期刊杂志，特别是各篇文章的责任编辑和本书的各位编辑所付出的辛劳表示衷心的感谢！

同时，感谢一直以来关心和爱护我的所有老师、同学、同事、朋友！因为有你们，所以我的学习才更有动力。

还要感谢我的父母和家人！因为有你们，所以我的生活更充实、更美好。

最后，以一首短诗送给宝贝儿子，同时纪念我在剑桥大学哲学系学习的那些日子。

在一起

——送给宝贝儿子

从离开中国
飞往剑桥的那一刻开始，
这三个字
成为了我的渴望与奢求，
如同是
一条鸿沟，
不断地
进行着两点联结。

在这一年里，
我
有过惊诧、有过向往，
有过痛心、有过苦闷，
有过思念、有过失望，
但更刻骨的是
有过剑桥的冬天，
寒冷却温暖。
在这里的每时每刻，
都让我回忆着之前的点点滴滴，
剑桥哲学家的身影，
自己炼狱般的写作，
与儿子最长时间的一次分开，
伴随着我
走过了剑桥的
最初四个月零五天。
所有这些
都一直
和我
在一起。
每一句聊天，
每一个眼神，
每一个会心的笑颜，
每一次默契的关怀，
都成为
我不可释怀的回忆和想念。

剑桥的雨，
很特别，
特别到
能让我感觉到
雨的心跳
和我在一起。
剑桥的水，
很优雅，
优雅至
能将我的汗水
与它融为一体。
剑桥的路，
很柔和，
柔和得
使我只能仰视
它的普通。
剑桥的雪，
很轻很轻，
轻到
我和它
在一起的时候
才能感受到
它的气息。

闭上眼睛，
触摸时空，
剑桥
扭转了
我的心路历程，
也改变了
我的人生轨迹。

写于剑桥大学2012年
最后一个夜晚
宋　荣